suhrkamp taschenbuch 126

Siegfried Kracauer
Kino

Essays, Studien, Glossen zum Film

Herausgegeben
von Karsten Witte

Suhrkamp

Umschlagfoto: Fassade des Palace Cinema,
Kentish Town (St. Pancras), London
Mit freundlicher Genehmigung des National
Monuments Record, London.

suhrkamp taschenbuch 126
Erste Auflage 1974
© Suhrkamp Verlag Frankfurt am Main 1974
Suhrkamp Taschenbuch Verlag. Alle Rechte vor-
behalten, insbesondere das des öffentlichen Vor-
trags, der Übertragung durch Rundfunk oder Fern-
sehen und der Übersetzung, auch einzelner Teile.
Druck: Ebner, Ulm · Printed in Germany · Um-
schlag nach Entwürfen von Willy Fleckhaus und
Rolf Staudt.

Kino

I. Filmkritik und Filmgenres

1. Über die Aufgabe des Filmkritikers

Die Frankfurter Tagung der Lichtspieltheater-Besitzer bietet mir einen guten Anlaß, mich einmal etwas allgemeiner über die Aufgaben einer unabhängigen Filmkritik zu äußern; jener Filmkritik, die wir seit Jahren in der »Frankfurter Zeitung« zu pflegen suchen.

Der Film ist innerhalb der kapitalistischen Wirtschaft eine Ware wie andere Waren auch. Er wird – von wenigen Outsidern abgesehen – nicht im Interesse der Kunst oder der Aufklärung der Massen produziert, sondern um des Nutzens willen, den er abzuwerfen verspricht. Jedenfalls gilt das für die große Masse der Filme, mit denen es der Filmkritiker immer wieder zu tun hat.

Wie soll er sich ihnen gegenüber verhalten? Diese Filme sind bald besser, bald schlechter arrangiert und je nach dem Einsatz der Mittel und Kräfte mit einem größeren oder geringeren Aufwand hergestellt. Es versteht sich von selbst, daß die Kritik – gerade die Tageskritik – solche Unterschiede sorgfältig beachten muß, und manche Kritiker beschränken sich ja auch wirklich darauf, bei der Würdigung irgendwelcher Filme alle möglichen Einzelheiten hervorzuheben, die ihrem Geschmack entsprechen oder nicht entsprechen.

Aber in einem derartigen Verhalten, das noch dazu meistens von ganz ungeklärten Empfindungen ausgeht, kann sich die Aufgabe des Filmkritikers dem Durchschnitt der Produktion gegenüber nie und nimmer erschöpfen. Denn so wenig die filmischen Durchschnittsleistungen als Kunstwerke gewertet zu werden verlangen, ebensowenig sind sie gleichgültige Waren, denen durch eine rein geschmackliche Beurteilung schon Genüge geschieht. Sie üben vielmehr außerordentlich wichtige gesellschaftliche Funktionen aus, die kein Filmkritiker, der diesen Namen verdient, unberücksichtigt lassen darf.

In der Tat: je ärmer die meisten Operettenfilme, Militärfilme, Lustspielfilme usw. an Gehalten sind, die einer strengen ästhetischen Beurteilung standzuhalten vermögen, desto mehr fällt ihre soziale Bedeutung ins Gewicht, die gar nicht überschätzt werden kann. Das kleinste Nest hat heute sein Kino, und jeder halbwegs gängige Film wird durch tausend Kanäle an die Massen in Stadt und Land herangebracht. Was vermittelt er den Publikumsmassen und in welchem Sinne beeinflußt er sie? Das genau sind die Kardinalfragen, die der verantwortliche Betrachter an die Durchschnittserzeugnisse zu richten hat.

Man könnte hier einwenden, daß zwar manche Filme ausdrücklich politische und soziale Tendenzen verfolgten, aber das Gros doch lediglich gehobene Unterhaltung oder billige Zerstreuung bezwecke. Der Einwand ist richtig und unrichtig zugleich. Gewiß befleißigen sich gerade die typischen Filme anscheinend der Tendenzlosigkeit; damit ist aber keineswegs gesagt, daß sie nicht mittelbar bestimmte soziale Interessen verträten. So muß es auch sein. Denn einmal können die im herrschenden Wirtschaftssystem verankerten Produzenten nicht aus ihrer Haut, und zum anderen sind sie um des besseren Absatzes willen darauf angewiesen, die Wünsche und Bedürfnisse der noch einigermaßen zahlungsfähigen Bevölkerungsschichten zu befriedigen; von Konsumenten also, deren Schicksal ebenfalls im großen und ganzen an die Aufrechterhaltung des gegenwärtigen Gesellschaftszustandes gebunden ist.

Die Aufgabe des zulänglichen Filmkritikers besteht nun meines Erachtens darin, jene sozialen Absichten, die sich oft sehr verborgen in den Durchschnittsfilmen geltend machen, aus ihnen herauszuanalysieren und ans Tageslicht zu ziehen, das sie nicht selten scheuen. Er wird zum Beispiel zu zeigen haben, was für ein Gesellschaftsbild die zahllosen Filme mitsetzen, in denen eine kleine Angestellte sich zu ungeahnten Höhen emporschwingt, oder irgendein großer Herr nicht nur reich ist, sondern auch voller Gemüt. Er wird ferner die Scheinwelt solcher und anderer Filme mit der gesellschaftlichen Wirklichkeit zu konfrontieren und aufzudecken haben, inwiefern jene diese verfälscht. Kurzum, der Filmkritiker von Rang ist nur als Gesellschaftskritiker denkbar. Seine Mission ist: die in den Durchschnittsfilmen versteckten sozialen Vorstellungen und Ideologien zu enthüllen und durch diese Enthüllungen den Einfluß der Filme selber überall dort, wo es nottut, zu brechen.

Ich habe mit Absicht nur die der Durchschnittsproduktion gegenüber gebotene kritische Einstellung behandelt. Filme, die echte Gehalte bergen, waren und sind selten. Bei ihrer Betrachtung darf natürlich der Akzent nicht allein auf der soziologischen Analyse liegen, sondern diese hat sich mit der immanent-ästhetischen zu durchdringen. Auf die Schwierigkeiten einer solchen Durchdringung kann indessen hier nicht mehr eingegangen werden.   (1932)

2. Die Filmwochenschau

Die Filmwochenschau[1], mag sie von der Ufa, von Fox oder von der Paramount hergestellt sein, kennt keinen größeren Ehrgeiz, als die ganze Welt zu umspannen. Aber die Welt in diesen Wochenschauberichten ist gar nicht die Welt selber, sondern das, was von ihr übrigbleibt, wenn alle wichtigen Ereignisse aus ihr entfernt werden. Ein schäbiger Weltrest, den die Filmindustrie entweder tatsächlich für den Kosmos hält, oder den sie dem Publikum nur darum vorsetzt, um ihm den Anblick der wirklichen Welt zu unterschlagen. Jedenfalls scheint mir das Argument wenig stichhaltig zu sein, das man in Produzentenkreisen selber zur Verteidigung der üblichen Wochenschau anführt: daß man sich nämlich der Geringfügigkeit der Mittel wegen auf die dort gezeigten Ereignisse beschränken müsse. Es ist nicht die Sparsamkeit, die unsere Chronikeure aus der Welt fliehen heißt; es ist die uneingestandene oder auch bewußte Angst vor ihrer Entzauberung. Denn veranschaulichte man die Dinge, wie sie heute sind

---

1 Vgl. Kracauer, *Theorie des Films* (= *TF*), Schriften, Band 3, Frankfurt 1973, S. 259–261.

und zu geschehen pflegen, so könnten die Kinobesucher beunruhigt werden und an der Güte unserer derzeitigen Gesellschaftsordnung zu zweifeln beginnen. Das will natürlich die an ihr interessierte Filmindustrie unter allen Umständen vermeiden. Und da sie nicht in der Lage ist, dem Volk Brot zu verschaffen, spendiert sie ihm wenigstens Zirkusspiele, die es mit Illusionen unterernähren.

Ein Teil des ständigen Repertoires sind die Elementarkatastrophen. Zugegeben selbst, daß brennende Öltanks, Eisenbahnkatastrophen und Überschwemmungsgebiete zu den dankbarsten filmischen Vorwürfen gehören: mit der Anerkennung dieser Tatsache ist weder ihre regelmäßige Wiederkehr gerechtfertigt, noch die Möglichkeit widerlegt, daß es andere, mindestens ebenso dankbare Themen gebe, deren Darbietung viel aufklärender wäre. Daß die Wochenschaufabrikanten solche Chancen nicht ausnutzen, sondern lieber auf Erdbeben und schlagenden Wettern beharren, entspringt nicht zuletzt ihrem Verlangen, den Ereignissen, die sich innerhalb der menschlichen Gesellschaft abspielen, aus dem Weg zu gehen. Durch die Bilder der aufgewühlten Natur, in die sie sich immer von neuem zurückziehen, wird zugleich im Zuschauer die Vorstellung erweckt, daß auch das gesellschaftliche Geschehen so unabwendbar wie irgendein Hochwasserunglück sei. Er, der fortwährend die Ausbrüche der Naturgewalten als Aktualitäten aufgetischt erhält, trägt unwillkürlich ihre Kausalgesetzlichkeit in die menschlichen Zustände hinein und verwechselt am Ende zwangsläufig die Krise des kapitalistischen Systems mit einer Erderschütterung. Diese Wirkung der Wochenschau ist aber wo nicht beabsichtigt, so doch den Interessenten willkommen. Sie ist mit einer Mythologisierung des sozialen Lebens gleichbedeutend, läßt an die Unaufhebbarkeit unserer Einrichtungen glauben und lähmt den auf ihre Veränderung gerichteten Willen.

Kinder- und Tierszenen lösen das Treiben der Elementarmächte ab. Sicher ist noch keine Woche verflossen, in der nicht die Zoologie Triumphe gefeiert und ein Baby das Entzücken des Publikums hervorgerufen hätte. Das gelegentliche Auftreten dieser nicht oder vorerst noch nicht der sozialen Welt angehörigen Lebewesen wäre eine befugte Zerstreuung; ihre unausgesetzte Abbildung ist das Zeichen einer Ablenkung von der Wirklichkeit der Erwachsenen. Um sie, an der wir kranken, nicht enthüllen zu müssen, weicht man ins Kinderland aus, dessen ewiger Einbruch in die Wochenschau auch die gern von den Produzenten gestillte Sehnsucht des Publikums bezeugt, sich in der Vorbewußtheit des Kindes zu spiegeln. Der Ansturm der Babys entspricht der Neigung breiter Schichten der Bevölkerung, sich der Reife zu entäußern, die sie zu einer bewußten Durchdringung der sozialen Verhältnisse verpflichtete. Sie widerstreben aus leicht begreiflichen Gründen einer Umwälzung des Bestehenden und drängen daher, statt der Not männlich ins Angesicht zu blicken, zu allen jenen Geschöpfen zurück, die von ihr noch nichts wissen. Ich entsinne mich eines Tierfilms, den Hagenbeck in einer Weise kommentiert, die man als kindisch bezeichnen muß. Nicht so, als ob ich ihm einen Vorwurf daraus machen wollte, daß er etwa einen weiblichen Elefanten unverzüglich Frau Mama nennt. Sein Ton beweist nur das eine, worauf es mir hier allein ankommt: daß sich die Lust an den Babys und Tieren aus der Infantilität erklärt, die in den Massen vorhanden ist oder ihnen doch angezüchtet wird. Und mit dieser künstlichen Kinderei verträgt sich durchaus die verstockte Naturbefangenheit, der außer den Bildstreifen vom Walten der Elemente die zur Mode gewordenen Expeditionsfilme bis zum Überdruß Genüge tun.

Kraft eines unbestätigten Gewohnheitsrechtes ist auch den Darstellungen sportlicher Wettkämpfe ein Stammplatz in der Wochenschau eingeräumt worden. Neben Denkmalseinweihungen, Schlachtschiffen, Manövern und anderen Prunkereignissen, die nur selten wirklich zu fesseln vermögen, aber dafür um so häufiger eine reaktionäre Tendenz verfolgen oder als bloße Lückenbüßer einfach nichtssagend sind, tauchen sie mit einer Hartnäckigkeit auf, die schon an Monotonie grenzt. In Deutschland, in den Vereinigten Staaten, in England – überall finden auf den gleichen Schauplätzen und immer unter dem ungeheuren Andrang begeisterter Massen Fußballspiele, Motorrad- oder Pferderennen statt, deren Verfilmung uns niemals geschenkt wird. Diese stereotypen Sportaufnahmen, die man bereits kennt, bevor man sie noch gesehen hat, sollen zweifellos nicht nur die fachmännischen Interessen des Publikums befriedigen, sondern auch jene Haltung verfestigen, aus der die bedenklichen Übertreibungen des Sports hervorbrechen. Wie ihre allzu häufige Wiederkehr dem Sport eine Bedeutung verleiht, die ihm im Vergleich mit der sozialen und politischen Betätigung nicht zukommt, so verhindert sie den Aufweis vieler Ereignisse, die im entscheidenden Sinne aktueller sind als die sportlichen. Sie erfüllt also annähernd denselben Zweck wie die ununterbrochene Repetition der Kinder- und Tierbilder. Im übrigen dient auch die Flüchtigkeit der meisten Sportberichte zum Beweis dafür, daß sie ein Ausdruck der Gedankenlosigkeit sind, der es um nichts weiter zu tun ist, als die Augen und Ohren zu stopfen, damit einem Hören und Sehen vergeht.

Vor einiger Zeit ist von einem radikalen, inzwischen eingegangenen Filmverband[2] der Versuch gemacht worden, aus dem in den Bildarchiven vorhandenen Material eine Wochenschau zusammenzustellen, die wirklich in unsere Zustände eindringt. Sie hat sich Zensurstriche gefallen lassen müssen und überhaupt kein langes Leben gehabt. Das Experiment lehrt jedenfalls, daß schon ein anderes Arrangement als das übliche der Wochenschau zu größerer Schaukraft verhülfe. Außerdem scheint mir, daß die Filmindustrie, ohne eine nennenswerte Gefahr zu laufen, getrost etwas mehr Welt vergegenwärtigen könnte, als sie jetzt zu umspannen beliebt. Es gibt noch viel zu kurbeln in Deutschland, und vermutlich hätte das Publikum gar nichts dagegen, ab und zu über die menschlichen oder unmenschlichen Zustände unterrichtet zu werden, in denen wir leben.   (1931)

2 Vgl. Kracauer, *From Caligari to Hitler,* Princeton 1947, pp. 192–193.

3. Wochenschau-Theater*

In einem neu eröffneten Wochenschau-Theater sieht man jetzt eine knappe Stunde lang nur Wochenschauberichte, die genau so von der Wirklichkeit abstrahieren wie jenes Lächeln, obwohl sie Ereignisse aus aller Welt publizieren. Eingeborenentänze, Überschwemmungen, Rennen, militärische Rüstungen, Babys und See-Elefanten: das übliche ununterrichtete Durcheinander, das den Einblick in die Welt nicht erleichtert, sondern verhindert. Interessanter als diese Darbietungen selbst ist eine Äußerung über sie, die ich in der Abendausgabe des »Vorwärts« finde. Dort heißt es, nachdem der Wochenmischung, die übrigens zum mindesten schneller wechseln müßte, um durch ihre Aktualität eine Wirkung zu erzielen, Beifall gezollt worden ist: »So mannigfaltig das Programm ist, eins fehlt darin: die Arbeiterschaft. Wenn die Foxtheater auf die breiten Massen rechnen, müssen sie Bilder aus ihrem Leben, ihre machtvollen Aufmärsche und Olympiaden bringen.« Wie sehr wird in dieser Bemerkung das eigentliche Gebrechen der Wochenschau verkannt. Gewiß, die Arbeiterschaft ist wie so vieles andere in ihr nicht enthalten; aber wäre sie damit heraufbeschworen, daß man ihre Olympiaden und Aufmärsche zeigte? Ich glaube, daß die Wochenschau solche Begebenheiten getrost einbeziehen könnte und doch genau das bliebe, was sie jetzt ist: ein Mittel der Abblendung. Sie sagt nicht mehr über die Zusammenhänge aus, die uns betreffen, wenn man zu ihren Luftschiffen und Volksfesten noch eine Arbeiterdemonstration hinzuaddiert; sie füllte sich nur dann mit Inhalt, wenn man ihre Konstruktion entscheidend veränderte. Wichtiger beinahe als die Aufnahme belangvoller Vorgänge ist der Wandel ihres Arrangements. Wird das sinnlose Geplausch durch eine Anordnung ersetzt, in der ein Bild das andere zu kommentieren vermag, so muß die Arbeiterschaft unter Umständen gar nicht immer selber auftreten, um gewissermaßen zwischen den Zeilen zu erscheinen.

(1931)

4. Stummfilmkomödie

Die Stummfilmkomödie, welche in den zwanziger Jahren in Amerika ihren Höhepunkt erreichte, nahm von Frankreich aus ihren Ausgang, wo ihre wesentlichen Züge schon lange vor dem ersten Weltkrieg entwickelt wurden. Zu einer Zeit, da die Kunst der Filmerzählung noch unbekannt war – D. W. Griffith war noch nicht auf der Szene erschienen – hatte dieses Genre fast schon eine gewisse Vollkommenheit erreicht. Es wurzelte in der Tradition der ›Music Hall‹, des Zirkusses, der Burleske und der Jahrmarktspiele, alles Schaustücke, die mehr oder weniger stark aus der Faszination lebten, welche Katastrophen, Gefahren und physische Schocks auf den zivilisierten Menschen ewig ausüben. Von Beginn an häufte die Filmkomödie diese Art von Spannungsmomenten in immer neuen Kombinationen, wobei natürlich klar war, daß es den in sie verstrickten Personen im letzten Augenblick gelingt, sich in Sicherheit zu bringen. Ziel war ja schließlich das Vergnügen. Ein Junge fuhrwerkt mit einem Gartenschlauch herum und setzt dabei die Wohnungen eines benachbarten Hauses unter Wasser; Leute, die gerade einen Spaziergang machen, fallen unvermittelt in den See; Juckpulver im Fischgericht bewirkt wundersame Dinge bei den Tischgästen; eine Braut, die irgendwo hängenbleibt, erscheint in Unterwäsche auf der Hochzeitsfeier – solche Gags waren in Frankreich zwischen 1905 und 1910 allgemein üblich. Einige Motive kamen nach Amerika und zählten dort zum eisernen Bestand. So tauchten z. B. die Polizisten, stehende Figuren aus der frühen französischen Farce, als Keystone-Bullen wieder auf. Sie überlebten die Sennett-Ära und fuhren bis zuletzt fort, ihre Doppelrolle als aufgeblasene Verfolger und kleinmütige Verfolgte zu spielen, wobei der erste Teil der Rolle nur dazu diente, ihren Zusammenbruch um so drastischer erscheinen zu lassen. Es gibt kein kurzes Chaplin-Lustspiel, in welchem der Tramp nicht abwechselnd vor einem bulligen Polizisten zitterte und ihn dann an der Nase herumführte – ein Katz-und-Maus-Spiel. Gleich zerbröckelnden Säulen der öffentlichen Ordnung, waren diese Polizisten und Bullen sichtlich dazu bestimmt, den Eindruck von einer total verrückten Welt zu vertiefen. Ebenso zog das Angsttraum-Motiv, seiner Kleider in Gegenwart normal angezogener Leute beraubt zu werden, sich wie ein roter Faden von Anfang bis Schluß durch den Slapstick. Harold Lloyd, der seine Hosen verliert, war nur eine andere Version der Braut in Unterwäsche.

Das Filmlustspiel beschwor das materielle Leben da, wo es sich am rohsten zeigte. Und da in jenen Uranfängen der unbewegten Kamera das Leben auf der Leinwand gleichbedeutend war mit bewegtem Leben, gaben die Filmkomiker ihr Äußerstes, um alle natürliche Bewegung zu übertreiben. Mit Hilfe eines einzigen Kameratricks ließen sie die Menschheit rasen und berauschten sich am Spiel mit der Geschwindigkeit. In *Onésime Horloger* (1910), einem entzückenden französischen Kurzfilm, läuft Paris Amok, die Avenue de l'Opéra verwandelt sich in einen erregten Ameisenhaufen, und Tapeten fliegen an Wände, die kurz zuvor wie Pilze aus dem Boden schossen. Das war Kino; das war Spaß; es war, als ob man in einem Wagen auf der Achterbahn mit vollem Karacho fuhr, während sich einem der Magen drehte. Das Schwindelgefühl gesellte sich prima zu den Schockwirkungen von Unfällen und scheinbaren Zusammenstößen. Als Rahmen für diese raumverschlingenden Abenteuer bot sich die Jagd als unschätzbarer Vorwand an. Polizisten jagen einen Hund, der dann den Spieß umdreht (*La course des sergents de ville,* ca.1910?)[1]; vom Karren rollende Kürbisse werden vom Gemüsehändler, seinem Esel und Passanten durch Abgußkanäle und über Dächer verfolgt (*La course des potirons,* 1908; englischer Titel *The Pumpkin Race*). Für jede Keystone-Komödie wäre es ein unentschuldbares Verbrechen gewesen, die Verfolgungsjagd wegzulassen. Es war die Klimax des Ganzen – sein orgiastisches Finale – ein Pandämonium mit dahinrasenden Zügen, die sich in Automobile schoben, und knappen Fluchtwegen an Seilen hinunter, die über einer Löwenhöhle baumelten.

1 1905.

Es dürfte nun auch klar sein, daß diese Verfolgungsjagden und extremen Zustände nicht nur Bullen und Räuber umfaßten, sondern ebenso Möbelstücke und Landstraßen. Die Komödie erwies sich auch darin als filmisch, daß sie ihre Reichweite ausdehnte, um die gesamte physische Realität einzuschließen, die vom Kameraauge erfaßt werden konnte. Es galt die Regel, daß unbewegten Dingen eine wichtige Stellung zukam und daß sie ihre eigene Vorlieben entwickelten. Meist waren sie von einer gewissen Arglist gegenüber allem erfüllt, was menschlich war. Wenn die Kürbisse einen Hang hinab und wieder hinaufrollten, so machte es tatsächlich den Eindruck, als ob sie sich einen üblen Scherz mit ihren Verfolgern erlaubten. Und wer erinnerte sich nicht an Chaplins heroische Kämpfe mit der Rolltreppe, dem Strandstuhl und dem widerspenstigen Murphy-Bett? Unter den dargestellten Gegenständen waren gerade jene, die für unsere Bequemlichkeit ersonnen waren, besonders bösartig. Anstatt dem Menschen zu dienen, erwiesen sich diese fortschrittlichen Erfindungen als die besten Freunde gerade der Kräfte, die sie im Zaum halten sollten; anstatt uns von den Launen der Materie unabhängig zu machen, waren gerade sie die Stoßtrupps, ungebändigter Natur und fügten uns eine Niederlage nach der anderen zu. Sie verschwörten sich gegen ihre Meister, sie enthüllten die angeblichen Wohltaten der Mechanisierung als Lüge. Ihre Verschwörung war so mächtig, daß sie das Lächeln Buster Keatons im Keime erstickte. Wie hätte er auch in einer mechanisierten Welt lächeln können? Sein unabänderlicher Gleichmut war ein Zugeständnis, daß in dieser Welt die Maschinen und Apparaturen die Gesetze bestimmen und daß es besser wäre, wenn er sich ihren Erfordernissen anpaßte. Zur gleichen Zeit jedoch ließ ihn diese Leidenschaftslosigkeit, so unmenschlich sie auch war, in rührender Weise menschlich erscheinen, denn sie war untrennbar mit Trauer verbunden, und man empfand, hätte er je gelächelt, während er Knöpfe drückte und seine Liebe erklärte, so hätte er seine Trauer verraten und einen Stand der Dinge gutgeheißen, in dem er selbst wie ein kleines technisches Gerät sich verhalten mußte.

Natürlich war alles nur Spiel, und die Drohungen wurden nicht wahrgemacht. Wann immer die zerstörerischen Kräfte der Natur, feindliche Gegenstände oder rohe Menschen den Sieg davonzutragen schienen, wandte sich das Geschick plötzlich zugunsten ihrer mitleiderregenden Opfer. Die Kürbisse kehrten auf den Karren zurück, die Verfolgten entflohen durch ein Schnupfloch und die Schwachen erreichten einen vorläufigen Zufluchtsort. Häufig verdankten sich solche kleineren Siege akrobatischen Kunststücken. Im Gegensatz zu den meisten Zirkusvorstellungen jedoch verherrlichte die Filmkomödie nicht die Tüchtigkeit des Darstellers, mit der diese dem Tod trotzten und unvorstellbare Schwierigkeiten überwanden; viel eher bagatellisierte es dessen Fertigkeiten durch die Anstrengung, erfolgreiche Rettung als Resultat des reinen Zufalls auszugeben. Zufälle traten an die Stelle des Schicksals; einmal kündeten unvorhersehbare Umstände Unheil an, ein anderes Mal wieder verfestigten sie sich aus unerfindlichem Grund zu günstigen Konstellationen. Da ist zum Beispiel Harold Lloyd auf dem Wolkenkratzer; was ihn davor bewahrte, sich zu Tode zu stürzen, war nicht seine Heldentat, sondern eine zufällige Verbindung äußerer und völlig unzusammenhängender Ereignisse, welche sich so vollkommen ineinanderfügten – obwohl sie ihm keineswegs zu Hilfe kommen sollten –, daß er nicht hätte fallen können, selbst wenn er es gewollt hätte. Zufälle machten das eigentliche Wesen des Slapsticks aus. Auch dies entsprang dem Filmischen selbst, denn es entsprach dem Geist eines Mediums, das vorherbestimmt war, die zufälligen Aspekte physischen Lebens einzufangen. Aufgrund der häufigen Happy-Ends wurde der Zuschauer dazu gebracht, zu glauben, daß die den Gegenständen innewohnende Arglist in bestimmten Fällen einem Wohlwollen wich. Harry Langdon zum Beispiel gehörte zu den Lieblingen der Natur. Als ein somnambuler Märchenprinz watschelte er sicher durch eine Welt tödlicher Gefahren, weit entfernt, zu ahnen, daß er nur deswegen sicher war, weil die Kräfte der Natur seiner babyhaften Offenheit und süßen Idiotie erlegen waren. War es nicht sogar möglich, den Zufall zu beeinflussen und die Bosheit zu besänftigen? Als Chaplins Tramp von einem Grobian angegriffen wird, beschwört er die magische Kraft des Rhythmus', um das Schlimmste abzuwenden; er macht einige elegante Tanzschritte und vortreffliche Gesten und versetzt mit Hilfe dieses in der Not erfundenen Rituals den Raufbold in einen Zustand ungläubiger Verwunderung, welche ihn gerade solange lähmt, um dem listigen Tramp die Zeit zu geben, sich aus dem Staube zu machen.

Jeder dieser Gags formte eine kleine abgeschlossene Einheit, und jede Komödie war ein Paket von Gags, die, nach der Art der ›Music Hall‹-Spiele, viel eher autonome Einheiten denn Teile einer Story enthielt. Meist gab es irgendeine Art von Story, aber sie hatte allein die Funktion, diese monadenähnlichen Einheiten aneinanderzureihen. Wichtig war, daß sie ohne Unterbrechung aufeinanderfolgten, und nicht, daß ihre Anfolge einen Handlungsablauf erstellte. Gewiß kam es oft vor, daß sie eine halbwegs stimmige Intrige aufbauten, jedoch war die Intrige nie so anspruchsvoller Art, daß ihre Bedeutung auf die sie konstituierenden Einheiten übergegriffen hätte. Obwohl *The Gold Rush* (1925) und *City Lights* (1930) über das Genre hinausgingen, kulminierten beide Filme doch in solchen Episoden wie dem Tanz mit der Gabel oder der Missetat der verschluckten Trillerpfeife, beides eine Ansammlung witziger Einfälle, die in bezug auf ihre Bedeutung und ihren Effekt in solch geringem Maße von der Erzählung, in der sie vorkamen, abhingen, daß sie ohne Beschädigung leicht herauszulösen wären. Die Filmkomödie war ein Feuerwerk witziger Einfälle. Darüber hinaus erging sie sich in Absurdität, als wolle sie unmißverständlich deutlich machen, daß keine Katastrophe als wirklich verstanden werden sollte, noch, daß irgendeine Handlung von Bedeutung sei.

Die widersinnigen Possen von Sennetts badenden Mädchen

erstickten die zarten Anfänge eines verständlichen Handlungsgefüges, und die vielen sichtlich angeklebten Schnurrbärte bezeugten eine übermütige Leidenschaft für unerklärbare Narretei. Absurdität entkleidete die Ereignisse ihrer möglichen Bedeutungen. Und da sie so mögliche Folgerungen, welche die Ereignisse uns sonst mitgeteilt hätten, abschnitt, waren wir um so mehr gezwungen, sie um ihrer selbst willen aufzunehmen. Es stimmt, daß die Filmkomödie Gewalttaten und außergewöhnliche Situationen nur darstellte, um im nächsten Augenblick ihre Ernsthaftigkeit in Abrede zu stellen; so lange jedoch, wie sie dargestellt wurden, teilten sie nichts als nur sich selbst mit. Sie waren, was sie waren, und die Aufnahmen, die sie wiedergaben, hatten ausschließlich die Funktion, uns Schauspielen zuschauen zu lassen, die im wirklichen Leben zu roh waren, um leidenschaftslos wahrgenommen zu werden. Es war echtes Kino, und die Betonung lag auf den Streichen, die die Dinge spielten, und auf den Attacken der Natur. Dies erklärt, weshalb das Bildmaterial vom frühen Slapstick bis zu Chaplins abendfüllenden Filmen bis zu einem gewissen Maß den Charakter von Schnappschüssen beibehielt. Es war viel eher Tatsachenbericht als expressive Photographie. Doch würde nicht die photographische Kunst all jene Bedeutungen eingeführt haben, welche die Filmkomiker instinktiv zu vermeiden wünschten? Ihre Teilnahme galt entfremdeter physischer Existenz.

Die Filmkomödie starb mit dem Stummfilm. Vielleicht beschleunigte die Weltwirtschaftskrise ihren Tod. Jedoch starb sie nicht durch die Veränderungen gesellschaftlicher Bedingtheiten, so unglücklich diese auch gewesen sein mögen; vielmehr erlag sie einem Wandel innerhalb des Mediums selbst – durch das Hinzukommen des Dialogs. Diese albtraumhaften Verwirrungen, das Spiel mit der Geschwindigkeit und mit der sprachlosen Materie, untrennbar mit der Komödie verbunden, bewegte sich in einer Tiefe des materiellen Lebens, in die Worte nicht hinabdringen; die Sprache und mit ihr alles, was aus ihr an artikulierten Gedanken und Emotionen folgt, mußte daher notwendig das eigentliche Wesen dieses Genres verdunkeln. Die Komödie hörte in dem Moment auf, Komödie zu sein, in dem das Hinzutreten des Dialogs unsere visuelle Erfahrung sprachloser Ereignisse trübte; in dem Moment, in dem uns die Notwendigkeit, dem mehr oder weniger verständlichen Gespräch zu folgen, uns von dem Bereich der Materie, in dem alles nur geschah, weglockte in den Bereich der diskursiven Rationalität hinein, in dem alles schon irgendwie beschildert und sprachlich verdaut war. Es war in der Tat unvermeidbar, daß das gesprochene Wort einem Genre, welches allergisch auf es reagierte, ein Ende bereiten würde. Nur Harpo überlebte die Stummfilmzeit.[1] Wie die Götter der Antike, die nach ihrem Sturz als Puppen, Schreckgespenster und andere niedere Dämonen durch Jahrhunderte fortlebten, in denen man nicht mehr an sie glaubte, so ist Harpo ein Relikt der Vergangenheit, ein exilierter Komödiengott, dazu verurteilt – oder auch auserkoren –, die Rolle eines mutwilligen Poltergeistes zu spielen. Aber die Welt, in der er auftritt, ist so mit Worten gefüllt, daß er schon lange verschwunden wäre, wenn es nicht Groucho gäbe, der die zerstörerischen Anschläge des Kobolds unterstützte. Die Wortkaskaden Grouchos, die so schwindelerregend sind wie irgendein stummer Zusammenstoß, verwüsten die Sprache, und unter den verbleibenden Trümmern kann Harpo weiter gedeihen.

Aus dem Amerikanischen von Barbara Rupp (1951)

5. Der Vamp-Film

Der 1915 entstandene amerikanische Film *A Fool There Was* schlägt bereits in zeitbedingter, grotesk wirkender Verkürzung das Thema jener Vampfilme an, die lange Jahre große Mode waren und sich noch bis über 1925 hinaus fortbehaupteten. Theda Bara, der erste Filmvamp, entsteigt in ihm angesichts zahlreicher von der Filmaufnahme herbeigelockter Passanten am Schiffskai einem Taxi, dessen Tür von einem Bettler auf-

1 Text, ab hier bis Schluß, übernommen in Kracauer, *TF*, S. 155.

gerissen wird, der zu ihr sagt: »Das hast Du aus mir gemacht!«.
Sie findet auf dem Deck des Schiffes einen jüngst abgehalfterten Liebhaber vor, der sich, nachdem er sie ein letztes Mal vergeblich bedrängt hat, vor ihren Augen eine Kugel durch den Kopf jagt. Das Schiff setzt sich in Bewegung, und sie betört am selben Fleck, auf dem die Leiche lag, einen Familienvater, dem die Seinen vom Ufer aus nachwinken. Zuletzt sieht man, Trübes ahnend, die beiden auf einer Südseeinsel unter Palmen kosen.

So geht es in sämtlichen Vampfilmen zu. Immer übt die femme fatale eine unerklärliche Faszinationskraft auf die armen Männer aus, und immer vernichtet sie alles, was sich ihr nähert. Lydia Borelli, der Star früher italienischer Nachkriegsfilme, umwallt und umwogt einen Mann, der sie anfleht, seinen Freund zu erhören, und kaum gewinnt der böse Zauber Macht über ihn, so erschießt sich der draußen vor der Fenstertür lauschende Freund. Nicht umsonst nennt sich der Film *Rhapsodie satanique*[1]: Herr und Meister der Unholdin ist Satan in eigener Person, ein Satan im wehenden Theatermantel, der bald hinter einer Gardine, bald hinter einem Rosenstrauch hervorlugt.

Am ausgiebigsten wird das Genre in Hollywood gepflegt, wo Darstellerinnen wie Pola Negri, Gloria Swanson und Greta Garbo die Nachfolge der Bara antreten. In *Flesh and the Devil*, einem nach Sudermanns Roman »Es war« gedrehter Film, ist der Typus der femme fatale zur vollen Reife gediehen. Man muß Zeuge des Raffinements gewesen sein, mit dem die Garbo in der nächtlichen Parkszene dieses Films zuerst sich und dann ihrem Partner John Gilbert eine Zigarette in den Mund steckt und es schließlich erreicht, daß statt der Zigarette Gilbert selber zu brennen beginnt, um die ganze Skala der für heutige Begriffe allerdings zu umständlichen Verführungskünste eines Filmvamps zu ermessen. Seine teuflische Verruchtheit offenbart sich drastisch in der Kirchenszene desselben Films: der Pastor donnert von der Kanzel

1 *Rapsodia satanica.*

herab gegen den Ehebruch, und die Garbo, auf die seine Predigt gemünzt ist, schminkt sich unten im Kirchenstuhl unbeteiligt die Lippen. Es scheint, als sei damals der Lippenstift ein anerkanntes Symbol der Sünde gewesen; denn auch im deutschen Stummfilm *Inflation*[1] besteht seine Funktion darin, die femme fatale zu charakterisieren. Während Brigitte Helm vom Boxer Breitenstätter auf starken Armen zum Divan getragen wird, bedient sie sich des ominösen Stifts mit solcher Seelenruhe, als ob sie sich schon auf dem Divan befände. Da im übrigen der gutgemachte Film – er stammt von G. W. Pabst – soziologisch verfährt, d. h. die Erscheinung des Vamps mit der durch die Inflation hervorgerufenen allgemeinen Sittenverwilderung in Zusammenhang bringt, ist er nicht mehr den eigentlichen Vampfilmen zuzurechnen, deren Heldinnen stets Ausgeburten finsterer Mächte sind und wie unheilvolle Meteore die bürgerliche Welt durchkreuzen.

Selbstverständlich triumphiert diese regelmäßig über die berückenden Instrumente der Zerstörung. Keine andere Filmgattung trägt die Moral so dick auf wie der Vampfilm, der es freilich sehr nötig hat, sich von der öffentlichen Meinung die Schilderungen des Lasters verzeihen zu lassen, mit denen er auf die privaten Gelüste des Publikums spekuliert. Am Schluß von *Rhapsodie satanique* taucht Satan den Kopf der Borelli in ein Brunnenbassin, und wie diese sich danach über den Wasserspiegel neigt, muß sie schaudernd erkennen, daß sie durch die magische Taufe zur alten Frau geworden ist. Einen überwältigenden Sieg feiert die bürgerliche Gesellschaftsordnung in *Flesh and the Devil*. Nicht genug damit, daß die Garbo trotz ihrer Reue elendiglich im See ertrinkt – Gilbert versöhnt sich wieder mit seinem Freund und hält um die Hand seiner kleinen Schwester Hilda an, einer Mädchenfigur nach dem Herzen der Courths-Mahler. Indem die kleine Hilda die Garbo verdrängt, ist in der Tat jeder Dämon ausgetrieben und die Tugend gründlich gerettet. Halb Blend-

1 Gemeint ist *Abwege* (französischer Verleihtitel *Crise*).

werk, halb Popanz: das genau ist die Doppelmission des Filmvamps.

Im Gefolge der Lockerung unserer gesellschaftlichen Konventionen ist mittlerweile dieser Filmtypus, seine einstige
Zugkraft einbüßend, von der Bildfläche verschwunden. Alte
Vampfilme wirken heute in stofflicher Hinsicht überlebt; um
davon zu schweigen, daß in ihnen ein dramatisches Spiel vorherrscht, das ganz von der Bühne herkommt... Zu einer nicht
uninteressanten Beobachtung gibt das Aussehen der femme
fatale Anlaß. Sie, die verzaubern soll, bleibt an Schönheit weit
hinter den nach ihrem Abgang in Hollywood kreierten Ideal-
gestalten zurück. Lydia Borelli enträt im Vergleich mit ihnen
jeglicher Reize, und die Garbo, so schön sie ist, hat noch nicht
das verfeinerte Gesicht der kommenden Jahre. Es ist eine
merkwürdige Tatsache, daß die spezifisch amerikanische
Filmschönheit zu einem ganz bestimmten Zeitpunkt entsteht.
Vielleicht erklärt sich ihre Heraufkunft daraus, daß durch
die tiefgreifenden Interessengegensätze in der Welt und das
Bedürfnis immer breiterer Schichten, unlösbaren Existenz-
problemen aus dem Weg zu gehen, die Absatzchancen von
Filmen gefährdet werden, die sich inhaltlich zu sehr engagie-
ren. Erfragt sind Attraktionen neutraler Art. Der Anblick
des Schönen vermag aber deshalb so wirksam für den Weg-
fall von Inhalten zu entschädigen, weil das Schöne selber als
anziehender Inhalt erscheint.

(1939)

6. Das Grauen im Film

Unter den ersten Filmen, die je gedreht wurden, befindet sich
der winzige amerikanische Streifen *The Execution of Mary
Queen of Scots*[1] aus dem Jahre 1895: die Königin beugt sich
über den Richtblock, und der Henker schlägt ihr den Kopf ab,
den er dann erhobenen Armes dem Publikum entgegenhält.
Wie die paar Meter Zelluloidband beweisen, wohnt der Filmkunst von Anfang an jener Hang zum Grauen inne, von dem

1 Vgl. Kracauer, *TF*, S. 91.

getrieben sie im Verlaufe ihrer fünfundvierzigjährigen Geschichte immer wieder Ereignisse veranschaulicht, die Entsetzen wecken. Eingebungen des Irrsinns nehmen Gestalt an, Mordaffären lösen sich in endloser Kette ab, Torturen werden peinlich genau beschrieben, furchtbar entstellte Gesichter erscheinen in Großaufnahme, Kriegsschilderungen überbieten sich an Schreckensszenen, und zahlreich sind die Filme, die, wie *San Francisco, In Old Chicago, Hurricane, Suez* und neuerdings *The Rains Came* Naturkatastrophen auf drastische Weise vergegenwärtigen. Es ist nicht anders, als fühle sich das Kino dazu berufen, sämtliche Motive des Grauens zu inventarisieren. Man hat diesen Zug des Films als Spekulation auf die Sensationslust der Massen abtun zu können geglaubt. Aber so gewiß derartige Spekulationen oft mitspielen, so gewiß rechtfertigt ihr Vorhandensein keineswegs das ästhetische Verdammungsurteil gegen die Behandlung der hier gemeinten Themen im Film.

Die Grenzen einer neuen Kunst werden nicht durch die bestehenden ästhetischen Konventionen festgesetzt, ergeben sich vielmehr aus den besonderen Möglichkeiten dieser Kunst. Um davon zu schweigen, daß erst der Film so komplexe Vorgänge wie Naturkatastrophen oder Kriegsepisoden zeigen kann, die sich von einem einzigen Standpunkt aus überhaupt nicht erschließen lassen, ist es ihm allein vorbehalten, als unbefangener Beobachter tief in die Zonen des Grauens zu dringen; woraus folgt, daß seine eingewurzelte Neigung zu grauenerregenden Stoffen ästhetisch durchaus legitim ist. Indem er seine Chancen nutzt, durchbricht er allerdings nicht nur die bisher der künstlerischen Darstellung gezogenen Schranken, sondern verbildlicht auch Geschehnisse, die dort, wo sie faktisch vonstatten gehen, keinen Zeugen dulden, weil sich unter ihrem Einfluß jeder Zeuge in ein von Angst, Wut, Verzweiflung erfülltes Wesen verwandelt. Der Film strahlt die Erscheinung des Entsetzlichen an, dem wir sonst im Dunklen begegnen, macht das in Wirklichkeit Unvorstellbare zum Schauobjekt. Daß die jähe Entblößung des Grauenvollen zunächst als Sensation wirkt, ist unvermeidlich. Nun suchen die meisten Filme diese Wirkung dadurch fernzuhalten, daß sie mit dem Aufweis der betreffenden Gegenstände ideelle Absichten verbinden. Man bietet die schaurigen Untergründe menschlichen Daseins in ihrer brutalen Nacktheit dar, um aus ihnen desto nachdrücklicher moralische oder soziale Forderungen ableiten zu können: man führt in amerikanischen Filmen Erdbeben, Springfluten, Feuersbrünste oder Sandstürme niemals vor, ohne gleichzeitig dafür zu sorgen, daß das Wüten der Elemente der sittlichen Läuterung des Helden dient. Gutgemeinte Sublimierungen und Veredelungsversuche, denen es aber nicht gelingt, die Bilder des Grauens hinreichend zu sanktionieren. Diese Bilder geben ihre Bedeutung eher dann preis, wenn man sie nicht sofort wieder dem bewußten Leben einordnet. Welche Bedeutung wäre ihnen beizumessen? Jede Darstellung ist auch ein Spiel mit dem Dargestellten, und vielleicht zielt das mit dem Grauen darauf ab, daß die Menschen Dinge in den Griff bekommen, denen sie einstweilen noch blind ausgeliefert sind. Auf der andern Seite droht freilich die Gefahr, daß der Zuschauer gegen Schrecknisse abstumpft, die er zu häufig sieht, und sie schließlich als unabänderlich hinnimmt. – Erwägungen solchen Inhalts greifen jedoch schon über den Rahmen dieser Glosse hinaus.

(1940)

7. Hollywoods Greuelfilme

Greuelfilme wurden in letzter Zeit von Hollywood in einer solchen Zahl herausgegeben, daß sie zu einer alltäglichen Erscheinung geworden sind. Diese Entwicklung ist unzweifelhaft eine Folge der Bedürfnisse der Kriegspropaganda. Die ursprüngliche Aufgabe war die, dem amerikanischen Publikum die Bedrohung durch den Nationalsozialismus zu beschreiben – Folterungen durch die Gestapo, glänzende Paraden, die mit stillen Todeskämpfen abwechseln, das Leben in der bedrückenden Atmosphäre des von den Nationalsozialisten besetzten Europas usw. Aber schon während des Krieges ging die Entwicklung über die Bloßstellung von Roheiten hinaus. Zusammen mit antifascistischen Filmen erschien eine Anzahl anderer, die die gleiche Art von Greueln allein zum Zwecke der Unterhaltung pflegten. Und jetzt, nach dem Krieg, blüht diese Spezies weiter.

Greuelfilme sind ein ehrwürdiger Filmtypus. Aber die gegenwärtige Mode zeigt eine einmalige Vorliebe für bekannte, alltägliche Umgebung als Hintergrund, auf dem sich Verbrechen und Gewalttaten abspielen. Die Verbrecher in *Shadow of a Doubt* und Orson Welles' *The Stranger* lassen sich in einfachen Kleinstädtchen nieder, wo niemand daran denken würde, jemals einen Verbrecher von Fleisch und Blut anzutreffen. Angstträume treten am hellichten Tag auf, mörderische Fallen lauern hinter jeder Ecke. Das alltägliche Leben gebiert Furcht und Zerstörung. Dabei werden die Übeltäter immer anziehender; sie bezaubern unschuldige Mädchen und gewinnen das Vertrauen von braven Bankkassierern. Das Frankenstein-Monstrum der Vergangenheit ließ uns im ersten Augenblick erschauern, aber das Monstrum unserer Zeit kann unerkannt unter uns leben. Das Böse zeichnet nicht mehr das Gesicht eines Menschen. Auf diese Weise wird die unheimliche, verhüllte Unsicherheit des Lebens unter der nationalsozialistischen Herrschaft auf die amerikanische Bühne übertragen. Dunkle Verschwörungen werden in unserer Nähe ausgebrütet, innerhalb einer als normal erachteten Welt kann plötzlich der Nachbar sich in ein Ungeheuer verwandeln.

Trotz der alten Vorliebe Hollywoods für das Rauhe und Groteske ist die jetzt mit einer solchen Besessenheit geschilderte Grausamkeit von einer Art, wie man sie früher nur selten auf der Leinwand zu sehen bekam. Da sie aus einem zwingenden, sadistischen Drang hervorgeht und weniger animalisch ist, könnte man sagen, daß sie weniger spontan sei. In *The Dark Corner* wird ein Privatdetektiv von einem Verbrecher verfolgt; er erwischt aber seinen Verfolger und quetscht seine Hand, um von ihm den Grund für die Verfolgung zu erfahren. Später schleicht sich der Verbrecher in die Wohnung des Detektivs und schlägt ihn nieder; bevor er weggeht, kehrt er plötzlich zurück und tritt mit seinem ganzen Körpergewicht auf die Hand seines bewußtlosen Opfers.

Titel wie *Shadow of a Doubt* und *Suspicion* (beides Filme von Hitchcock) sind charakteristisch für die Betonung, die viele unserer gegenwärtigen Produzenten nicht so sehr auf den ausgesprochenen Sadismus, als vielmehr auf die ständige Drohung mit ihm legen. Besorgnis wird angestaut; bedrohliche Andeutungen und schreckliche Möglichkeiten zeigen eine Welt auf, in der jeder jeden fürchtet und keiner weiß, wann und wo der letzte und unvermeidliche Schrecken eintreffen wird. Wenn er eintrifft, kommt er unerwartet: er bricht von Zeit zu Zeit aus dem Dunkeln hervor mit einer unbeschreiblichen Brutalität. Jene dauernde Furcht, die in den antifascistischen Filmen die besondere Atmosphäre des Lebens unter Hitler charakterisierte, erfüllt nun die ganze Welt.

Hand in Hand mit dem Sadismus der neuen Filme geht die Krankhaftigkeit. Körperliche Mängel werden ausgeschlachtet und geistiges Entsetzen mit grober Gewalt verbunden. Die Hauptperson von *The Spiral Staircase* ist ein stummes Dienstmädchen, das im Haushalt eines Geisteskranken angestellt ist, der mit körperlichen Mängeln behaftete Frauen umbringt, um die menschliche Rasse zu verbessern. *Spellbound* und *Somewhere in the Night* beuten den Gedächtnisschwund aus, um Spannung zu erzeugen.

Sehr beliebt ist auch das Thema der psychischen Vernichtung: der Pianist in *Gaslight* und der Psychiater in *Shock* erschießen, erwürgen oder vergiften nicht mehr die Frauen, die sie beseitigen wollen, sondern versuchen sie systematisch zum Irrsinn zu treiben. Die Entwicklung in Hollywood ist auf kranke Seelen und falsche Psychiater ausgerichtet. Und manches bekannte Melodrama deutet an, daß der normale und der abnormale Geisteszustand in einander überfließen und daß sie schwer voneinanderzuhalten sind.

Anders als in den Gangsterfilmen der Depressionszeit setzen sich die heutigen weniger mit sozialen Mißständen als mit psychologischen Abirrungen auseinander. Diesmal ist das Unvermögen des Films, Lösungen zu bieten oder anzudeuten, besonders auffällig; die alles ergreifende Angst, die die geistige Gesundheit des Durchschnittsmenschen bedroht, scheint als unvermeidlich und beinahe unerforschlich angenommen zu werden. Ein Vergleich zwischen dem italienischen Film *Roma città aperta* und der Masse der amerikanischen antifascistischen Filme ist aufschlußreich.

Die amerikanischen antinationalsozialistischen Filme bekämpfen das Böse nicht so aus der Nähe – in der Regel umgehen sie es. Die Helden und Heldinnen in Filmen wie *Edge of Darkness, This Land is Mine, Joan of Paris* und andern lassen die Foltern der Nazis nicht weniger tapfer über sich ergehen als die italienischen Partisanen in *Roma città aperta*; aber meistens sind ihre Siege bloße Hintertreppentaten, die die Denkungsart des Gegners unberührt lassen. Der Hitlerismus, der in *Roma città aperta* in einem bedeutsamen Sinn unterhöhlt wird, bleibt in den Filmen aus Hollywood – die auf Eiern zu gehen scheinen, wenn sie die positiven Momente, die sie eigentlich verteidigen wollen, berühren – eigentlich unbesiegt. Die eindrückliche Zurschaustellung der nationalsozialistischen Macht in *Prelude to War* und andern militärischen Tendenzfilmen wird eigenartig ausweichenden Bildern aus dem Leben in der Demokratie gegenübergestellt, die eher eine Unsicherheit bezeugen als ein Vertrauen und die Lippendienst leisten an Stelle von Taten. In fast jedem der antifascistischen Filme aus Hollywood tritt eine Gestalt auf, die in irgendeinem passenden oder unpassenden Augenblick wie rein mechanisch das Lob des demokratischen Lebens und der kommenden prächtigen neuen Welt singt. Aber ein Glaube, der seine Anhänger wirklich ergreift, hätte es nicht nötig, so ausdrücklich und oberflächlich proklamiert zu werden.

Die meisten der bekannten Greuelfilme versuchen nicht einmal die Schaustellung sadistischer Greuel zu erklären oder zu beschönigen. Die Dringlichkeit des gefühlsmäßigen Drangs, die gegenwärtig durch die stellvertretende Teilnahme an diesen besonderen Spielarten von Grausamkeit, Gewalttätigkeit und Furcht befriedigt wird, wird an sich schon als genügende Rechtfertigung angenommen. Wenn dies der Fall ist, dann wird das Happyend, mit dem diese Filme aus den psychologischen Greueln herauskommen, noch sinnloser als gewöhnlich. Das unbehagliche Gefühl, das in den Betrachtern des Schauspiels einer alltäglichen Welt voll von totalitären Greueln hervorgerufen wird, bleibt ungelöst. Die Krankheit der Psyche wird als gegeben angenommen, und der Eindruck bleibt, daß nichts unternommen werden kann, um sie zu heilen.

Alle diese Filme zeigen ein ungewöhnliches Interesse für den realen Hintergrund, vor dem sich die Handlung abspielt. Die zufällige Anordnung von leblosen Gegenständen wird verdächtig, dunkle Hintergründe machen sich selbst geltend. In *The Spiral Staircase* ist ein Hotelzimmer irgendwo über einem altväterischen Kino der Schauplatz des ersten Mordes, den der Geisteskranke begeht; die einleitenden Bilder zeigen lange die zweideutige Grenzscheide zwischen Verbrechen und Vergnügen und betonen die auffallende Nähe der beiden Milieus. Eines der Leitmotive von *The Dark Corner* ist das Treppenhaus in einem baufälligen Heim, vor dem ein zerlumptes kleines Mädchen beständig auf einem billigen Pfeifchen bläst. Das Mädchen, das eher einer Erscheinung als einem wirklichen Menschen gleicht, scheint die Verzweifeltheit des Heims zu verkörpern. Ein Treppenhaus ist auch der Schauplatz eines entscheidenden Ereignisses in *Lost Weekend*: der Trunkenbold fällt, so lang er ist, die Treppe hinunter und betritt damit das letzte Stück seines Leidensweges.

Die beiden zuletzt erwähnten Filme zeigen die Third Avenue und ihr Gitterwerk, ihre Bars und ihre Pfandhäuser als Gebiet von Anarchie und Verzweiflung. (Bezeichnenderweise genug wurden auch immer Ausschnitte aus dem Straßenleben in den deutschen Filmen aus der Zeit der Weimarer Republik gezeigt, die die traurigen Schicksale von nur von ihren Instinkten besessenen Wesen darstellten.) Dies ist nicht zufällig. Menschen, die in ihrem Gefühlsleben aus dem Geleise geworfen sind, halten sich in einem Reich von körperlichen Empfindungen und materiellen Aufpeitschungsmitteln auf, ein Reich, in welchem stumme Gegenstände zu Wegzeichen oder zu Hindernissen werden, über die man stolpert, zu Feinden oder zu Freunden. Diese Aufdringlichkeit von leblosen Gegenständen ist ein unfehlbarer Beweis einer immanenten Beziehung zu geistigen Auflösungserscheinungen.

Aber Filme befriedigen nicht nur die volkstümlichen Bedürfnisse; sie spiegeln auch die Tendenzen und Neigungen des Volkes wider.[1] Die notwendige Folgerung daraus wäre, daß die innere Auflösung, gleich welchen Stadiums, gegenwärtig zu einer weit verbreiteten Erscheinung geworden ist. Und die Bilder, die sich auf der Leinwand unseres Kinos dauernd wiederholen, lassen annehmen, daß unkontrollierter Sadismus und Furchtsamkeit mit diesen Auflösungserscheinungen zusammenhängen. Die Hoffnung, »die Freiheit von Furcht« zu erlangen, scheint aus der starken Zunahme der Furchtgefühle zu erwachsen. Die Greuelfilme aus Hollywood sind aber dabei nicht fähig, irgendwelche Gegenmaßnahmen darzustellen, die die geistige Stabilität wieder herstellen würden. Sie zeigen dabei die gleiche Unfähigkeit, die wir schon bei den antifascistischen Filmen aufgezeigt haben. Die Greuel sind nie in eine sinnvolle Handlung verwoben, die sie neutralisieren würde. Man könnte daraus den Schluß ziehen, daß das wirkliche Leben keine solche Handlung anregt. Ob die Gesellschaft ein geistiges Vakuum sei oder ein Kampfplatz unvereinbarer Glaubenssätze, nie scheint sie mehr dem Individuum

1 Der Untertitel dieses zuerst englisch geschriebenen Aufsatzes über »Hollywood's Terror Films« lautet: »Do They Reflect an American State of Mind?« Die Übersetzung, um eine kurze Passage zu *Lost Weekend* gekürzt, stammt vom Autor.

Schutz zu bieten oder Prinzipien, die seine Unantastbarkeit erzwingen würden.

Wenn unsere Lage wirklich so ist, dann wäre ein allgemeines Bedürfnis nach Wiederherstellung der inneren Sicherheit oder nach einem Wiederaufbau sehr natürlich. Daß dieses Bedürfnis wirklich vorhanden ist, wird durch die gegenwärtige Volkstümlichkeit von zwei anderen Filmarten neben den Greuelfilmen bewiesen. Eine dieser Arten bringt die psychologische Heilung auf die Bühne und zeigt, wie das geistige Gleichgewicht von innen heraus wiederhergestellt werden kann: halb Magier, halb Techniker lüftet der Psychoanalytiker oder Psychiater den siebenten Schleier von seines Patienten Seele, wägt die zerstreuten Seelenteile und setzt dann sogleich das Zusammensetzspiel wieder zusammen, mit dem Resultat, daß der Patient wieder normal funktioniert.

Die andere Art von »therapeutischen« Filmen zeigt uns das katholische Leben und deutet an, daß die Reintegration auch von außen mit Hilfe der Kirche erfolgen kann. Der chaotischen Kultur wird die organisierte Gemeinschaft der Gläubigen gegenübergestellt, und verständnisvolle Priester übernehmen die Sorge für diejenigen, denen ein geistiger Rückhalt fehlt. Kanonikus Roche in *The Green Years* vergleicht seine Berufung mit derjenigen eines Arztes. »Die Seele ist die Mutter vieler Übel«, sagt er zu einem Jüngling, von dem er gerne sähe, daß er Geistlicher würde. »Als ein Kämpfer für die Wahrheit heilt man den Körper so gut wie die Seele.« Als Vertreter eines Wunschdenkens treten sowohl der Filmpriester wie der Filmpsychoanalytiker aus der Wirklichkeit heraus, in der die Dinge auseinandergefallen sind und der Mittelpunkt nicht länger mehr feststeht.

Die Probleme, zu denen diese Entwicklung der Hollywooder Filmproduktion führt, können auf dem Raum dieses kurzen Artikels kaum berührt werden. Die Art von Greueln, die früher in den antinationalsozialistischen Greuelfilmen nur dem Leben unter Hitler zugeschrieben waren, sind nur an die amerikanische Bühne angepaßt worden, und dies ist mehr als ein Zufall. Ganz abgesehen von der ursprünglichen und dauernden Verwandtschaft zwischen Sadismus und Fascismus, scheint es wahrscheinlich, daß die sadistischen Energien, die in unserer Gesellschaft gegenwärtig vorhanden sind, ganz besonders als Öl auf das glimmende Feuer des Fascismus wirksam sind. Gerade in diesen Energien, in dieser gefühlsmäßigen Bereitschaft für den Fascismus, liegt die wirkliche Gefahr, mehr als bei den Agitatoren und Aufhetzern der Massen, die, unter günstigen Umständen, in der Lage sind, sie zu ihren bestimmten Zwecken auszunützen. Der Haß gegenüber Minderheiten nährt sich aus der Furcht der Mehrheit, und wenn diese Furcht nicht verschwindet, dann wird sich der Haß noch vervielfachen.

Die besondere Furcht, mit der wir es zu tun haben, entspringt letzten Endes einem entscheidenden Dilemma. Obwohl wir in den Schlingen eines Systems der freien Unternehmung gefangen sind, fassen wir trotzdem mit Besorgnis die totalitaristischen Möglichkeiten ins Auge, die jeder Art von geplanter Wirtschaft innewohnen. Die Demokratie mit ihrer Individualfreiheit scheint wirtschaftlich aus den Fugen geraten, so daß sie zu Vorspiegelungen greifen muß und zu Schreckgespenster von fascistischen Pseudolösungen, die schlimmer sind als die Übel, die man heilen will. Werden wir fähig sein, die Individualfreiheit unter dem Kollektivismus zu bewahren?

In Frankreich, dem traditionellen Hort der individuellen Freiheiten, ist dieses Gefühl, in eine Sackgasse geraten zu sein, besonders stark. Bedrängt von diesem Gefühl, beschworen die Existenzialisten anfänglich das Nichts oder die Indifferenz oder das Schicksal in einem Kampf um den letzten Graben gegen die Mächte, die das Individuum von allen Seiten umfassen.

Die politischen und sozialen Kämpfe unserer Zeit sind nicht nur mit äußerlichen Veränderungen und neuen Grenzen verknüpft – sie ergreifen den innersten Punkt unserer Existenz. Ein Bürgerkrieg wird in jeder Seele ausgefochten, und die Filme spiegeln die Unsicherheiten dieses Krieges in der Form einer allgemeinen inneren Auflösung und geistigen Unruhe wider.

Die Furcht kann allein beschworen werden durch eine dauernde Anstrengung, sie zu durchdringen und ihre Gründe auszutreiben. Dies ist das allererste Erfordernis der Erlösung, auch wenn der Ausgang vielleicht nicht vorauszusehen ist. Es wäre ein hoffnungsvolles Zeichen, wenn in diesem Lande Filme erscheinen würden, die wie die *Roma città aperta* die Prinzipien der menschlichen Integrität wirklich zeigen würden, wenn sie im Kampfe mit einer entwurzelten Welt stehen – und wenn sie sie als positive Kräfte zeigen würden, mit einem Wirklichkeitswert, der mindestens gleich, wenn nicht stärker wäre als die Kräfte der Grausamkeit und der Gewalt und als die Furcht, aus der sie entspringen. Doch liegt es am Leben selbst, diese Prinzipien aufzuzeigen und ihre Wirksamkeit zu bestätigen. (1946)

8. Mauritz Stiller und der Schwedenfilm

Wer sich jener von Victor Sjöström und Mauritz Stiller inszenierten stummen Schwedenfilme erinnert, die nach dem Weltkrieg blühten, sieht vor dem inneren Augen wunderbare Landschaften erstehen, in denen sich Schicksale abspielen, wie Selma Lagerlöf sie heraufbeschwört. Die Erinnerung trügt nicht. Bei der Wiederbegegnung mit einigen Werken Stillers zeigt sich, daß die Schwedenfilme in der Tat eine besondere Materie verarbeiten. Sie werden inhaltlich dadurch bestimmt, daß die Stadt im Norden hinter dem Meer, dem Land, dem Himmel zurücktritt und die Menschen noch hinreichend eins mit den Elementen sind, um Legenden nicht nur zu dichten, sondern zu leben. Da die Vision tief in die Existenz dieser mit der Dämmerung vertrauten Menschen hereinragt, nimmt sie im Schwedenfilm Realitätscharakter an. In Stillers *Vieux Manoir*[1] erscheint der schlummernden

1 *Gunnar Hedes Saga.*

Ingrid nachts »Madame Chagrin«: eine in Fledermausplunder gehüllte alte Frau mit vorstehendem Gebiß, die auf einem von Bären gezogenen Wagen kutschiert kommt und Unheil verkündet. Träumt Ingrid nur? Aber sie nähert sich wachen Sinnes ihrer sonderbaren Besucherin, und diese, die nun auf der Chaiselongue im Zimmer sitzt, verscheucht das junge Mädchen und kutschiert, wieder auf dem Bock befindlich, davon. Madame Chagrin ist ein Phantom und zugleich so greifbar wie ein Baum oder ein Tier.

Das stofflich Vorgegebene erhält durch die Art seiner filmischen Gestaltung volles Gewicht. Der starke Eindruck, den diese Filme heute noch erwecken, ist um so merkwürdiger, als sie manchen Regeln zuwiderlaufen, nach denen man inzwischen Filme zu beurteilen gelernt hat. Sie stellen gerne schöne Bilder zur Schau, entraten äußerer Bewegtheit und verzichten auf Montageeffekte. Bedächtig ziehen sie dahin, und im Vergleich mit ihnen scheint jeder beliebige stumme Russenfilm zu gestikulieren. Dennoch empfindet man ihr Verhalten nicht als Schwäche. Im Gegenteil, trotz dem versprochenen Mangel an behender Aktion wirken die Schwedenfilme durchaus spannend; auf filmgerechte Weise spannend.

Der Grund hierfür ist der, daß die Langsamkeit, mit der sie sich entfalten, nicht auf Schwerfälligkeit beruht, sondern sich aus der genauen Innehaltung des von den Gegenständen selber geforderten Zeitmaßes ergibt. Stiller weiß legendären Vorgängen und den Erlebnissen naturverbundener Menschen die Zeit einzuräumen, die sie benötigen, um überhaupt darstellbar zu sein. Wenn sich die Szene aus *Gösta Berlings Saga,* in der Wölfe einen Schlitten verfolgen, nachhaltig einprägt, so rührt das eben von ihrer Dauer her. Einer freilich, die keinen Augenblick leer bleibt; denn während der Schlitten fährt und fährt, werden durch den fahlen Glanz der Schneefläche, durch das Gesicht der Garbo im Schlitten und durch das Auf und Ab der Zügel, die ihr Gesicht streifen, ununterbrochen neue Erregungen geschaffen. Nicht minder unvergeßlich ist in *Le vieux Manoir* die berühmte Flucht der Renntierherde, deren Leittier den Hirten Niels nach sich schleift. Auch sie verdankt ihre Wirkung der Zähigkeit, mit der sie wiedergegeben ist. Stunden und nochmals Stunden glaubt man Zeuge der verzweifelten Jagd zu sein, die damit abschließt, daß Niels irrsinnig wird und entsetzt vor einem Hund zurückweicht, auf dessen Kopf er ein Renntiergeweih zu erblicken wähnt. Kein Zweifel, daß die Überzeugungskraft dieser Halluzination an die Ausführlichkeit der Schilderung geknüpft ist, die Stiller vorher von der Panik der Herde und dem Martyrium des Hirten entwirft. Er läßt sich Zeit; aber indem er so einem Geschehen, das nur langsam oder überhaupt nicht wachsen kann, die Möglichkeit gewährt, sich wirklich herauszuschälen, verschleppt er nicht etwa das Tempo, sondern verdichtet umgekehrt den Zug der Ereignisse zum atemraubenden Prozeß.

Jetzt erst erklärt sich das häufige Verweilen der Schwedenfilme bei Bildern von Landschaften und Menschen. Statt die Handlung zu unterbrechen, sind die Bilder ein notwendiger Bestandteil der Handlung. Sie veranschaulichen ein Sein, von dem sich die Aktion im engeren Sinn nur zögernd losringt, und je gründlicher sie die Natur erfassen, desto deutlicher wird man sich der Natur als einer eingreifenden Macht bewußt. Versenkten sie sich nicht in die Landschaft, so blieben Schicksale unerhellt, die selber in die Landschaft eingesenkt sind. Die Schönheit dieser Bilder mag auch durch die reine Atmosphäre des Nordens bedingt sein, die es dem Photographen gestattet, den Raum seiner ganzen Tiefe nach zu bewältigen. Aber sicherlich sind sie vor allem deshalb schön, weil sie aus einem noch verhältnismäßig ungebrochenen Wissen um die Beziehungen hervorgehen, die zwischen Zuständigkeit und Ereignis, zwischen Naturkräften und menschlichen Entschlüssen obwalten. Wo immer die Umwelt in schwedischen Filmen auftaucht, erfüllt sie eine Funktion, und die Schönheit ist deren Nebenprodukt. Leicht verständlich, daß eine solche Eindringlichkeit den Verkehr mit echten Gegenständen zur Voraussetzung hat. Die Morgen-

sonne, die in *La Vengeance de Jacob Vindas*[1] durch die Kirchen-
fenster fällt und das Gesicht der Großmutter bescheint, muß
tatsächlich die Morgensonne sein, um die dem Licht hier zugedachte Rolle spielen zu können. Nicht umsonst vermeiden die Schweden nach Möglichkeiten Ersatzmittel. Auf der
anderen Seite pflegen sie allerdings in sich geschlossene Szenen einheitlich zu färben: rosa Interieurs wechseln mit Landschaften in blauem Lokalkolorit. Obwohl aber dieses außer
Mode gekommene Verfahren lediglich der Stimmungsmache
dient, trägt es doch mitunter dazu bei, die Bedeutung einer
Passage zu unterstreichen; dann nämlich, wenn die Qualität des Farbtons den sachlichen Gehalt der betreffenden Passage versinnlicht. Es gibt gelbe Empfindungen und Phantasien, die grün sind . . .

(1938)

9. Greta Garbo
Eine Studie

Wäre die Garbo nur schön, so ließe sich daraus das Wunder
ihrer Weltgeltung nicht erklären. Gewiß ist ihre Schönheit
schon ein seltenes Ereignis. Wie der hohe Wuchs mit dem Gesicht zusammenklingt, wie die Gesichtszüge selber sich zueinander verhalten: das alles ist so richtig und genau angeordnet, daß keine Einzelheit auch nur um einen Millimeter
verändert werden könnte. Aber es gibt andere Darstellerinnen
(Lil Dagover zum Beispiel), denen ebenfalls das Attribut
der Schönheit zukommt. Dennoch unterscheidet sich die
Garbo bereits im Äußeren von ihnen, und zwar durch die
Art ihrer Schönheit. Diese verträgt nicht die geringste nähere
Bestimmung. Weder ist sie lieblich, noch großartig, noch
auch darf man sie als blendend bezeichnen. Sie hat keine Eigenschaften, sie ist Schönheit schlechthin.
Vorausgesetzt, daß sich in der Erscheinung eines Menschen
sein Wesen darstellt, so kann eine solche nicht zu differen-

1 *Fiskebyn.*

38

zierende Schönheit nur auf zwei Arten der Existenz hinweisen. Die eine Möglichkeit wäre die, daß sie den Zustand völliger Leere ausdrückt. Das heißt, es ist durchaus denkbar, daß das Schöne, dem alle charakteristischen Merkmale fehlen, ein Sein ohne Gehalt vergegenwärtigt und die Harmonie nur eine Larve ist, hinter der sich nichts verbirgt. Schönheit und Dummheit paaren sich oft. Die andere, der hier gemeinten Schönheit eingeräumte Möglichkeit ist die, daß sie aus der Fülle stammt und eine komplette Natur anzeigt. So verhält es sich in der Tat bei der Garbo. Ihr Spiel bestätigt, daß die Schönheit, über die sie verfügt, nicht in der Armut, sondern im Reichtum der Existenz gegründet ist.

Die Natur, aus der sie schöpfen kann, ist nun keineswegs allein die elementare, jene, die in die Seele hineinwuchert und den Geist abstößt. Denn ginge es nur um sie, so müßte sich ja die Schönheit der Garbo schon spezifizieren lassen. Sie wäre dann wild oder auch mütterlich, und die Garbo selber verkörperte ausschließlich das Weib. Nicht so, als ob sie dumpfer Natur ermangelte. Im Gegenteil, ihr Sein ist durchaus kreatürlich bedingt, und man spürt immer neu, daß es noch in der Erde wurzelt. Etwas Volkshaftes setzt sich in ihrem Spiel häufig durch. Entscheidend ist jedoch, daß es bei den Manifestationen der Natur im engeren·Sinne nicht sein Bewenden hat. Was sich in der Garbo kundgibt, ist vielmehr die gebildete Natur. Eine, die den Geist annimmt und durchläßt, statt sich gegen ihn zu empören, und sich überhaupt allen wirklichen Mächten öffnet, die an die Existenz des Menschen rühren. Sie läßt sich mit Klugheit vereinen und reicht aus dem Dunkel dämonischer Besessenheit in die Helle schwereloser Gefühle. Anders ausgedrückt: die Garbo ist nicht so sehr das Weib als die Frau. Und es ist ein einzigartiger Glücksfall, daß sich in ihr sämtliche Elemente des unbewußten und seiner bewußt gewordenen Daseins zusammenfinden, ohne daß eines von ihnen um der übrigen willen hätte verkümmern müssen. Entstehen sonst gewöhnlich Konflikte, die zu einer einseitigen Lösung zwingen, so herrscht hier ein unverkrampftes latentes Gleichgewicht, das jeweils verschiedene Lösungen ermöglicht. Der exakte Widerschein dieses Gleichgewichts aber ist die Schönheit der Garbo, die bedeutungslos wäre, wenn sie nicht das Miteinander vieler Bedeutungen enthielte.

Beinahe wunderbarer als eine derartige Mitgift ist der Gebrauch, der von ihr gemacht wird. Ihm und nicht dem vorhandenen Fundus an Schönheit und Natur verdankt die Garbo den Weltruhm, den sie besitzt. Er ist daran geknüpft, daß sie mit einem großen Können und einer vielleicht noch größeren Instinktsicherheit genau das verwirklicht hat, wozu ihre Anlagen sie vorbestimmen: die Frau, die nichts anderes ist als Frau. Das eigentliche Geheimnis der Garbo besteht eben darin, daß sie einen Typus versinnlicht, der gar kein Typus ist, sondern gewissermaßen die Gattung selber repräsentiert. Wahrhaftig, die Gestalt, zu der sie sich in ihren Filmen verdichtet, erreicht einen so hohen Allgemeinheitsgrad, daß alle nur typischen Züge wie ausgelöscht sind. Bei anderen Schauspielerinnen kann man gewöhnlich Herkünfte und Schicksale erraten, oder doch irgendwelche besondere Kennzeichen und Gaben feststellen, die ihnen ein für allemal eignen. Sie sind so und so beschaffene Frauen, und ihr Aktionsradius ist daher auch beschränkt. Die Garbo dagegen entzieht sich jeder solchen Fixierung. Ihr Alter verändert sich fortwährend, ihre Nationalität spielt keine Rolle, ihre Erscheinung wechselt vom Mädchen zum Kind und vom Kind zur Dame hinüber. Ebenso wenig wie sie chargiert, hat sie eine spezielle Note, die sich in ihr Signalement eintragen ließe, sie ist die Frau als solche und nichts außerdem.

Das Allgemeine, Gattungsmäßige zu veranschaulichen, gelingt ihr aber dadurch, daß sie vor allem jene Gehalte darstellt, die sie in ihrem Sein vorfindet. Anstatt in Gebärden, Nuancierungen und Verhaltensweisen zu glänzen, die nicht a priori mitgegeben, sondern nur durch die Eingliederung in die Gesellschaft und zahlreiche empirische Erfahrungen zu gewinnen sind, formt sie vorwiegend Bestände, die, unabhängig von äußeren Relationen, aus einer so vollen Existenz wie der ihren unschwer heraufgeholt werden können. Man erzählt sich, daß die Garbo ein sehr zurückgezogenes Leben führe. Zweifellos hält sie sich auch darum allein, weil sie gerade die Erlebnisse und Verwandlungen ausscheiden muß, die den zwischenmenschlichen Beziehungen zwangsläufig entwachsen. Sie verschleißen das Gattungswesen in der Regel zum mehr oder minder typischen Exemplar. Welche andere Darstellerin vermöchte allerdings eine Allgemeinheitsstufe zu erfüllen, die noch höher wäre als der Typus? Indem die Garbo sich von der Welt absondert, gehorcht sie vertrauensvoll den Anweisungen ihrer Natur. Diese produziert aus sich heraus und ohne fremdes Zutun alle Grundgefühle und wesentlichen Einstellungen des Frauenlebens. Auf ihnen ruht denn auch der Hauptakzent ihres Spiels. Im Film: *Menschen im Hotel* etwa entfaltet sie sich dort am stärksten, wo sie über ihre Liebe jubiliert. Es ist gleichsam das Liebesglück an sich, das sie darbietet, ein Glück, das nicht erst durchs Medium der Erfahrung hindurchgegangen ist, sondern schleierlos erscheint. Wenn sie es in vielen Variationen vor Augen führt, so hat man den Eindruck, daß sie nur bei sich selber einzukehren braucht, um den ganzen Stoff des Glücks anzutreffen. Sie greift in die Saiten ihres Wesens und bringt die eigene Existenz zum Tönen. Damit hängt der andere Eindruck zusammen, daß sie auf den Höhepunkten immer monologisiert. Der Gegenspieler wird ihr zum Gegenstand, an dem sie sich entzündet, die Fabel schenkt ihr Gelegenheiten zum Einsatz, und der Raum, den sie der Zofe oder dem Geliebten teilt, gehört ihr tatsächlich allein. Dabei drängt sie sich keineswegs vor; ihr Sein vielmehr, dem sie jede Geste entnimmt, drängt von sich aus die Außenwelt zurück. Es ist so angelegt, daß sie nicht nur wie in diesem Film das Glück, sondern auch den Schmerz, die Enttäuschung oder die sich opfernde Liebe verkörpern kann. Auf die Verbildlichung solcher fundamentaler Zustände, die nicht so sehr einem bestimmten Frauentyp als der Frau überhaupt zugeordnet sind, konzentriert sich in Wahrheit ihr Spiel.

Der Preis, den die Garbo für ihre Größe zahlt, ist hoch. Infolge des außerordentlichen Allgemeinheitsgrades ihrer Formulierungen läuft sie stets die Gefahr, dekorative Wirkungen hervorzurufen. Vor allem in einem Ensemble, das sich durch realistische Leistungen auszeichnet. Im Vergleich mit ihnen scheint die der Garbo manchmal stilisiert zu sein; obwohl sie viel zu reich ist, um ihre Zuflucht bei seinsmäßig nicht unterbauten Stilisierungen zu suchen. Äußerungen, die nur den Gattungsbegriff bestimmen, ohne sich näher mit der Empirie einzulassen, erzielen jedoch schon ihrer Weite wegen leicht den Nebeneffekt des Dekorativen. Eingreifender ist, daß sich die Garbo, um ihren Gestaltungen die generelle Gültigkeit zu wahren, unberührt erhalten muß. Das besagt, daß sie sich nicht ins gelebte Leben mischen darf, dessen Bindungen die Reinheit ihrer Existenz trübten. Die von ihr gewählte Abgeschiedenheit verrät auch einen (freilich notwendigen) Mangel. Den am Dazwischen. Dadurch, daß die Garbo rein ihre Natur ausspielt, verzichtet sie automatisch auf alle mimischen Prägungen, die nicht nur eine Natur, sondern auch ein durch zwischenmenschliche Beziehungen gemodeltes Dasein zur Voraussetzung haben. Die Wiedergabe der fraulichen Grundhaltungen schließt die von besonderen Haltungen aus, die sich erst als Frucht eines wirklichen Existenzkampfes ergeben. Das letzte kann man noch aus sich selber herausschlagen; das Vorletzte niemals. Bei der Darstellung ausgesprochener Typen oder zwischenschichtlicher Regungen wirkt die Garbo daher immer schwächer. Im Film *Anna-Christie* spielt sie ein Mädchen, das am Anfang als Dirne auftritt; aber das Dirnenhafte bleibt unerfüllt und wird nur formal charakterisiert. Ähnlich blaß erscheint sie in jenen Szenen des Films: *Menschen im Hotel*, die dem Frohlocken der Liebe vorangehen. Sie hätte in ihnen den Kummer der alternden Tänzerin zu formen, deren Ruhm zu verwelken beginnt. Doch das Gebärdenspiel, mit dessen Hilfe sie dieses menschliche Stadium schildert, ist kaum mehr als eine Draperie, die längst nicht eng genug aufsitzt. Wie schematisch die betreffenden Posen sind, enthüllt sich durch ihre Konfrontation mit der Mimik Joan Crawfords, die den Typ der vom Leben abgewetzten Stenotypistin so realistisch durchbildet, daß nirgends ein Hohlraum entsteht. Hier, wo es sich darum handelt, empirische Züge herauszukristallisieren, ist die Garbo der Crawford gegenüber im Nachteil. Wer aber nähme diese ihre unausbleibliche Schwäche nicht gern mit in Kauf? Denn zur Entschädigung dafür, daß sie die Erfahrungswelt nicht widerzuspiegeln vermag, gestaltet sie die Welt des Allgemeinen, die durch sie erst Erfahrung wird.

(1933)

10. Der historische Film

Der historische Film[1], der sich, bei den frühen italienischen und französischen Produktionen angefangen, ununterbrochen durch die Geschichte des Films zieht, ist bis heute ein problematisches Genre geblieben. Seine Problematik besteht darin, daß er zwangsläufig in die Nähe des Theaters gerät oder wie lebendig gewordene Malerei wirkt. Wenn Edelleute Renaissancehallen durchschreiten, Königinnen ihre Günstlinge empfangen und kostümierte Volksgruppen sich an historischen Stätten aufrührerisch gebärden, so ist in der Tat die Erinnerung an Bühnendekorationen, Opernchöre und Gemäldegalerien nicht abzuweisen. Aber diese äußeren Analogien spielten nur eine verhältnismäßig geringe Rolle, wäre der historische Film nicht auch in tieferen Schichten zum Angleich ans Theater genötigt. Er muß sich mit Jahrhunderten auseinandersetzen, in denen der Film und die ihm zugeordnete Welt noch gar nicht existieren – mit Zeiträumen, die sich zum Unterschied von den unsrigen statisch verhalten, vieles als Schicksal ansehen, was sich uns längst als Menschenwerk enthüllt hat, und infolge ihrer Unkenntnis des Naturgeschehens und der Funktion der kleinen stofflichen Elemente außerstande sind, die dem Film eigentümliche Wendung vom Gesamtbild

1 Vgl. Kracauer, *TF*, S. 115–121.

zum Detail und wieder zurück zur Totale zu vollziehen. Ein Geschöpf der Gegenwart, dringt der Film als Fremdling in die Vergangenheit ein; es bleibt ihm versagt, ihr Dasein, das vom Theater auf gültige Weise auskonstruiert worden ist, mit seinen besonderen Mitteln vollkommen zu bewältigen. Die Beschaffenheit seiner Themen selber also zwingt den historischen Film dazu, Zuflucht bei theatralischen Intrigen, bei Kompromissen mit einer diesen Themen angemesseneren Kunstform zu suchen. Desto mehr bemüht er sich begreiflicherweise um den Einbau von Effekten, die über seine Bindung an die Bühne hinwegtäuschen. Seit den glorreichen Tagen des italienischen Prunkfilms *Cabiria* (1914) werden in historischen Filmen immer wieder gewaltige Massenaktionen vorgeführt, die auf den Brettern unmöglich wären. Oder man hilft sich mit der Darbietung schneller Bewegung: der Anblick des klassischen Wagenrennens im *Ben Hur* (1925) versetzt den Zuschauer in einen solchen Taumel, daß ihm der Sinn für Kostüme und Historie vergeht. In diesem Zusammenhang ist auch Dreyers *Jeanne d'Arc*-Film zu nennen, der dadurch die Theateratmosphäre fernhält, daß er, auf jedes historische Kolorit verzichtend, statt der ganzen Menschen lauter Gesichter in Großaufnahme zeigt, die aus ihrer Umgebung und damit aus der Zeit gehoben sind – ein außerordentliches Experiment, das freilich seiner Einseitigkeit wegen keine Nachfolge finden konnte. – Unter den verflossenen Epochen gibt es indessen eine, die nicht nur dem Film nicht widersteht, sondern, im Gegenteil, von ausgezeichneter Bedeutung für ihn ist: jene, deren Inhalte noch in die unmittelbare Tradition hereinragen und doch schon zum Bestand der Geschichte gehören. Man denke an den wunderbaren Film: *Cavalcade*; nichts erregender in ihm als die Szenen, die den Abtransport der Truppen zum Burenkrieg, den Flug Blériots über einem englischen Badestrand und die Beerdigung der Königin Victoria schildern. Die Schockwirkung dieses Rückblicks beruht aber darauf, daß er Dinge zur Sprache bringt, die uns Heutigen deshalb besonders unsichtig sind, weil sie in den Untergründen unseres Wesens rumoren. Indem der Film die an der historischen Schwelle gelegene Zeit bewußt macht, weckt er die Medaillons der Großeltern aus dem Schlaf und veranschaulicht blitzartig, daß das Totgeglaubte in uns fortlebt und das eigene Leben dem Tod entgegeneilt.

(1940)

11. Abstrakter Film

Die Berliner Gesellschaft Neuer Film hat sich das Ziel gesteckt, statt der üblichen Spielhandlungen solche Bildstreifen zu zeigen, die scheinbar aus dem Geist des Films selbst geboren sind. Nicht Übersetzungen literarischer Stoffe in die stumme Sprache der Optik, sondern ursprünglich optische Vorgänge, die in keine andere Sprache zu übertragen sind. Deutsche und französische Filmregisseure haben schon seit Jahren Versuche dieser Art angestellt; Gelegenheit, sie im Zusammenhang kennen zu lernen, hatte man aber bisher eigentlich nur in den Pariser Avantgardekinos. Die Gründung der Berliner Gesellschaft ist umsomehr gutzuheißen, als sie ihre Programme auch der Provinz zugänglich machen will.

In Frankfurt wurden einige Studien vorgeführt, die sowohl die Möglichkeiten wie die Grenzen der neuen Filmbestrebungen erkennen ließen. Vorauszuschicken ist, daß es sich fast durchweg um Versuche handelt, die, wenn nicht zeitlich, so doch zum mindesten ihrer Absicht nach, Zeugnisse des Expressionismus sind, das heißt jenes Kunstwollens, das Gehalte ohne Gegenstand geben zu können meinte.

Eine *Diagonal-Symphonie* Viking Eggelings (1917!)[1] bewegt Lichtstreifen, helle Gräten und andere geometrische Bruchstücke in einem gewissen Rhythmus durcheinander. Es ist, als seien Bilder von dem Genre bestimmter Werke Picassos lebendig geworden. Hans Richters: *Film-Studie*, zu der H. H. Stuckenschmidt die musikalische Illustration geliefert hat, läßt durch ein Wolkenchaos Kugeln steigen, die sich in Augen ver-

1 1921 beendet.

wandeln; setzt Pflastersteine in ein Gittergeflecht um, das zu taumeln beginnt. Deutlicher noch wird durch den Film *Emak Bakia* von Man Ray die Herkunft der abstrakten Motivik aus richtigen Gegenständen veranschaulicht. Wasserreflexe sind in ihm zu fremdartigen ornamentalen Gebilden destilliert, und mit gewöhnlichen Stehumlegkragen werden reizende Bewegungsspiele getrieben. Der Film des Grafen Etienne de Beaumont schließlich gewinnt seine strahlenden Lichteffekte aus Gläsern, die sich langsam drehen, und widerscheinenden Spiegeln. Da es ihm auch um den visuellen Aufweis von Schnelligkeiten zu tun ist, kurbelt er in rasendem Tempo Metro- und Dampferfahrten durch Paris.

Es kommt darauf an, was mit diesen Filmen gewollt wird. Gewiß ist, daß sie desto mehr bedeuten, je anspruchsloser sie auftreten. Erschlossen wird durch sie tatsächlich in einer bisher ungeahnten Weise eine neue Welt von räumlichen Konfigurationen. Optische Eroberungen großen Stils sind nicht nur jene Filmfragmente, in denen eine starre Ornamentik zu merkwürdigen gymnastischen Übungen entfesselt wird, sondern auch alle Bildserien, in denen, sei es durch die Wahl des Blickpunkts, sei es durch Isolierung von Teilobjekten, aus der uns vertrauten Dingwelt Motive herausgehoben und variiert werden, die den bekannten Aspekten nicht mehr entsprechen. Die beliebige Abwandlung abstrakter Figuren und konkreter Gegenstände ist ein dem Film vorbehaltenes Thema, das er gar nicht weit genug ausbauen kann. Denn dadurch, daß er dieses Thema angreift, bereichert er das Inventar unserer Vorstellungen um Formen und Zeichen, die alle einmal Gehalt zu werden vermögen.

Aber – und das ist wesentlich –: derartige Entdeckungspartien sind sich nicht Selbstzweck. Was sie einheimsen, ist Material, das erst der Verwendung in echten Zusammenhängen harrt. Indem die gezeigten Filme zum überwiegenden Teil sich als Kompositionen gebärden, erheben sie fälschlich das Material zum Gehalt und werden damit hohl und manieriert, wie der Expressionismus als fixierte Kunstrichtung es war. Eggeling glaubte, die Umtriebe seiner Diagonalen seien eine Symphonie, und auch die andern reihen ihre Impressionen zu einem Ganzen aneinander, von dem sie vorgeben, es stelle etwas Ganzes dar. Ihre Wendung gegen den Spielfilm zugunsten des gegenstandslosen Films ist indessen, der künstlerischen Haltung nach, nur eine posthume Revolution, deren Unfruchtbarkeit auf den Gebieten der Malerei und der Wortkunst längst am Tag liegt. Wären die Kompositionen noch Träume in der Bildersprache – aber auch das sind sie ihrer zu systematischen Fügung wegen nicht einmal. Sie sind, um es in aller Schärfe zu sagen, eine wie immer stilisierte Sammlung von Ausdruckselementen, die, zu selbständigen Gebilden verknüpft, nicht das mindeste ausdrücken, weil sie in ihrer leeren Vereinigung genau desjenigen Bezugs auf die Wirklichkeit entraten, der ihnen allein Bedeutung verliehe. Wie die expressionistischen Gemälde werden auch die Filmsymphonien im Kunstgewerbe versanden.

Zur Nutzbarmachung der neu gefundenen Raummotive bedürfte es des Verzichts auf die Behauptung ihres Eigenwerts. Diese Motive und Kombinationen sollten sich nicht gegen den Wirklichkeitsfilm als eine Sondergattung etablieren, sondern ihn durchwachsen, um ihm vollere Wirklichkeit zu schenken (wie es übrigens in manchen Filmen schon geschehen ist). Sie bedeuten etwas, wenn sie das Leben der Menschen und Dinge intensiv vergegenwärtigen helfen, statt sich ihm gegenüber zu sperren. Nur durch die engste Bindung an die in jeder künstlerischen Darstellung zu treffende Realität, nicht aber durch die Emanzipation von ihr, erlangen sie den Sinn gehaltvoller Zeichen, Was sind im Vergleich mit einer einzigen Grimasse Chaplins sämtliche abstrakten Kompositionen? Ihre Elemente könnten seiner Menschlichkeit dienen.

P'tite Lili, der einzige Figurenfilm des Programms, ist von Alberto Cavalcanti, nach einem Chanson gedreht. Der hübsche Gedanke, einen Schlager zu verbildlichen, ist in dem übrigens schon ein paar Jahre alten Film mit viel Esprit und photographischem Witz durchgeführt worden. Die charmante

Moritat, die man der noch kaum gepflegten Gattung der Kammergroteske zurechnen könnte, läßt die heute üblichen amerikanischen Grotesken weit hinter sich.

(1928)

12. Zur Ästhetik des Farbenfilms

Je mehr die Technik des Farbenfilms[1] fortschreitet, desto deutlicher enthüllt sich seine Problematik. Nicht so, als ob ihn die Unzulänglichkeiten, die ihm noch anhaften, als fragwürdig erscheinen ließen; im Gegenteil, ästhetisch fragwürdig ist er gerade dort, wo er in technischer Hinsicht Bewunderung verdient. Diese Beobachtung könnte leicht dazu verführen, daß man dasselbe Verdikt über ihn fällte, mit dem vor knapp zehn Jahren viele kritische Köpfe, auf nicht unwichtige Argumente gestützt, der Neuerung des Tonfilms begegneten. Aber jene Eiferer haben ihr Verdammungsurteil längst revidieren müssen und inzwischen erfahren, daß die Tragweite einer Erfindung vom Bestehenden her nicht voll zu ermessen ist.

In den bisherigen Farbenfilmen – vor allem in solchen, die sich wie der *Garten Allahs* realistisch gebärden – wirkt die Farbe auf lange Strecken hin als toter Ballast. Ich denke an bestimmte Wüstenbilder, blumige Wiesen oder Gebirgsszenerien: so gewiß der Film die natürliche Buntheit kaum minder getreu darbietet wie die geglückte Reproduktion eines Gemäldes ihr Original, ebenso gewiß gereicht ihm die Farbe in diesen Fällen zum Verderben. Die Bläue des fernen Gebirgszugs, die auf der Bildfläche auftaucht, erweckt die fatale Vorstellung, als sei die Natur blau angepinselt, und die Sahara mit der roten Sonne darüber ist ein Öldruck, mag sie hundertmal der Abklatsch Afrikas sein. Lauter Farbenspiele, die den Charakter der schändlichen Zutat tragen. Warum? Weil sie nichts von dem aussagen, was der Schwarzweißfilm – man weiß es

1 Vgl. Kracauer, »Über den Farbenfilm« *N. Z. Z.*, 23. Mai 1937.

aus dem langjährigen vertrauten Umgang mit ihm – ohne ihre Beihilfe aussagen kann. Er hat die blaue Ferne schon zarter beschworen, als es jetzt durch die Einmengung des Blaus geschieht; er hat das grelle Licht, die Hitze und die kräftigen Kontraste der Wüstenlandschaft in Bildern gebannt, deren Farbigkeit die farbigen im *Garten Allahs* weit übertrifft. Die Farbe realisiert in den genannten Beispielen nicht neue Möglichkeiten, unterbindet vielmehr die Ausbildung der vorhandenen. Statt den Schwarzweißfilm zu komplettieren, macht sie ihn faktisch farblos. Es ist, als beschränke ihre Dazwischenkunft die Entwicklung der Schatten und Helligkeiten und lähme das Tempo.

Pudowkin, der Regisseur der *Mutter* und anderer großer Filmwerke, vertritt in seinem Buch über den Film[2], das den archaischen Zeiten des stummen Films entstammt, nachdrücklich die Auffassung, daß der Film keine Imitation der Welt, sondern ihre Konstruktion durch Montage sei. Sämtliche Formulierungen des Buchs ergreifen gegen die vulgäre Darstellungsart der Dinge und Ereignisse Partei, die eben infolge ihrer Vulgarität gern für die Imitation des Erscheinenden gehalten wird. Denn angesichts eines Bildes, das die Natur vom landläufigen Standpunkt aus betrachtet, liegt die Versuchung nahe, die Existenz eines Standpunktes überhaupt zu leugnen und das Bild mit einem Abbild zu verwechseln. Aber diese »Abbilder« sind keineswegs standpunktlos; sie nehmen nur die Gegebenheiten so hin, wie sie sich dem banalen Blick ergeben. Blind gegen den Gehalt der Phänomene, registrieren sie in Wirklichkeit ein konfuses Zufallsgemenge, das nichts meint und mit dem nichts gemeint ist.

Indem Pudowkin der Montage das Wort redet, setzt er sich für eine filmische Verfahrensweise ein, die im Interesse der Herausarbeitung des jeweiligen Gehalts der Dinge deren Oberflächenzusammenhang zerreißt. Die gewohnten Alltagsbilder müssen gesprengt werden, damit aus den Stücken Bilder montiert werden können, denen Bedeutung innewohnt.

2 W. Pudowkin, *Filmregie und Filmmanuskript,* Berlin 1928.

Das heißt aber, daß die Montage das Gegenteil scheinbarer Naturimitation beabsichtigt. Sie erstrebt keine Ähnlichkeit mit den sogenannten Objekten, sondern will umgekehrt belanglose Ähnlichkeiten vernichten und aus den der Vernichtung entspringenden Elementen Gebilde konstruieren, die jedenfalls alles andere eher als Kopien im üblichen Sinne sind. So wären die Konstruktionen der Montage unserer Vorstellungswelt unähnlich? Wenn Pudowkin die Säulenfassade eines zaristischen Gerichtsgebäudes vorführt, erscheint diese tatsächlich unter einem so fremdartigen Aspekt, daß niemand sie ohne weiteres mit einer Ansichtskarte derselben Fassade zu identifizieren vermöchte. Aber Pudowkins Fassade gewinnt gerade dadurch Sprachgewalt, daß sie sich mit dem Klischee solcher Fassaden nicht auf einen Nenner bringen läßt. Der Ansichtskartenperspektive entrückt, denunzieren diese Prunksäulen, für jedermann vernehmlich, sich selber als Wahrzeichen zaristischer Willkürjustiz.

Die Ausschaltung der Farbe ist für den Schwarzweißfilm insofern ein Vorteil gewesen, als sie ihm von vornherein eine gewisse Unabhängigkeit vom Gegenstand zugesichert hat. Je weniger Bindungen an die Oberfläche bestehen, eine um so geringere Anstrengung ist vonnöten, um von ihnen zum Zweck der Montage zu abstrahieren. Nun tritt die Farbe hinzu und mit ihr eine neue Eigentümlichkeit der Objekte, die fortan nicht mehr vernachlässigt werden darf. Hier wird verständlich, aus welchem Grunde die erwähnten farbigen Partien den Film so belasten. Zum Unterschied vom Gemälde, das diesen Namen verdient, begehen sie keinen Sabotageakt gegen den konventionellen Zusammenhang der Phänomene, sondern setzen ihren Ehrgeiz darein, ihn rundum zu reproduzieren. Der Maler bewältigt die Aufgabe, dem farbigen Material Bedeutung abzuzwingen, und seine Bilder sprechen genau in dem Maße, in dem sie nicht »Abbilder« sind. Der Farbenfilm dagegen bemüht sich einstweilen aus einer Art kindlicher Freude am technisch Erreichbaren um die exakte Wiedergabe dessen, was dem trivialen Begriff von Natur gemäß ist. Sein Stolz ist das Klischee. Aber indem er Bildstreifen liefert, die den Eindruck von Imitationen einer vermeintlich an sich seienden Welt machen, versäumt er die Durchdringung seines Materials und fängt eine diffuse Mannigfaltigkeit ein. Er erobert nicht die Gegenstände, er versklavt sich ihrem abgenutzten Gepräge. Die verfilmte Wüstenlandschaft im *Garten Allahs* gleicht deshalb einem Öldruck, weil dem Durchschnitt der Menschen originale Wüstenlandschaften faktisch als Öldrucke entgegentreten, und die Bläue, deren oben gedacht wurde, ist deshalb nichtssagend, weil sie eine Impression fixiert, die nichts besagt. Ansichtskartenzauber! Ansichtskarten verfälschen jedoch nicht die Welt, diese ist wirklich ein Ansichtskartenalbum, wenn sie auf banale Weise gesehen wird.

Jetzt erst erklärt sich auch, warum es nicht selten den Anschein hat, als werde die filmische Entwicklung durch das Eingreifen der Farbe gehemmt. Im Schwarzweißfilm ist die Montage zum Usus geworden, wie verkehrt und mechanisch immer sie praktiziert zu werden pflegt. Bei der Handhabung der Farbe indessen zielt man noch kaum auf Montageeffekte ab, sondern gibt sich etwa damit zufrieden, die Illusion blumiger Wiesen hervorzurufen. Diese Illussionskünste mögen den hohen Stand der Farbentechnik dartun, sie laufen darum nicht minder auf die Verbildlichung gleichgültiger, bedeutungsleerer Gegebenheiten hinaus. Das Resultat ist, daß sich im Farbenfilm zwei Tendenzen ausleben: die eine, vom alten Schwarzweißfilm herrührend, bezweckt die Durchleuchtung der Phänomene mittels der Montage; die andere, die auf der falschen Behandlung der Farbe beruht, verschreibt sich einer schlechten Fülle unerhellter Impressionen. Beide im Farbenfilm zusammengekoppelten Tendenzen widerstreiten aber einander; denn in demselben Grade, in dem sich die Farbe auf »Imitation« versteift, wird der Abbau der imitierbaren Zusammenhänge und damit der Durchbruch der Montage verhindert. So kommt es, daß die Farbe an den hier gemeinten Orten nicht nur scheinbar bremsend wirkt. Ihre

Buntheit ist kunterbunt, ihr Zusatz hintertreibt die Entfaltung der Montage.

Wie sich von selbst versteht, richtet sich diese grundsätzliche Analyse nicht gegen die Verwendung der Farbe überhaupt, sondern gegen eine billige Methode ihrer Verwendung. Worauf hingearbeitet werden muß, ist die Montage der Farbe. Der Farbenfilm kann sich erst unter der Bedingung zum Rang der besten Schwarzweißfilme erheben, daß er die Farbe zu montieren lernt.

Freilich nicht nach Art der Gemälde. Irgendeinem Farbenfilm wurde vor kurzem nachgerühmt, daß in ihm die Palette Courbets erstehe. Zweifellos ist es ein reizvolles Beginnen, Gemälde aus ihrer Starre zu befreien, aber der Farbenfilm verfehlte seine Bestimmung, wenn er sich an der Malerei orientierte, und sei es an der modernen. Was für den Schwarzweißfilm zutrifft, gilt auch für ihn: er gelangt nur dadurch zum Ziel, daß er bei der Montage auf Grund seiner eigenen technischen Voraussetzungen verfährt.

Wohin sie ihn führen, läßt sich im voraus nicht absehen. Immerhin herrscht schon heute kein Mangel an Beispielen, die den richtigen Gebrauch der Farbe illustrieren. Ich erinnere mich eines Disneyschen Trickfilms, in dem ein Raketenfeuerwerk abgeprasselt wird. Wann hätte man bisher je Bewegungsspiele von Farben veranschaulichen können? Bei Disney sind sie gestaltet: ein bunter Sprühregen zischt, ungeahnte Sensationen erzeugend, über die Fläche. In einem anderen Trickfilm, dessen Held ein Hündchen ist, bringt die Farbe den Wechsel der Zustände auf die knappste Formel. Das Hündchen verirrt sich auf einem Gletscher und nimmt zum Zeichen seiner Erschöpfung eine grünliche Färbung an, die jedoch, kaum daß ihm ein hilfreicher Bernhardinerhund Branntwein eingeflößt hat, sofort wieder einer heiteren Röte weicht. – Manchmal will es der Zufall, daß auch in den Filmen, die nicht wie die Trick- und Reklamefilme von vornherein auf den Schein der Imitation verzichten, sondern durchaus realistische Absichten verfolgen, die Farbe gleichsam aus der Verworrenheit des Klischees herausbricht und zu sich kommt. Es verhält sich allerdings nicht so, als ob sie plötzlich ihr Verlangen unterdrückte, eine Pseudowirklichkeit nachzuahmen; aber vorübergehend wird das vorgeformte Material selber transparent. Der *Garten Allahs* birgt eine Tanzszene, die sich dadurch auszeichnet, daß das Gewand der Tänzerin in den verschiedensten Farben schillert. Je leidenschaftlicher der Tanz wird, desto schneller changiert das Kostüm – ein kaleidoskopartiger Wechsel der Farben, der dem Auftritt erst zu seiner vollen sinnlichen Wirkung verhilft. An einer zweiten Stelle desselben Films flackert Kerzenlicht, dessen ungemischtes, zum Leben erwachtes Rot eine unvergleichliche Ausdruckskraft besitzt.

In allen diesen Fällen – es handelt sich meist nur um Passagen von geringer Länge – ist die Farbe kein Störungsfaktor, sondern erweitert die Grenzen des Films. Sie versieht einzigartige Funktionen; sie vergegenwärtigt auf echt filmische Weise Gehalte, die zu entdecken ihr allein vorbehalten bleibt. So wird sie zum notwendigen Bestandteil der Gesamtmontage. (1937)

13. Film und Malerei

In der letzten Zeit sind in Paris zwei Kurzfilme gelaufen, die Gemälde reproduzieren: der eine, ein russischer Schwarzweißfilm, gibt einen Überblick über die Schätze der Eremitage; der andere, ein Farbenfilm, zeigt Bilder von Rubens und Meisterwerke der holländischen Malerei, Filme, die eine völlig überraschende Wirkung erzielen. Schon der Russenfilm entlockt den von ihm überflogenen Bildern Effekte, deren auch die beste Photographie bisher nicht fähig gewesen ist. Und was auf ihn zutrifft, gilt doppelt vom Farbenfilm, der schlechterdings eine Sensation bedeutet. Mit ihm erstehen zum erstenmal Reproduktionen, die das reproduzierte Gemälde zu neuen Aussagen zwingen.[1]

1 Vgl. Kracauer, *TF*, S. 261–263.

Vorauszuschicken ist, daß beide Filme selbstverständlich auf die Wiedergabe der Bilderrahmen verzichten und von der Freiheit Gebrauch machen, außer dem ganzen Gemälde Details in Großaufnahme vorzuführen.

Das Phänomen selber ist leicht beschrieben. Zunächst stimmen die Filmbilder darin überein, daß sie ein Leben ausstrahlen, das man nicht immer gleich im Original entdecken wird; geschweige denn in den herkömmlichen Projektionsbildern, die das Leben des Originals eher ersticken. Der russische Filmstreifen enthält einen französischen Frauenkopf, der dem 18. Jahrhundert entstammen mag: die junge Frau verfügt auf der Leinwand über eine solche Daseinskraft, daß der Beschauer nicht die Reproduktion des Gemäldes, sondern die seines Urbildes vor sich zu haben glaubt. Des Urbildes? Es ist vielmehr, als habe das Frauenporträt selber körperliche Existenz angenommen und sich dann filmen lassen. Und wer hundertmal weiß, daß dem Filmbild ein gemaltes Original zugrunde liegt, kann angesichts dieser Augen und dieses Lächelns nicht die Vorstellung los werden, das Original sei dem Gemälde entstiegen und erfülle einen imaginären Raum. In dem ausgezeichneten amerikanischen Farbenfilm: *Vogues 1938* werden bei einer Modeschau lebende Bilder gestellt: die Mannequins sind vor dem hellen Hintergrund zu Silhouetten-Gruppen arrangiert, auf die allmählich Licht fällt, in dem sie sich zu regen beginnen. Keine andere Absicht scheinen im Film die Figuren der wirklichen Bilder zu hegen.

Eine Illusion, die dadurch vertieft wird, daß der Film mit einem Schlag das Vergangene in die Gegenwart rückt. Jene Frau hat nicht gelebt; sie ist von heute und lebt unter uns. Der Film aktualisiert die historischen Gemälde. Bis zu welchem Grade er dem zeitlich Fernen Nähe schenkt und Bildern, die selber nur noch mittelbar ansprechen, die Unmittelbarkeit zurückerstattet, verrät nicht zuletzt der bärtige Silen, der einer Rubens-Komposition entnommen ist. Man meint, ihm gestern über den Weg gelaufen zu sein. Fast hat es den Anschein, als bewältigte der Film des Gemäldes aus eigener Kraft eine

Aufgabe, die der Kunstkenner dem Gemälde gegenüber vollbringt – die Aufgabe, durch die historisch gewordenen
Bildelemente hindurch zur ursprünglichen Konzeption vor-
zustoßen. Jedenfalls sind die Filmbilder frei von Moder-
schichten, die erst abgedeckt werden müßten. Gerade die farbigen Reproduktionen brechen mit einer erstaunlichen Kraft
ins Heute ein. Unter ihnen findet sich ein Landschaftsdetail,
das einer besonderen Anmerkung bedarf.

Aus einer jener holländischen Landschaften, denen man in
sämtlichen Galerien begegnet, holt der Film eine kleine Partie heraus, die Gebüsch, Ebene und Wolkenstreifen umfaßt.
Man kennt das Genre: Seine Vorliebe für eine barocke Natur und seine immer wiederkehrenden blauen und grünen
Töne. Nach dem Gesagten versteht es sich von selbst, daß
diese Großaufnahme durch ihre Frische die konventionellen
Gepflogenheiten des Originals in Vergessenheit bringt. Wesentlicher aber noch ist, daß sie auch die bisherigen Leistungen
des Farbenfilms auf dem Gebiet der Naturwiedergabe überflü-
gelt. Der erwähnte Farbenfilm: *Vogues 1938* setzt mit einer
kurzen Schilderung des abendlichen New York ein, die unter
dem Niveau der folgenden figürlichen Szenen bleibt und
beinahe zum Glauben verführt, sie sei nicht nach der Natur,
sondern nach Ansichtskarten hergestellt. Während das
Landschaftsfragment, das faktisch auf ein Gemälde zurückgeht, die Impression hervorruft, daß es die Natur mit über-
zeugender Echtheit banne. Seine Wolken sind greifbare Gebilde, seine Farben von einer Natürlichkeit ohnegleichen. Ein
kurioser Befund: *die Naturreproduktion gemahnt an mindere
Bilder, die Bildreproduktion beschwört die Natur herauf.* Zweifellos erklärt sich diese Verkehrung nicht nur aus den technischen Schwierigkeiten, sondern vor allem daraus, daß die
Natur ein diffuses Gemisch von Farben enthält, das sich höchstens zufällig einmal in einer für Reproduktionszwecke wirklich geeigneten Weise zusammensetzt. Lassen sich Kostüme,
Gesichter, Interieurs auf ihre Farbwerke hin komponieren,
so ist dem Farbenchaos der Natur nicht ohne weiteres bei-

zukommen. Die hier erforderlic' ← Selektion der Farben wird allein im Gemälde bewerkstelligt und nicht am Objekt.[1]

Zwei Fragen drängen sich auf, deren zureichende Beantwortung in diesem Zusammenhang freilich nicht einmal versucht werden kann. Die eine: woher rührt das ungeahnte Leben, das die Gemälde in den Filmbildern erlangen? Bei seiner Entstehung – soviel läßt sich immerhin andeuten – spielen technische Faktoren wie die Art der Anstrahlung des Originals und die ganze Art seiner Fixierung im Verlauf des filmischen Reproduktionsprozesses eine sehr wichtige Rolle. Diese Faktoren gestatten es, Nachdunkelungen und Übermalungen zu eliminieren, schaffen gewisse Ausgleiche und können auch deshalb nicht ohne belebende Wirkung sein, weil sie das Standobjekt einem bewegten Objekt gleichsetzen. Einzukalkulieren ist ferner ein subjektives Moment. Der Organismus hat sich so daran gewöhnt, vom Film die Widerspiegelung der dreidimensionalen und aktuellen Realität zu erwarten, daß er diese Realität unwillkürlich auch dort unterschiebt, wo sie gar nicht gegeben ist. Indem das Gemälde wie irgendein Mensch oder ein Fahrzeug im Film auftritt, nimmt es ohne eigenes Zutun einen Realitätscharakter an, der desto unausweichlicher wird, je mehr plastische Gewalt dem Gemälde selber innewohnt.

Die andere Frage gilt der Bedeutung des Lebens, das der Film den bemalten Flächen abgewinnt. Stellt er nur das heraus, was sie wirklich bergen, oder verändert er ihre Gehalte? Die Großaufnahme des Silenkopfes reißt diesen mit einem solchen Ungestüm ins Dasein, daß sich der Verdacht regt, sie begnüge sich nicht mit der Reproduktion des Kopfes, gestalte ihn vielmehr aus und um. Wäre der Silen ein Geschöpf aus Fleisch und Blut, so könnte jeder Photograph Bilder von ihm anfertigen, die weder die gewohnten Züge des Silens zu vergegenwärtigen, noch auch sich untereinander zu gleichen brauchten. Durch die Variation des Standorts und der Beleuchtung ist der Photograph tatsächlich in der Lage, das

1 Textkorrektur von »Objektiv« durch den Autor, im Nachlaß.

Aussehen eines körperlich anwesenden Modells nahezu beliebig zu wandeln. Aber der Silen ist gemalt, und als ein flächiges Gebilde duldet das Gemälde nicht den unbeschränkten Wechsel der Aufnahmebedingungen, sondern verlangt von vornherein aus einer bestimmten Perspektive und unter einer bestimmten Beleuchtung visiert zu werden. Das heißt, es verweigert sich jenen Verwandlungskünsten, die dem subjektiven Ermessen entspringen. Hieraus folgt, daß der Film – zumal der Farbenfilm – keine Gegebenheiten veranschaulicht, die nicht schon im Gemälde steckten; mag er auch mit Hilfe von Großaufnahmen Partien herauszuarbeiten, deren Akzentuierung besonders wünschenswert ist. Das Mehr an Lebensfülle und Gegenwartsnähe, das die filmische Reproduktion nicht selten vor ihrem Original vorauszuhaben scheint, ist also im wesentlichen die Frucht der Bekenntnisse, die das Original selber im Film ablegt.

Unter allen Umständen ist erwiesen, daß durch den Farbenfilm die Werke der Malerei dem Publikum auf eine sehr zeitgemäße, sehr eindringliche Weise nahegebracht werden können.

Schon jetzt steht fest, daß sich die großen Museen über kurz oder lang diesem Zustand der Dinge anpassen müssen. Sie werden zur Anlage von Farbenfilm-Archiven und vielleicht auch zur Errichtung von Vorführungsräumen genötigt sein; ihre ganze Funktion wird sich durchgreifend ändern. Eine Epoche hebt an, in deren Verlauf sie sich aus sogenannten Kunsttempeln zusehends in Forschungsstätten und Laboratorien verwandeln werden.

(1938)

14. Dumbo

Der neue Walt Disney-Film

Das neue Modell, das Walt Disney in diesem Jahr auf den Markt bringt, ist ein fliegendes Elefantenbaby. Es ersteht in dem nach ihm genannten, knapp abendfüllenden Film *Dumbo*, der eine Fülle der herrlichsten Episoden enthält. Dennoch setzt Disney auch mit diesem Film noch eine Entwicklung fort, deren Bedenklichkeit seit *Schneewittchen*, seinem ersten langen Werk, immer fühlbarer geworden ist. Worin besteht ihre Problematik?

In *Plane Crazy,* Disneys erstem Micky Mouse-Film (1928), verwandelt sich, allein durch die Macht des Zeichenstifts, ein Kinderauto in ein Flugzeug, das, von Micky gelenkt, auf und davon fliegt. In *Dumbo* ereignet sich ein ähnliches Wunder: der erdhafte Elefant beginnt plötzlich seine übergroßen Ohrlappen als Flügel zu gebrauchen und wie ein Pegasus oder ein Bomber durch die Lüfte zu entschweben. Doch das Mirakel folgt hier nicht einfach aus der Tatsache, daß der Film ein Zeichenfilm ist, sondern wird auf die psychologische Wirkung einer »magischen Feder« zurückgeführt, die Dumbos Freund, eine winzige Maus, dem impertinenten Krähengesindel ablistet. Dieser Unterschied weist auf eine strukturelle Veränderung der Disney-Filme hin. Am Anfang trägt Disney noch durchaus der Maxime Rechnung, daß jede Kunstgattung im Einklang mit ihren besonderen Mitteln eine spezifische, nur ihr vorbehaltene Funktion zu erfüllen habe und spottet in seinen Kurzfilmen der photographierbaren Realität: Mickys Freundin benutzt in *Plane Crazy* ihren Unterrock als Fallschirm, und das Skelett in der ersten Silly-Symphony *The Skeleton Dance* (1929) spielt mit einem seinem eigenen Gerippe entnommenen Schenkelknochen auf säuberlich angeordneten Knochenreihen Xylophon. Alle diese Metamorphosen ergeben sich aus Beziehungen zwischen Formen oder Bewegungen, und je unbekümmerter sie vertraute Zusammenhänge zerstören, desto rechtmäßiger sind sie, desto nachdrücklicher offenbaren sie die Verfügungsgewalt des Künstlers über sein Material. Ist der Trickzeichner auf die Dazwischenkunft von begnadeten Prinzen, Hexenmeistern und magischen Federn angewiesen, um die Naturgesetze aus den Angeln zu heben? Indem Disney seine Zuflucht zu solchen Märchenwesen nimmt, überstimmt er nur den Zeichenfilm.

Hinzu kommt, daß *Dumbo* die photographierbare Realität nachbildet und auch imaginierte Objekte auf ihren Nenner bringt. Kein Zweifel, die Imitation des realistischen Films ist gewollt; das hindert nicht, daß sie den Prinzipien zuwiderläuft, nach denen Disney seine klassischen Kurzfilme entwirft. In ihnen setzt er noch alles daran, um eine Welt zu schaffen, die mit der unsern so wenig gemein hat wie Micky mit einer lebenden Maus. Emile Cohls Strichmännchen gleich, die im Nirgendwo zu Hause sind, durchmessen auch seine Kreaturen einen Raum von Gnaden des Zeichenstifts in einer Zeit, die sich, wie der Raum selber, je nach Gefallen ausdehnt oder zusammenzieht. Es ist nur folgerichtig, daß in diesem Kosmos die Schwerkraft aufgehoben ist, perspektivische Regeln nichts gelten und beliebige Entfernungen mit Gedankenschnelle zurückgelegt werden. Wenn nun Disney, vom hier geübten Verfahren abweichend, in *Dumbo* irreale Objekte wie reale behandelt und sie, darüber hinaus, gezeichneten Menschen oder Dingen beigesellt, die ebenso gut photographierbar wären, bedroht er die wahren Interessen des Zeichenfilms in doppelter Hinsicht. Einmal strebt der Zeichenfilm, wie seine besten Beispiele beweisen, nicht die Verfestigung, sondern die Auflösung der konventionellen Realität an. Zum andern hat er gewiß nicht die Funktion, eine Wirklichkeit zu vergegenwärtigen, die zu ihrer Darstellung den Zeichenfilm gar nicht benötigt.

Die Wendung zum realistischen Stil wird durch die zum abendfüllenden Film begünstigt, der eine Handlung erfordert. Man erinnert sich der alten Groteske, die unter ihrer Erweiterung zu normaler Spielfilmlänge nicht minder gelitten hat. Groteske und Zeichenfilm stimmen darin überein, daß sie nicht die Verfilmung einer Handlung im üblichen Sinne, sondern die Herausarbeitung ausgezeichneter Momente bezwecken. Gegenstand der Groteske ist ursprünglich die Verhütung einer Katastrophe im letzten Augenblick;

Gegenstand des Zeichenfilms die überraschende Konfiguration, die das zeichnerische Spiel mit den Beständen der Realität jeweils erzeugt. Beide Gattungen zielen von vornherein auf solche Pointen ab; ihre eigentliche Handlung erschöpft sich im »Gag« oder in einer Folge von Gags. Daher bevorzugen sie die Kürze; denn nur bei geringer Länge kann die verbindende Handlung noch den Charakter des Fadens bewahren, an dem sich die Perlen des Gags aufreihen. Aus der spezifischen Natur der ausgezeichneten Momente in beiden Gattungen ergibt sich auch die Richtung der Fabel; nicht umsonst treibt der Zeichenfilm ursprünglich seinen Schabernack mit der sich selbstherrlich gebärdenden Technik und wählt, wie die Groteske, zu seinem Helden die schwache Kreatur, die sich im Kampf gegen die bösen Gewalten der Welt behauptet. Es gereicht Disneys langen Filmen nur zum Schaden, daß sie von dieser Linie abweichen. Sie unterwerfen sich inhaltlich zu willfährig den sozialen Konventionen; ihre Fabel neigt dazu, ihre Gags zu diskreditieren. Bezeichnend hierfür manche Songs oder auch der Schluß von *Dumbo*: statt mit seiner Mutter einem unbekannten Paradies zuzufliegen, endigt *Dumbo* als hochbezahlter Star desselben Zirkusdirektors, der seine Mutter geprügelt hatte.

Sollten bessere Lösungen nicht zu finden sein? Mit dem Film *Fantasia,* der allerdings als Illustration absoluter Musik problematisch ist, hat Disney zumindest bewiesen, daß auch ein abendfüllender Film nicht unbedingt der »Handlung« bedarf. Ferner ließe sich denken, daß Disney wie Chaplin verführe, und nicht wie bisher Märchen dem konventionellen Alltag angliche, sondern Alltagsgeschichten mit den Mitteln des Zeichenfilms als Märchen enthüllte. Und was die Methode der Darstellung betrifft, so hätte er die Möglichkeit, nach dem Vorgang großer Maler reale und imaginäre Dinge gleichmäßig zu verwandeln und beide in eine neue Sphäre zu heben.

Dumbo zeigt bereits Ansätze zu solcher Verwandlung: hoffnungsvoll stimmt vor allem die Schilderung der Aufrichtung des Zirkuszelts, in der die Realität spürbar durchbrochen wird. Zum Glück setzt sich auch sonst immer wieder Disneys zeichnerisches Genie gegen seine zeichnerischen Intentionen durch und drängt, wenn es sein muß, die störende Handlung einfach beiseite, um Platz zu schaffen für so wunderbare Erfindungen wie die der ungenierten Krähenbande oder des Spiels mit den Champagnerperlen, das die üppige Elefantenballett-Phantasie einleitet, und für eine Menge reizender Gags, die überall rechts und links am Wegrand blühen.

(1941)

15. Kunst und Film

Zu Hans Richter: Träume für Geld

Hans Richter, dessen erster amerikanischer Film *Dreams That Money Can Buy* jetzt herauskommt, genießt internationalen Ruf als einer der Begründer des Avantgarde-Films. Es waren rein künstlerische Absichten, die ihn, den Maler, ursprünglich zum Film trieben. Und zum Unterschied von René Clair oder Cavalcanti schenkte er niemals den Lockungen der Industrie Gehör, sondern setzte seine filmischen Experimente mit dem Fanatismus eines Besessenen fort.

Träume für Geld ist ein neuer Beweis seiner großartigen Unbeirrbarkeit. Dieser abendfüllende Farbenfilm, dem die diesjährige Biennale in Venedig seiner Originalität und fortschrittlichen Gesinnung wegen einen Preis zuerkannt hat, wurde für die lächerliche Summe von noch nicht 25 000 $ hergestellt.

Der Film selber ist ein Mosaik innerlich unzusammenhängender Episoden, deren jede auf dem Werk oder der Idee eines zeitgenössischen Künstlers beruht. Surrealistische Phantasien stehen unvermittelt neben abstrakten Konstruktionen. Allein die Tatsache einer solchen Anthologie läßt darauf schließen, daß heute die Kunst der Gegenwart genügend anerkannt ist, um auf der Leinwand registriert zu werden. Was einst heftig bekämpft wurde, ist zum selbstverständlichen

Element unseres Daseins geworden. Darüber hinaus verrät der Film, daß die verschiedenen Kunstrichtungen der Zeit trotz ihren tiefgehenden stilistischen Abweichungen nur Spielarten eines und desselben Stils sind. Die Episoden oder »Träume« erwecken in der Tat den Eindruck, als ob sie einer ihnen gemeinsamen Grundeinstellung entsprängen. Und wiesen sie nicht alle nach der gleichen Richtung, so würde dieser filmische Querschnitt kaum als ein reichgegliedertes Ganzes wirken.

Die Max Ernst-Episode, die auf sechs Zeichnungen seiner *Semaine de la Bonté* zurückgeht, stellt den wollüstigen Traum eines schlafenden Mädchens dar. Ihr schweifendes Unterbewußtsein äußert sich in verzückten Monologen und in Bildern, in denen Fragmente der Wirklichkeit eine Traumwelt aufbauen helfen, die wirklicher ist. Schiffbrüchige werden unter dem Bett des Mädchens hervorgezogen, und ihr Schlafzimmer treibt durch eine Wildnis drohender Korridore und Verließe dahin. Sobald ihr Geliebter zu ihr vorgedrungen ist, wird ihr eigener Traum durch einen Traum verdrängt, in den sich die beiden teilen. Er besteht aus einer Folge von Visionen, die den Rausch der Liebeserfüllung und ihren zitternden Nachglanz symbolisieren. Die Ekstase des Paares würde sich im Uferlosen verlieren, tauchte nicht immer wieder eine von Max Ernst selber gespielte Figur auf. Als eine Art von Über-Ich oder Gewissen folgt Ernst den Liebenden überall hin, und dadurch, daß er sie schweigend beobachtet, setzt er ihrer Gefühlsschwelgerei Grenzen.

Im Gegensatz zu diesem Gemälde der Leidenschaft steuert Fernand Léger eine spielerische Satire auf mechanisierte Liebe bei. New Yorker Schaufensterpuppen lassen sich auf eine Herzensaffäre ein, in deren Verlauf das Hochzeitsgewand der Braut so ruiniert wird, daß sie es vorzieht, ihrem Bräutigam den Laufpaß zu geben. Libby Holman und Josh White singen dazu einen reizenden Song von John Latouche, der nach Art einer Moritat das Mädchen mit dem standardisierten Herzen ins Lächerliche zieht. Das Ganze ist ein *Ballet mécanique*[1] in amerikanischem Stil. Die Man Ray-Episode, zu der er selber das Skript geschrieben hat, fällt spürbar ab. Sie heißt »Ruth, Rosen, Revolvers«, ist redselig und gibt ihre Unklarheit für Tiefe aus. Die Nebel lichten sich nur in einer einzigen Passage, die in einem Kino spielt und das Bedürfnis so vieler Zuschauer, sich mit einem Filmhelden zu identifizieren, verspottet. Aber der Spott ist zu dick aufgetragen, um wirklich amüsant zu sein.

Zwei andere Künstler erscheinen in vollem Glanz. Marcel Duchamps rotierende Spiralen sind mit einer Prozession nackter Frauen kombiniert, zu der sein Gemälde *Nu descendant un escalier* die Anregung gegeben hat – ein faszinierendes Gemisch zarter Linien und üppiger Leiber. Daran schließt sich eine wirkungsvolle Verfilmung der Schöpfungen Alexander Calders. Seine *mobiles* – bewegliche Raumkonstruktionen aus Draht und Metallstücken – verwandeln sich in prangende Form- und Farbenspiele; und seine Zirkusfiguren, charmante Produkte einer atavistischen Phantasie, ziehen zur Musik Dave Diamonds vorbei, die den Eindruck ihrer gespenstischen Unwirklichkeit noch vertieft.

Richter hat diese so verschiedenartigen Beiträge durch eine Rahmengeschichte, deren Musik von Louis Applebaum stammt, zu vereinheitlichen gesucht. Ihre Hauptfigur ist Jack Bittners Joe, ein armer, junger Dichter, der die ungewöhnliche Gabe besitzt, schlummernde Träume zum Leben zu erwecken. Joe beschließt, diese Gabe nutzbringend zu verwerten. Er läßt sich in einem seltsam eingerichteten Bureau nieder und verkauft dort seinen Kunden die Gebilde, die er aus dem Material ihres Unterbewußtseins formt. Es versteht sich von selber, daß die Träume den Träumern entsprechen: die Max Ernst-Orgie drückte die Sehnsüchte eines blassen Ehemanns aus, während Légers Satire ein verkrampftes Mädchen von ihren Hemmungen befreit. Bei alledem ist Joe nicht so sehr ein Psychiater als ein Künstler. Er hilft den Bedrückten dadurch, daß er ihre gestaltlosen Wünsche in greifbare Kunstwerke umsetzt.

1 Film von Fernand Léger, 1924.

Aus der Rahmengeschichte wächst Richters eigene Episode, »Narzissus«, hervor, die letzte des Films. Es ist ein Traum, der Joes innere Erfahrungen in drastischen Symbolen vergegenständlicht. Sein Gesicht färbt sich blau, sobald er sein wahres Selbst entdeckt; und wie er in der Begierde, den ihm vorbestimmten Weg zu Ende zu gehen, eine Leiter erklimmt, verschwindet eine Stufe nach der andern unter seinen Füßen. So wird in dramatischen Bildern das Werden jedes schöpferischen Menschen verfolgt – sein Drang nach Selbstverwirklichung, sein Kampf gegen die Gleichgültigkeit der Welt und seine unabwendbare Einsamkeit. Am Schluß zerbricht die Zeusbüste, die Joe mit der Vergangenheit verbindet, und er selber löst sich ins Nichts auf. Was von ihm zurückbleibt, sind seine Werke: glühende Farbenkompositionen, die sich im Raum entfalten.

Kein Wunder, daß ein so hochstrebender Film nicht alle mit ihm gegebenen Versprechungen erfüllt. Ungenügende Mittel und schlechte Atelierverhältnisse hinderten Richter an der vollen Entfesselung seiner Kamera. So kommt es, daß nichts sich rührt in Augenblicken, in denen Beweglichkeit wünschenswert wäre. Und wie um für ihre Reglosigkeit zu entschädigen, verweilt die Kamera manchmal zu lang bei immer denselben Gegenständen und Vorgängen. Aber ich beeile mich, hinzuzufügen, daß mir diese Ungeschicklichkeit lieber ist als die Glätte vieler Hollywood-Filme.

Andere Schwächen wiegen schwerer. Das an sich richtige Prinzip, der »Stimme des Unterbewußtseins« Gehör zu verschaffen, ist überspannt worden. Anstatt sich normal zu unterhalten, verfallen die Darsteller oft in ein unnatürliches Stillschweigen, das dieser Stimme erlaubt, ihre uneingestandenen Absichten preiszugeben. So treten in langen Monologen Bedeutungen zutage, die nicht einfach gesagt, sondern geformt werden sollten. Gleich abwegig ist die Verwendung kruder Symbole. Das häufige Wiedererscheinen Max Ernsts in seiner Episode ist kaum mehr als eine wörtliche, und daher künstlerisch unzureichende, Übersetzung des Gedankens vom allgegenwärtigen Gewissen. Und trotz ihrer Bildkraft mutet die Szene mit den verschwindenden Leiterstufen in Joes Traum wie die Illustration einer Redefigur an. Diese Beispiele ließen sich vielleicht vermehren. Im ganzen herrscht die Tendenz, literarische Metaphern als visuelle Symbole auszunutzen.

Aber diese paar Unvollkommenheiten tun den großen Verdiensten des Films keinen Abbruch. Richter sucht weder, wie Maya Deren oder Sidney Peterson, die Avantgarde-Bewegung der späten Zwanziger künstlich wiederzubeleben, noch erniedrigt er abstrakte Formen zu bloßem Zierat nach der Art Disneys. Er ist ein Neuerer. Er überträgt zum erstenmal wesentliche Gehalte moderner Kunst auf die Leinwand. Und indem er sie wissend verfilmt, treibt er das mit ihnen Gemeinte plastisch heraus.

Richters Film ist noch aus einem anderen Grunde wichtig: er veranschaulicht schlüssig, daß bestimmte Kunstwerke durch ihre Verfilmung viel zu gewinnen haben. Calders räumliche Konstruktionen zum Beispiel erzielen ganz unerwartete Wirkungen auf der Leinwand – Wirkungen, die der Einbeziehung ihrer Schatten, kunstvollen Großaufnahmen, überraschenden Farbkombinationen und nicht zuletzt der brillanten Musik von Paul Bowles zu danken sind. Schwingende und klingende Phänomene einer Welt, die nur aus Licht und Farbe besteht, offenbaren diese uns einst vertrauten *mobiles* jetzt viele fremdartigen Dinge. Wie sein Joe, so hat Richter das, was ohne unser Wissen schon immer in ihnen schlief, zum Dasein erweckt.

Träume für Geld beschwört das geheime Traumleben von Zeichnungen, Gemälden und plastischen Formen herauf. Mit diesem Werk könnte eine Zeit fruchtbarer Zusammenarbeit von Kunst und Film beginnen.

(1948)

16. Die filmische Gestaltung des Unterbewußten

Diese Anmerkungen zu verschiedenen kürzlich erschienenen Experimentalfilmen wurden angeregt vom wachsenden Interesse an diesem Genre. Das Cinema 16, eine Organisation, die sich auf die Verbreitung avantgardistischer Filme aller Art spezialisiert hat, sein erstes Programm letzten Herbst in New York vorstellte, hatte die meisten seiner Vorstellungen schon Tage zuvor ausverkauft. Gleiches Interesse regt sich auch in Los Angeles, Chicago und Minneapolis. Und Amos Vogel, der junge Leiter von Cinema 16, erzählt mir von unbekannten Amateuren, deren Filmexperimente so vielversprechend sind, daß er plant, sie in kommenden Vorführungsprogrammen zu zeigen. Eine Avantgarde-Bewegung scheint im Entstehen zu sein. Aller Wahrscheinlichkeit nach verdankt sie sich in mancher Hinsicht dem weitverbreiteten Unbehagen mit der derzeit gängigen Hollywood-Produktion.

Maya Deren, die ein Guggenheim-Stipendium erhielt und deren Filme vielleicht die bekanntesten der Gruppe sind, hat vier experimentelle Filme gedreht, die alle bis auf einen die psychische Wirklichkeit in der Gegenständlichkeit der äußeren Welt zur Erscheinung bringen. Dies hat es schon zuvor gegeben, besonders bei Germaine Dulac in ihrem Film *La Coquille et le Clergyman* (1928). Die Deren jedoch führt diese Richtung mit solcher Vitalität fort, daß es ihr gelingt, die alten Schemata mit neuem Leben zu erfüllen.

Der Film *Meshes of the Afternoon* (1943), den sie zusammen mit ihrem Mann Alexander Hammid, einem unserer besten Kameramänner, gedreht hat, stellt den Geisteszustand eines frustrierten Mädchens dar. Das Mädchen kehrt von einem Spaziergang nach Hause zurück und findet sein Heim verlassen vor; alles befindet sich in einer vollkommenen Unordnung, als ob sein Mann oder Geliebter plötzlich fortgelaufen wäre. Sie schläft in einem Sessel ein und entwickelt in ihrem folgenden Traum mit morbider Hartnäckigkeit ihre Erfahrungen in dem verlassenen Haus. Dieser Vorfall, so zeigt der Traum, löst in ihr das Gefühl aus, für immer von der Welt zurückgestoßen zu sein. Die Deren verbindet in der Darstellung der Stimmungen des Mädchens psychologische Einsicht mit einem Sinn für das Filmische, der sie dazu befähigt, die expressiven Funktionen verschiedener filmischer Mittel heranzuziehen. Das nachmittägliche Phantom einer schwarzgekleideten Frau mit einem Spiegel als Gesicht gibt zu verstehen, daß das träumende Mädchen nicht die Kruste durchstoßen kann, die sie von den anderen trennt. Die bewußte Wiederholung ganzer Sequenzen und Ereignisse in nur im Detail leicht abgewandelter Form symbolisieren ihre vollkommene Stagnation. Und die Szene, die zeigt, wie das Mädchen oder eine ihrer Inkarnationen hinter der langsam schreitenden schwarzen Frau hereilt und sie doch nicht erreicht, illustriert des Mädchens vergebliche Bemühungen, seine Hemmungen zu überwinden.

Der Film *At Land* (1944), behandelt dasselbe Thema mit besonderer Betonung der durch Frustration hervorgerufenen Verzerrungen von Zeit und Raum. Ein nymphisches Mädchen, das von den Wellen an Land gespült wurde, fühlt, daß es im Meer festen Boden unter den Füßen hat. Was immer sie verfolgt, es entflieht ihr in einer endlosen Flucht der Dinge, Personen und Situationen. Sie kriecht unbemerkt über einen Tisch, der in einem Raum steht, in dem eine Festlichkeit stattfindet; sie schließt sich zwei Mädchen an der Küste an, die fortfahren, Schach zu spielen, als hätten sie sie gar nicht bemerkt; sie schleicht sich in ein Holzhaus und entflieht daraus wieder – erschreckt durch einen Fremden im Bett – durch eine Tür nach der anderen; schließlich läuft sie ins Meer zurück. Für eine Seele, die sich mitteilen kann, wird so die Welt zu einer Folge fliehender Erscheinungen. Und daher kommt die Zeit ins Schwanken: Erinnerungen und augenblickliche Ereignisse verschmelzen ineinander.

Maya Derens nächstes Experiment, der Dreiminutenfilm *Choreography for Camera* (1945), scheint ihrem wachsenden Interesse für formale Probleme entsprungen zu sein. Ihre Beschäftigung mit psychologischen Grenzfällen wird jetzt verdrängt von ihrem Wunsch, mit Hilfe der bewegten Kamera künstlerische Zeit-Raum-Verhältnisse zu schaffen. Ein Tänzer setzt zu einem Sprung im Wald an und beendet ihn in einem Zimmer. Auf diese Weise kreist und wirbelt er von einer Szenerie in eine andere und schließlich schwingt er sich auf und fliegt in Zeitlupe einer Landschaft entgegen, seinem letzten eigentlichen Ziel. Der Film ist, wie die Deren sich ausdrückt, »ein Duett zwischem dem Raum und einem Tänzer«.

Ihr letzter Film *Ritual in Transfigured Time* (1945–1946) behandelt auf einem anspruchsvolleren Niveau erneut das Leitmotiv vom frustrierten Mädchen. Diesmal materialisiert sich das innere Leben des Mädchens in der Gestalt einer Negerin, die die Wünsche und Leiden der Seele verkörpert, der sie entsprungen ist. Wie ihre Vorgängerinnen versucht die Frau, dem Gefängnis, das ihr Selbst für sie ist, zu entfliehen; doch im Gegensatz zu ihnen ereilt sie das Verderben nicht eher, als bis sie die Liebe erfahren hat. Künstlerisch gesehen bedeutet dieser komplexe Film ein Fortschritt, weil er eine Synthese von Form und Inhalt, Tanz und Psychologie, anstrebt. Die Szene einer geselligen Zusammenkunft, in der die Negerin von der Menge nicht bemerkt wird, ist so gedreht und geschnitten, daß aus ihr ein Tanz wird, der alle Personen und Dinge miteinbeschließt. Maya Deren ist zu einem Bedeutungsausdruck durch Rhythmus gelangt; das Problem ist nur, worauf die Bedeutung selbst hinausläuft.

In dem im Sommer 1946 gedrehten Film *The Potted Psalm* mischt Sidney Peterson in der Art von Maya Deren Fragmente der Realität mit unwirklichen Elementen. Doch hier hört auch schon die Ähnlichkeit auf. In schwacher Anlehnung an gewisse surrealistische Experimente der zwanziger Jahre ist dieser Film eine Folge locker verknüpfter Assoziationen, die von einem Mann ohne Kopf über zwei sich aneinanderreibende Füße bis zu einem menschlichen Bein, welches sich in ein Klavierbein verwandelt, reicht. Im Programmheft wird behauptet, daß *The Potted Psalm* »die chaotischen inneren

Verwicklungen unserer Nachkriegsgesellschaft« behandelt. Diese Interpretation ist vielleicht zu wohlwollend, denn die Filmemacher vermögen ihren Wünschen keine filmische Substanz zu verleihen. Die Kameraführung trägt nicht viel dazu bei, noch ist die ›Montage‹ rhythmisch strukturiert. Daher bleibt die Bedeutung unvollkommen.

Einige kürzlich erschienene Experimentalfilme, die nicht-gegenständliche Strukturen darstellen, zeitigen interessante Resultate. *Glen Falls Sequence* von Douglas Crockwell – eine Belebung von Bildern, die auf verschiedene bewegliche, übereinander angeordnete Glasplatten gemalt sind – verbindet unbekannte Formen mit vag bekannten Elementen zu einem Universum, das unmöglich und kosmisch zugleich ist. Mikro-Organismen versammeln sich aus keinem ersichtlichen Grund; Pilze schlendern durch eine Tanguy-Landschaft; unbeendliche Blüten bedecken ein Blatt, welches aus einer tintenfleckartigen Wolke erwächt; kompakte Massen lassen etwas aus sich heraustropfen oder sind gefüllt mit kleinsten Kristallen, welche aus plötzlich aufreißenden Spalten hervordringen; ein Schornstein wird zu einer Säge, die versucht, ihren eigenen Rauch entzweizuschneiden. Die moderne Naturwissenschaft spricht dem Kausalitätsgesetz Hohn und sieht in der Masse einen Ausdruck von Energie. Die Materie befindet sich in fortwährendem Fluß, alle Substanzen sind im Prinzip auswechselbar. Crockwell nimmt die Naturwissenschaft beim Wort und verwandelt geometrische in organische und organische in geometrische Formen. Geistreich spielt er Vorsehung und Schicksal. Seine abstrakten Kompositionen entspringen entweder aus Kakteen und Ähnlichem oder erschaffen aus sich heraus neue, dem Leben ähnliche, Geschöpfe. Hin und wieder tauchen dazwischen kulturelle Reminiszenzen auf. Ein Totenkopf kommt aus einer Urne, und ein weißes Kreuz steht hoch auf etwas, das ein Gebirgskamm, ein Berg Hefe oder ein Zusammenlauf wogender Wellen sein kann.

Mit Hilfe eines Guggenheim-Stipendiums haben John und

James Whitney eine Reihe von Kurzfilmen *Abstract Film Excercises* (1943–1945) produziert, in welchen sie versuchen, ästhetisch gültige Relationen zwischen Form, Farbe und Ton aufzustellen. Die Formen stammen von Papierschnitten; die Toneffekte werden von einer Maschine produziert, die die Form eines Lichtstrahls, der direkt auf eine Tonspur geworfen wird, regelt. Solche Experimente sind nicht neu, doch lassen die Gebrüder Whitney, obwohl sie, was Rhythmus und bildliche Darstellung anbetrifft, nicht besonders einfallsreich sind, alle vergangenen Experimente hinter sich. Ihre Vision ist die vom heute allgemein so genannten Atomzeitalter. Und von ihr geleitet gehen sie bis zum äußersten in der Gestaltung eines Kosmos, der mit nichts anderem als wirbelnden und rot und grün erglühenden Materieteilchen angefüllt ist, die in unbegrenztem Raum zittern und flackern. Winzige Kügelchen sausen nach vorn, werden zu strahlenden Sonnen und verschwinden wieder. Atome treiben auf diese Weise ziellos umher, und ihre Spiele werden von einer Musik begleitet, die stark an Dschungel-Geräusche erinnert, wie wir sie von Kriegsfilmen über Burma und Guadalcanar kennen. Es scheint für die Menschheit äußerst schwer zu sein, sich an diesem Schnittpunkt von kosmischem und animalischem Leben zu behaupten.[1]

Aus dem Amerikanischen von Barbara Rupp   (1948)

1 Der diesen Aufsatz beschließende Teil (pp. 39–40) fiel hier fort. Er bringt eine vom Autor geringfügig gekürzte, ansonsten textidentische Fassung der Rezension von Richters *Dreams That Money Can Buy*, die Kracauer zuvor auf deutsch veröffentlichte. Sie kommt hier integral zum Abdruck. Ein Auszug aus der amerikanischen Fassung (p. 40) erschien in *Hans Richter, Maler und Filmschöpfer*, anläßlich der Vorführung seiner Filme durch die Deutsche Film- und Fernsehakademie, Berlin 1967, S. 32–33. Vgl. hierzu Kracauer, *TF*, S. 240–241.

II. Sowjetischer Film

1. Die Jupiterlampen brennen weiter

Zum Potemkin-Film

Dieser Film unterscheidet sich von den Schwärmen der amerikanischen und europäischen Filme nicht durch die größere Kunst der Regieführung – gewiß auch durch sie –, nicht durch die peinlichere Ausnutzung der filmtechnischen Möglichkeiten und das gewaltigere Aufgebot der Massen. Etwas anderes trennt ihn von der Weltproduktion, etwas grundsätzlich anderes. Er hat die Wand durchstoßen, hinter die jene Filme nicht dringen. Er trifft eine Sache, die wirklich ist, er meint die Wahrheit, um die es zu gehen hat.

Die übrigen Filme, entzückend oft und im einzelnen hie und da human: an einem Punkt stocken sie ängstlich und ziehen sich in die Leere zurück. Der Instinkt der herrschenden Gesellschaftsklasse, der die *Fridericus Rex*-Gloriolen[1] gebiert, untersagt in Europa sowohl wie in Amerika eine allzugrelle Belichtung der bedenklichen Tatsachen, die unser sogenanntes soziales Leben vorerst noch bedingen. Nur das nicht. Von der Leinwand könnten Erregungen sich fortpflanzen, die unbequem sind: Die Jupiterlampen, in deren Glanz sich einige der gehobenen Zilleschen »Gesunkenen« immerhin sonnen dürfen, werden rechtzeitig abgeblendet. Man bleibt vor der Wand, man verdrängt in historischen Ausstattungsstücken, privaten seelischen und mondänen Belanglosigkeiten und zuletzt doch harmlosen formalen Grotesken den einzigen Inhalt, an dem etwas gelegen wäre.

Dieser Film verdrängt nichts. Er läßt – ein Wunder – die Jupiterlampen fortleuchten über dem Kampf der Unterdrückten gegen die Unterdrücker. Er zeigt einen Augenblick der Revolution. Die Wand ist durchlöchert, ein wahrer Gehalt tritt hervor.

Die Oberfilmprüfstelle hat dem Film den Passierschein gegeben; es müssen wieder geordnete Zustände bei uns einge-

1 Vgl. Kracauer, *From Caligari...*, pp. 115–119.

rissen sein. Das Reichswehrministerium hat den Besuch des Films den Reichswehrangehörigen verboten; Herr Gessler[2] traut der Ordnung nicht ganz.

Mit einem unerhörten Sinn für Zeichen und Wirkungen ist der Augenblick gewählt, in dem sich die Revolution von ihrem realen Beginn bis zu ihrem traumhaften Ende zusammenballt. Ein Augenblick vor dem Sieg der Revolution, aus der Zeit des unterirdischen Wühlens und gut-anarchischen Begehrens, in der die Wahrheit noch einschlagen kann wie ein Blitz. Matrosenmeuterei im Jahre 1905 auf dem Panzerkreuzer »Potemkin« vor Odessa. Der Grund ist ein kleiner und ein ganz großer: verdorbenes Fleisch. Das Volk zu Odessa fraternisiert mit dem Matrosenvolk auf dem Kreuzer – wirklich, es ist das Volk, das aufgerührt ist, das sich rührt. Auf der Gegenseite die blinde Gewalt der Kosaken, das Admiralitätsgeschwader. Die Lage ist so einfach, jedes Kind erfaßt, daß Recht gegen Unrecht steht, daß Geknechtete sich gegen ihre Bedränger wehren. Wie aber endet der Kampf, der nur im Märchen glücklich endet? Der Film hat den richtigen Abschluß, der die Ahnung des richtigen Endes erweckt. Die Matrosen, bereit, dem anrückenden Geschwader einen letzten, hoffnungslosen Widerstand zu leisten, hissen das Signal: »Haltet zu uns!« Es wird beantwortet, das Wort: »Brüder« stellt sich wunderbar dar. Hier bricht der Film ab, er muß hier abbrechen. Genug schon, daß der Vorhang einmal sich lüftet. Der hochgezogene enthüllte nicht das Gesuchte.
Dieser Film spannt nicht wie die westlichen durch Sensationen, hinter denen die Langeweile sich dehnt. Die Sache spannt in ihm, denn sie ist wahr.
Auf die Sache ist die Kunst verwandt. Ein Geschehen, das sinnvoll anfängt und sinnvoll schließt, erhält in dem Film die unwiderrufliche, endgültige Gestalt. Eine formal-ästhetische Betrachtung möchte angesichts dieses Werks leicht von »Tendenzkunst« reden. Aber die Propagandadienste, die der

2 Otto Gessler, Reichswehrminister von 1920–28.

Film, zum Glück, leistet, sind nicht außerkünstlerischer Art, sondern eine Gewähr für die Echtheit der Sache, ohne die das Künstlerische nur ein Schein wäre.[3]

Der Regisseur heißt Eisenstein. Herr Eisenstein hat mit den Mitteln des Films zum ersten Male vielleicht eine Wirklichkeit dargestellt. Er bleibt an der Oberfläche, die dem Kurbelapparat zugekehrt ist; er illustriert keine Texte, er beschränkt sich vielmehr darauf, die optischen Eindrücke aneinander zu reihen. Aber wer assoziiert hier? Die von Empörung, Schrecken und Hoffnung erfüllte Phantasie, die um ein Ziel kreist und inhaltliche Gewißheiten hat. Sie erblickt die automatischen Bewegungen der Kosakenbeine und fliegt über die Gesichter der Menge, um an einem Kinderwagen haften zu bleiben. Ihr verschmilzt das Volk von Odessa und die große Hafentreppe zur unlöslichen Einheit, endlos dünkt ihr der Menschenzug auf der Mole. Diese von der Sache ergriffene Phantasie wälzt die Matrosenleiber durcheinander, sieht Menschenschatten durch eiserne Gitterroste, spannt die endlosen Geschützrohre über das Meer. Mit rebellischer Hast fährt sie von dem Lorgnon, der Verkörperung größter Macht, zu dem riesigen Panzerturm, die Teile der Dinge gelten ihr so viel wie die Meuterer, denn Meuterei steckt auch in ihnen. Nur in der Natur, vielleicht, gibt es ein kurzes Verweilen. In sanften Zwischentönen entschleiern sich Ausschnitte der Ufer, weiße Segel ziehen vorbei. .

Der Regisseur heißt Eisenstein. Die Darsteller vom Moskauer Künstlertheater bleiben ungenannt; man muß sie nicht kennen. Sie haben Gesichter, sie sind Menschen. Sie spielen nicht nur, sie glauben, was sie spielen. Aber außerdem spielen sie auch.

Es ist nicht so, daß allein die Sache erregte und ihre Gestaltung im Film. Etwas anderes tritt noch hervor, eine ungewohnte Erscheinung: die selbstverständliche Verbindung zwischen Menschen und Technik. Bei uns scheinen die Sphären getrennt. Wo man in »Innerlichkeit« macht, dort verachtet man

3 Vgl. Kracauer, *TF*, S. 298–300.

das Maschinelle. Wo man sich technisch gebärdet, dort wird man von geistigen Dingen nicht eben betroffen. Die Autos fahren durch den geographischen Raum, die Seele wird in der Stube gepflegt.

Dieser Film kennt eine solche Scheidung nicht. Während die Mannschaft zwischen unentwirrbaren Gestängen hantiert, verrichtet die Menge ihre Andacht vor dem Zelt des toten Matrosen. Keine Kluft ist zwischen den Äußerungen der Ehrfurcht und der Anwendung technischer Fertigkeiten. Das Volk, das zu der rechten Sache ein rechtes Verhältnis hat, setzt die Dinge ohne Zaudern an ihren gehörigen Ort. In diesem einen fruchtbaren Augenblick zum wenigsten, in dem es sich handelnd hier darstellt. Eine ungewohnte Erscheinung.

Der Film durchläuft jetzt die deutschen Städte, in denen man immer noch ein Theater spielt, das mit uns nichts mehr zu tun hat; auch in den Filmpalästen. Wird man merken, worin er sich von den *Fridericus-Rex*-Filmen, den seelischen Interieurs und dem schönen Zeitvertreib unterscheidet? Wird man erkennen, an welche Bedingungen die Kunst geknüpft ist?

Dann können die Jupiterlampen getrost weiter brennen.

(1926)

2. Oktober*

Der Eisenstein-Film *Zehn Tage, die die Welt erschütterten* ist ein offizielles Revolutionsfestspiel. Man merkt es ihm an, daß er von der Sowjetregierung in Auftrag gegeben worden ist, um die Geschichte jener denkwürdigen Tage in Städte und Dörfer zu tragen. Er erteilt genehmigten Geschichtsunterricht. So waren Kerenski[1] und Kornilow[2], und so waren wir. Hier zogen die Bürger und dort standen unsere Leute auf Posten. Es ist zu sagen, daß es sich die Illustratoren für unser Gefühl mit der Geschichte manchmal zu leicht gemacht haben.

1 Führer der Provisorischen Regierung vor der Novemberrevolution.
2 General in Kerenskis Diensten.

Muß Kerenski ein solcher Feigling sein? Müssen die Junker Löffel stehlen? Von uns aus gesehen erscheint die Unterstreichung derartiger Züge als eine unnötige Herabsetzung der eigenen Sache.

Der Film ist der letzte in dem Zug der großen russischen Revolutionsfilme. Die Kraft, die den *Potemkin, Mutter, Das Ende von St. Petersburg* emporgetrieben hat, ist in ihm stellenweise kaum noch zu spüren. Stammten jene ihrer Komposition und ihrem ganzen Gebaren nach aus dem undefinierten Zentrum revolutionärer Erregung, dem der Verband der Bilder seine gestalthafte Einheit dankte, so entspringen die Einzelheiten dieses Films zum Teil dem Begriff. Den pragmatischen Begriffen der russischen Geschichtsbehörden vom Gang der Ereignisse. Beweis hierfür ist vor allem die Szenenfolge, die nicht eine den immanenten Gesetzen des Filmganzen entsprechende Zeitkontinuität wahrt, sondern sich auf Grund von Rücksichten regelt, die außerhalb des Films gelegen sind. Statt daß die Bilder den Text überflüssig machten, ist ein Text bebildert.

Leider herrscht in einigen Partien die Manier. Was vordem unmittelbarer Ausdruck war, neigt jetzt dazu, fertige Form zu werden. So wird aus der Architektur das Letzte an Bedeutung herausgeholt und damit ihre symbolische Macht fast schon erstickt. Das Zarendenkmal fügt sich bei Beginn der Regierung Kerenskis selbsttätig wieder zusammen. Jeder Zierat am Winterpalais gilt als Zeichen des alten Regimes. Eine starre, überdeutliche Emblematik ist ersonnen worden, um die Tugenden und Laster zu versinnbildlichen. Hinter den schlechten Gewalthabern etwa tauchen Adler, Pfauen und Napoleonbüsten auf, und die Mahnung der Menschewiken zum inneren Frieden wird durch Harfenbilder ins Lächerliche gezogen. Die aus der Revolution hervorgegangene Regierung schmückt den Triumphwagen mit Attributen, schleppt die Beute hinter sich her.

Ihr Sinn geht merklich auf Repräsentation. Man hat das Haus errichtet, man bemalt seine Wände. Fest – das Wort in seiner

Bedeutung als Feier und in der anderen, die Festigkeit meint, gilt für den Film. Er unterläßt es nicht, Fresko-Gruppen von den Siegern und den Vertretern der erledigten Mächte zu stellen. Das noch unterjochte Volk hungert malerisch, die durch ein paar Argumente zur Revolution bekehrten asiatischen Regimenter führen einen schönen Waffentanz auf. So komponiert nur der Triumphator, den kein Zweifel mehr plagt. Manche Gemälde erinnern fatal an die längst vergangener bürgerlicher Maler: an Uhde[3], an Naturalisten und Impressionisten. Sie sollen im Rahmen des Films wohl Ruhepunkte sein; sie sind tatsächlich eine Vergeßlichkeit, die sich aus dem Bedürfnis nach Ruhe herzuleiten scheint.

Trotz dieser Schwächen, die nicht zuletzt ein Ausfluß der gegenwärtigen Situation in Rußland sein mögen, ist der Film gleich seinen Vorgängern ein gewaltiges Zeugnis für die Substanz des russischen Volkes und das lebendige revolutionäre Bewußtsein seiner Führer. Es enthält Momente und Ansichten, die unvergeßlich sind. Einzigartig ist wieder die Kunst, mit der hier entlarvt wird. Eine Umwelt, die das selbstverständliche Zubehör der vorausgegangenen Generationen bildete – sie ragt übrigens in die heutige noch gehörig hinein –, beichtet in diesen Bildern ihr Geheimnis. Es ist, als werde sie zum ersten Male mit wachen Augen gesehen. Kerenski schreitet die große Barocktreppe hinan: das Treppenhaus bezichtigt sich selbst als eine dem absoluten Herrscher zugeeignete Schöpfung. Sind aber die Fassaden und Gemächer einmal denunziert worden, so kann man naiv in ihnen nicht mehr wohnen. Ähnlich verhält es sich mit den Trachten, oder doch jedenfalls mit gewissen Eigenheiten des bürgerlichen Aufzugs, die durch die Art ihrer Darstellung im Film nahezu unmöglich gemacht werden. Der Wunsch steigt auf, es möchte Herr Eisenstein mit seiner Kamera einmal nach Westeuropa kommen, um dort sein optisches Herbarium zu erweitern.

Das Volk spielt mit. Man sieht Soldaten, Arbeiter, Matrosen, in deren Mienen sich Erde und Himmel begegnen. Von

3 Fritz von Uhde, 1848–1911.

ihnen heben sich die Gesichter der gestürzten Oberklasse als von einer reinen Folie ab. Niemals zuvor sind verschiedene gesellschaftliche Zustände durch die bloße Konfrontation der von ihnen abhängigen Typen so drastisch veranschaulicht worden. Noch ein dritter Typus kommt in diesem Film hinzu: der des intellektuellen Revolutionärs. Antaroff, ein dünner, schwarzer, bärtiger Mann, entwirft den Aufmarschplan, führt die Truppen zum Sturm aufs Winterpalais. Sein Röllchen fliegt aus der Jacke, während er gestikuliert – ein höchst bedeutender Anblick. Erschütternd und sonderbar auch, daß gerade dieses spirituelle und hergewehte Gesicht sich im Umkreis der Volksgestalten findet, mit denen es sich wundervoll eint.

Besonders großartig sind die wenigen Szenen, in denen die Improvisation verherrlicht wird. In den Augenblicken der entscheidenden Kampfhandlung zeigt sich die Tür zum Zimmer des Exekutivkomitees. Allein ihr unterer Teil tritt ins Bild. Ununterbrochen geht der Türflügel auf und zu, Beinpaare eilen heraus und herein. Werden in den übrigen Teilen des Films abgelebte Raumerscheinungen gekennzeichnet, so ist mit dieser Tür auf das Element eines neuen Lebens hingewiesen. Sie ist der Bestandteil einer Gesellschaftswelt, in der die Improvisation mehr besagt als die Institution. Ihr Bild hält den der Erstarrung anheimgefallenen Szenen des Films die Waage.[4]   (1928)

3. Das Ende von St. Petersburg*

Für den großen Pudowkin-Film gilt, was für die paar anderen in Deutschland gezeigten Russenfilme gilt, die er mit Ausnahme des *Potemkin* übertrifft: sein Kunstwert ist an die Voraussetzung einer bestimmten Haltung geknüpft. Die Revolution wird in dem Film verherrlicht, und die ganze Darstellung ist getragen von dem Denken, das zur Revolution hinleitet und sie bejaht. Es gibt ein Gut und ein Böse in dem Film, und jedes Ding hat seinen bestimmten Charakter. Statt

4 Vgl. Kracauer, *TF*, S. 93, 277–278.

daß die gemeinte Gesinnung die reine künstlerische Gestaltung zur Illustration einer Tendenz entstelle, macht sie vielmehr die künstlerische Leistung erst möglich. Denn um, wie das Kunstwerk es tut, die Gegenstände mit Bedeutung zu sättigen, muß die Bedeutung erkannt sein. Die Gegenstände mögen vielerlei Bedeutung haben, und auch die *Fridericus Rex*-Filme wissen, was sie wollen. Aber es gibt richtige und falsche Erkenntnisse, und sind die Gestaltungskräfte überhaupt vorhanden, so wird das von der richtigen Erkenntnis erfüllte Kunstgebilde sich behaupten, während das ahnungslose Machwerk versinkt.

Aus der revolutionären Haltung heraus empfängt alles, was im Film erscheint, seine Bestimmung. Wie ist wieder die Hohlheit der Prunkgebäude durchschaut, die den Machthabern dienen! Ein antiker Giebel braucht nur aufzutauchen, um sofort gerichtet zu sein. Als Hauptsymbol der Oberklasse dient das große Reiterstandbild, das immer wieder von oben und unten, von rechts und von links erscheint. Es triumphiert und es glänzt, und zu seinen Füßen spielt das Elend sich ab. Auch die Hinterhöfe und die Mietskasernen reden unmittelbar. Durch die Perspektive, durch die Belichtung und den Bildausschnitt sind sämtliche menschlichen Manifestationen bis ins Mark hinein getroffen.

Wie die Gebäude, so stehen sich die Bevölkerung und die Vertreter der Herrenschicht einander gegenüber. Über die unerhörte Auswahl der Typen ist kein Wort mehr zu verlieren. Jede Figur ist wirklich, scheint nicht zu spielen, sondern zu sein. Die Darstellung ist umso gewaltiger, als auf die leichte Wirkung verzichtet wird, die Männer der Gegenseite – den Fabrikanten, einen Offizier und Bürger –, zu eindimensionalen Karikaturen herabzuwürdigen. George Grosz hat es sich seinerzeit bequemer gemacht als die Russen, die unter allen Umständen realistisch bleiben. Freilich sind die Zarenanhänger vom Haß gezeichnet, der etwa die Ähnlichkeit zwischen dem Fabrikanten und dem Reiterstandbild entdeckt. Führende Gestalten des Volkes: ein dumpfer Landmann, der nach Petersburg gekommen ist, um Arbeit zu suchen, und eine Arbeiterfrau, deren Härte erst zuletzt schmilzt. Die Kunst, mit der sie durch das Stück gehen, sucht ihresgleichen. Auch sie beruht auf dem Ergriffensein vom revolutionären Geschehen. Der menschliche Grund ist mitbeteiligt.

Die künstlerische Phantasie, mit der dieser Film gedreht wurde, ist jeder Bewunderung wert. Ausgebildet ist vor allem die assoziative Technik. Inmitten der rasch wechselnden Impressionen, die der Gleichzeitigkeit des Geschehens Ausdruck verleihen, werden gewisse Motive wiederholt: außer dem Reiterstandbild das große Schwungrad und die Fanfarenbläser. Diese Leitmotive verknüpfen das Gewebe und weisen die Richtung. Eines der hervorragendsten Ausdrucksmittel ist der Raum. Wir hatten schon einmal bei Gelegenheit eines Russenfilms die Beherrschung des Raums in diesen Filmen gerühmt. Er ist hier in unvergleichlicher Weise gemeistert. Die Magie des Winterpalais, die Schrecklichkeit einer Straße, die Verlassenheit eines Häuserblocks sind noch kaum je erblickt worden. Durch geringfügige Veränderungen wird häufig der Sinn der Vorgänge drastisch entschleiert. Musterhaft die paar Szenen, in denen der Krieg beschlossen wird: man sieht goldstrotzende Uniformen, schwarze Cuts und gestikulierende Hände, aber niemals die dazugehörigen Köpfe.

Nicht durchweg freilich hält sich der Film auf der Höhe seiner Hauptpartien. Ist auch die Kontinuität der Zeit im allgemeinen gewahrt, so sind doch etliche Ereignisse, offenbar der Vollständigkeit halber, zu sehr im Eiltempo genommen. Die Andeutung der Schlachten wäre überflüssig gewesen, die Parallele zwischen den Transaktionen an der Front und an der Börse liegt an der Oberfläche. Hier und dort schlägt eben doch bloße Tendenz durch, die unkräftiger wirkt als jene Teile, in denen die Tendenz als Haltung zugrunde liegt. (Gerade diese Stellen sind es, an die sich Piscator als an sein Vorbild in seinen Begleitfilmen hauptsächlich gehalten zu haben scheint. Daß das Reiterstandbild während der Kriegsbegeisterung zu weinen beginnt, ist witzig, aber auch etwas billig.   (1928)

4. Sturm über Asien

Aufstand der Unterdrückten ist wieder das Thema des neuen Pudowkin-Films. Das Kollektivum handelt und nicht der Einzelne. Das heißt, er gilt wohl, aber nur insoweit, als das Kollektivum sich in ihm darstellt. Bewegt werden darum wie in den früheren Russenfilmen vorwiegend Typen, die Ausdruck ihrer Gruppe sind.

Die Szene ist nach der Mongolei verlegt, die von weißer russischer Garde besetzt gehalten wird. Gegen das Gewaltregiment der Eindringlinge erheben sich Freischärlerbanden der ausgepowerten mongolischen Bevölkerung und revolutionäre Russen. Die Figur eines einfachen Jägers, der mit seinem Volk leidet und kämpft, erhält stellvertretende Bedeutung. Der Jäger wird von Pelzhändlern übervorteilt, ersticht einen der. Betrüger, muß fliehen, schließt sich seinen Landsleuten an, wird gefangen und erschossen. Er stirbt nicht, und die Weißen pflegen ihn sogar wieder gesund, weil sie ihn für einen Nachkommen des Dschingis-Khan halten. Wenn sie den Träger dieses Namens zum Herrscher ausrufen, meinen sie mit seiner Hilfe endlich Besitz von dem aufrührerischen Land ergreifen zu können. In einem Zustand von Betäubung läßt der Jäger alles mit sich geschehen. Zuletzt erwacht er aber, schlägt sich durch die Russen durch und führt die Volksgenossen zum Kampf. Sturm über Asien.

Das Schema der Handlung, das trotz der veränderten Umwelt dieser Film mit seinen Vorgängen teilt, ist nachgerade erstarrt. Auf der einen Seite die Machthaber, auf der anderen die Ausgebeuteten. Jene versinken am Ende, und diese beginnen zu triumphieren. So gewiß es keinen der Darstellung würdigeren Gegenstand als eben diese Auseinandersetzung gibt, so wenig ist ihr Ablauf in der traditionellen russischen Manier noch aktuell. Aus dem bolschewistischen Rußland ist das heutige Rußland geworden, und auch sonst sind wir über die glorreichen Anfänge hinaus. Statt die Partie weiter zu spielen, verweilt Pudowkin wie ehedem bei der Eröffnung des Angriffs. Mit jener derb zupackenden aufklärerischen Gesinnung, die den ersten Zügen der revolutionären Aktion legitim zugeordnet ist, später aber nicht mehr allein voran trägt, zeigt er von neuem die Interessengleichheit von weltlicher Gewalt und Priesterherrschaft; deckt Analogien auf, die schon längst aufgedeckt und mittlerweile in den Hintergrund gerückt sind. Die Primitivität seiner Argumente ist von der Geschichte der letzten Jahre überholt. Es wäre an der Zeit, daß die russische Filmkunst der Wirklichkeit nacheilte. Deren bedenkliche Konsolidierung wird durch die stete Auffrischung der Präludien drastisch erhärtet.

Auch dieser Film ist gleich so manchen anderen Russenfilmen ein durch und durch episches Werk. Der große Zug russischer Prosaik kehrt in den Bildschöpfungen wieder, die sich nicht ängstlich zuspitzen, sondern eine Welt mitnehmen möchten. Von der mongolischen Landschaft mit ihren Wüsten, Bergen und Tieren dringt Pudowkin zu einem einzelnen Jäger vor und von jedem Detail ins allgemeine Leben zurück. Die Stoffmassen werden von ihm nicht nur angeschwemmt, sondern nach jenen Prinzipien bewältigt, die er selbst in seinem Buch: *Filmregie und Filmmanuskript* entwickelt hat. Je nach dem Sinn des Auftritts wechselt die Form der Montage. In den einleitenden Bildern zum Beispiel sind zahlreiche Beobachtungen über Kreuz so aneinandergestiftet, daß sie sich unmerklich an die Hauptperson heranpirschen. Eine mächtige fugenartige Wirkung erzielen dank der hier stattfindenden Parallelführungen die Tempelszenen. Während der russische Kommandeur und seine Frau sich zum Fest schmücken, wird auch der Tempel gefegt, und die Feier selber, die als Demonstration guter Beziehungen zwischen den Mongolen und den Usurpatoren dient, ist fortwährend von brutalen Ausschreitungen gegen die Bevölkerung unterbrochen. Mit rein filmischen Mitteln werden so ideelle Ähnlichkeiten und Kontraste ohne Dazwischenkunft des Textes schlagend vergegenwärtigt. Oft bleibt um der Gestaltung willen von der photographierbaren Wirklichkeit nichts mehr bestehen. So scheinen die marschierenden weißen Truppen wie Puppenreihen an den

Häuserfronten vorbeigezogen zu werden – ein glänzender Regieeinfall, der die Leere des bloßen Drills verdeutlicht. Das Sturmfinale ist eine sehr kunstvoll gesteigerte freie Komposition, der es allerdings an der letzten visionären Kraft gebricht. An etlichen Stellen fehlt übrigens dem Gewebe der Bilderzählung auch die Dichte. Die Kampfszenen hätten sich auf einen Hinweis beschränken sollen, und ebenso wären bei der Flucht des Jägers Striche wohl möglich gewesen. Vielleicht hat die außerkünstlerische Lust an der Schilderung des exotischen Milieus zu überflüssiger Breite verlockt.

Am meisten bewährt sich Pudowkin in den Einzelzügen, die fast durchweg tief und richtig erfahren sind. Zum Glück scheut er diesesmal vor Vergleichen von der Art jenes allzu sinnfälligen zurück, den er einst zwischen der Reiterfigur und dem Industriellen auskonstruiert hatte. (Nur in einem Falle verfährt er plump: dort nämlich, wo er neben dem gefangenen Jäger ein Aquarium erscheinen läßt, in dem gefangene Fische sich an den Wänden stoßen.) Das Gesicht der herrschenden Klasse wird von innen zu erfassen gesucht. Statt die Pelzhändler zu Karikaturen zu verzerren, zeichnet er sie als dreidimensionale Menschen, die durch ihre Position zu Bedrückern werden, und erschließt aus kleinen Gesten ihre Verhärtung. Wunderbar ist die Armut des Volkes veranschaulicht: in der Hoffnung auf ein gutes Essen verklären sich alle Gesichter so selig, als läge das Paradies vor ihnen offen. Die meisterhafte Analyse des Vorgangs der Erschießung erinnert an die besten russischen Prosastücke. Wie der mit der Hinrichtung beauftragte Gefreite sich die Pfeife anzündet! Wie er auf dem Heimweg durch die vorher ängstlich umgangene Pfütze tappt! Daß die vielen ungelernten Darsteller, an ihrer Spitze der den Helden verkörpernde Mongole Inkishinow, mit großer Sicherheit eingesetzt sind, versteht sich von selbst. Auch die Räume erlangen wieder Ausdrucksgewalt. Der von oben überblickte Tempelvorhof etwa wird zum Ort schlechter Macht.

In einigen Teilen ist der Film beinahe so etwas wie ein Kulturfilm. Pudowkin hat von seiner Expedition Szenen heimgebracht, die bisher noch niemals gekurbelt worden sind: betende Mönche, einen pompösen Zug buddhistischer Priestergestalten und kultische Maskentänze. Er behandelt die Sitten und Gebräuche mit einer Ausführlichkeit, die zwar der Konsistenz des Films Abbruch tut, aber doch nirgends ins bloß Stoffliche entgleitet. Was die Organisation des Materials betrifft, so könnten unsere Kulturfilmfabrikanten hier samt und sonders in die Schule gehen. Entweder stellen sie ihre Gegenstände gedankenlos nebeneinander oder verbinden sie durch ein läppisches Fabelfragment, das auch keine Einheit schafft. Von Pudowkin (und seinem Kameramann Golownja) wird ihnen vorgemacht, wie man die Unwirtlichkeit einer Steppe darstellt, ein Heiligtum durchwandert, das Ineinander von Musikanten und Tanzenden herausholt und Straßenphysiognomien zur Aussage zwingt. Freilich, er weiß, was er will, und alle von ihm getroffenen Dinge haben für ihn einen gesellschaftlichen Sinn, der die Art ihrer Darbietung bestimmt. Daher der innere Zusammenhang seiner Beschreibungen; während unsere Kulturfilme konfuse Mixturen sind, die nach nichts schmecken. (Zu den wenigen Ausnahmen gehört der neue Pariser Kulturfilm *Les chiffonniers*, eine bedeutende soziale Bildreportage.)

Mit dem *Sturm über Asien* tritt Pudowkin noch auf der Stelle. Wann wird er sich in Marsch setzen? Wann sich der offiziellen Kategorien entledigen, die historisch geworden sind? Wann von den Revolutionsweihfestspielen ablassen und endlich sich dem stabilisierenden Nachkriegseuropa zuwenden? Es ist reif dazu, von ihm durchschaut, in seine Elemente zerlegt und neu montiert zu werden.

(1929)

5. Pudowkin

Alte Filme sehen, heißt auch einen Kontrollgang durch seine eigene Vergangenheit machen. Und diese Revision fördert in der Regel unerwartete Ergebnisse zutage – Ergebnisse, die nur selten Bestätigungen sind. Man ist einst von Filmen überzeugt gewesen, die sich jetzt als bedürftig erweisen, und man lernt, umgekehrt, erkennen, daß ein früher wenig beachteter Film außerordentliche Qualitäten besitzt. Je mehr man sich aber zeitlich von einem Werk entfernt, desto mehr nähert man sich seinem eigentlichen Gehalt.

Die Wiederbegegnung mit Pudowkin bereitet eine Enttäuschung, die nur der über einen Freund zu vergleichen ist, von dem man nach zehnjähriger Trennung feststellen muß: er hat sich inzwischen nicht weiterentwickelt, sondern verharrt auf den ehemaligen Positionen, und man hat sich kaum noch etwas zu sagen. Aufs Ganze hin gesehen, wirkt Pudowkin in der Tat heute veraltet. Das bedeutet keineswegs, daß seine Filme arm an Szenen und Elementen wären, die ihre ursprüngliche Kraft voll bewahrt haben. In *Mutter* weiß er das kurze Zusammentreffen von Mutter und Sohn nach dem über diesen verhängten Gerichtsurteil durch eine Schnellmontage so zu gestalten, daß in ein paar Sekunden eine Sturzflut von Empfindungen aufrauscht, und die Schilderung des ersten Eindrucks, den im *Ende von Sankt-Petersburg* die zwei armen Landarbeiter von der großen, mächtigen Stadt empfangen, ist ein Meisterwerk filmischer Erzählungskunst. Anderes noch erhält sich unverbraucht: die Entfaltung der Massen im Raum; die wunderbare Verwendung von Typen aus dem Volk; die Darbietung von Gesichtern, die, ohne daß sie die Lippen bewegten, rein durch die Art ihres Einsatzes sprechen. Auch hat Pudowkin gewisse typische Haltungen in ein für allemal gültiger Weise verbildlicht; so die des Machthabers, der es sich leisten kann, mit einem Minimum von Gesten auszukommen. Alle diese Errungenschaften bleiben; wobei es wenig verschlägt, daß sie zum Teil auf Eisenstein zurückgehen.

Wenn trotz solcher Vorzüge die Filme Pudowkins ihr altes Gewicht verloren haben, so rührt das von ihrer theoretischen Überlastung oder, was dasselbe ist, von ihrem Mangel an Wirklichkeit her. Im Gegensatz zu Eisenstein, dem Eisen-

stein des *Potemkin* zum mindesten, der sich ohne viel Theore-
tisieren auf die Darstellung einer Wirklichkeit beschränkt,
die von sich aus zur Revolution treibt, nimmt Pudowkin kaum
je direkte Fühlung mit der noch undurchdrungenen Wirklichkeit auf, sondern benutzt diese in der Hauptsache dazu,
um seine theoretischen Erkenntnisse zu illustrieren. Die Montage ist ihm nicht so sehr Mittel der dramatischen Steigerung
oder der Beschreibung gleichzeitiger realer Vorgänge, als
ein Instrument zur Versinnbildlichung der Gedanken, die
er sich über die Vorgänge macht. Er montiert die Schaftstie-
fel eines Soldaten mit den Säulenschäften des Gerichtsgebäudes nicht etwa deshalb zusammen, weil sich ihre Ähnlichkeit ungezwungen ergäbe; er stiftet vielmehr die Beziehung zwischen ihnen in der Absicht, durch diese Analogie
die Unbarmherzigkeit zaristischer Macht zu symbolisieren.
Auf derartige verstandesmäßige Kombinationen stößt man
in seinen Filmen auf Schritt und Tritt. Die Bildphantasie Pudowkins ist ungleich schwächer als sein analytisches Vermögen, und statt den Sinn des Geschehens von der Realität ab-
zulesen, stellt er aus lauter Fragmenten der Realität ein
optisches Mosaik zusammen, mit dessen Hilfe er das veranschaulicht, was er für den Sinn des Geschehens hält.

Filme, die auf diesem Verfahren beruhen, müssen sich aber,
wie auch das Beispiel von Eisensteins *Generallinie* zeigt, desto
rascher verschleißen, je zeitgebundener die theoretischen Einsichten sind, um derentwillen sie entstehen. Pudowkin steckt
tief in intellektuellen Vorurteilen, deren Stunde vorbei ist
und da er im Interesse ihrer Herausarbeitung die Welt rück-
sichtslos zerstückelt und neu montiert, sind seine Werke doppelt dem Verfall preisgegeben. Manche gesellschaftlichen
Glossen, die seinerzeit vielleicht angebracht waren, haben
sich längst eine Korrektur gefallen lassen müssen; die ewige
Natursymbolik wirkt heute unerträglich; die dogmatische Bevorzugung des Massenhaften gehört der Geschichte an.

Indem Pudowkin die Methode der Montage im Dienst oft
fragwürdiger Theoreme ungehemmt ausbaut, hat er zwar zu

blenden vermocht, aber auch den Zerstörungsprozeß beschleunigt, dem seine Filme unterliegen. Der Atem ist aus ihnen gewichen; sie sind zu historischen Dokumenten geworden.

(1938)

6. Der Mann mit dem Kinoapparat

Wir haben in der letzten Zeit einige russische Filme gesehen – unter ihnen vor allem Pudowkins: *Sturm über Asien* –, die unstreitig das Zeichen einer gewissen Erstarrung gewesen sind. Nicht so, als ob nicht jeder einzelne dieser Filme der gesamten gegenwärtigen deutschen Produktion überlegen wäre, aber weder ihr Gehalt noch ihre Montage hat, verglichen mit dem *Potemkin* oder dem *Ende von St. Petersburg* etwas grundsätzlich Neues gebracht. *Sturm über Asien* ist seiner Haltung nach ein Revolutionsweihfestspiel gewesen, ein umgekehrtes Bayreuth. (Vielleicht hat er gerade darum bei uns ein solches ästhetisches Entzücken ausgelöst.)

Nun ist ein neuer russischer Film in Berlin eingetroffen, der beweist, daß die Russen auf der einmal erreichten Stufe nicht stehen geblieben sind. Ich hatte Gelegenheit, ihn in der Russischen Handelsvertretung zu sehen. Er heißt: *Der Mann mit dem Kinoapparat* und soll zum erstenmal während der Stuttgarter Ausstellung: »Film und Foto« öffentlich laufen. Dsiga Wertow, der Regisseur, hat seine Laufbahn als Mechaniker begonnen. Heute ist er der Hauptvertreter der Gruppe: »Kino-Auge« (Kinoki) und arbeitet Hand in Hand mit Frau Esther Schub, der Führerin der »Konstruktivisten«. Beide Vortrupps haben dem Spielfilm abgesagt und verpönen das Atelier, die Schauspieler und gestellte Dekorationen. Sie wählen sich, wie es nicht anders sein kann, soziale Themen; ihr Material ist die Wirklichkeit. Da sie nicht künstlerisch vorgeformt ist, ruht das Schwergewicht bei ihnen auf der Montage.

Nichts Geringeres will der *Mann mit dem Kinoapparat* darstellen als das Leben. Das Kollektivleben einer Stadt. Zur Stunde der Vordämmerung durchstreift er die Stadt und belauscht den Schlaf der Menschen und das fragmentarische Sein, das sich stumm rührt. Die Stadt erwacht, räkelt sich. Zähne werden geputzt und Läden in die Höhe gezogen. Trambahnen und Fuhrwerke kündigen den Tag an. Es ist Bewegung, eine einzige mächtige Bewegung, die das bisher Zerstückelte ergreift und alle Elemente – Pleuelstangen, Straßenvolk, die Wehen einer Gebärenden – so zusammenführt und ineinanderschmilzt, daß sie in die Rhythmik des Ganzen eingetan sind. Nach Arbeitsschluß hört der Strom nicht auf, sondern verändert seine Richtung. Die Werktätigen baden und probieren sämtliche Sportarten durch. Dann folgt der Abend mit seinen Schießbuden, chinesischen Zauberkünstlern, Bierstuben und Kinos. Ein Tag ist zu Ende. Morgen geht es so weiter; jahraus, jahrein.

Das ist das Leben, das der Operateur, der »Mann mit dem Kinoapparat«, aufnimmt. Aber er nimmt sich auch selber auf, denn ohne ihn, das Subjekt, wäre das Leben für uns nicht Objekt, und Objekt und Subjekt gehören zusammen. Man sieht ihn in den verzweifelten Situationen: wie er sich mit seinem Kurbelkasten eingräbt, um einen Eisenbahnzug von unten zu photographieren; wie er auf unbegreifliche Weise außen an einer Trambahn hängt; wie er in einem Auto stehend den Apparat bedient. Und auch das Kino erscheint, in dem das erjagte Leben vor den Zuschauern als Bildstreifen wiederkehrt.

Es gibt also zwei Hauptakteure in diesem Film: das Kollektiv der Sachen und Menschen einer Stadt und den »Mann mit dem Kinoapparat«, der sich des Kollektivs bemächtigt. Auf der einen Seite der Gegenstand, auf der anderen das »Kinoauge«. Die Beziehungen zwischen beiden bestimmen den Gehalt des Films. Sie sind höchst merkwürdiger Art; jedenfalls ist es keineswegs so, daß der Operateur den Gegenstand nur abbildete.

Man mag für einen Augenblick den Operateur und seine Manipulationen außer Spiel lassen und allein die verfilmte Objektwelt betrachten. Ein Film bleibt dann übrig, der aus lauter Assoziationen besteht. Etwas Ähnliches hat wohl Ruttmann bei *Berlin – Die Sinfonie der Großstadt* vorgeschwebt. Während aber seine Assoziationen rein formal sind – er scheint sich auch in seinen Tonbildfilmen mit äußerlichen, unerhellten Verknüpfungen zu begnügen –, gewinnt Wertow durch die Montage dem Zusammenhang der Wirklichkeitssplitter einen Sinn ab. Ruttmann gibt ein Nebeneinander, ohne es aufzuklären; Wertow interpretiert es, indem er es darstellt.

Wie ist die Vordämmerung erfaßt! Bruchstücke folgen sich unverbunden: ein leerer Garten, die Brust einer Schlafenden, Schaufensterpuppen, Gesichter eines Plakats. Das Geheimnis jener seltsamen Stunde, in der sich das Verhältnis von Leben und Tod umkehrt, ist im Film noch nie so sicher gestaltet worden. Es verrät sich dem surrealistischen Künstler, der die Zwiesprache vernimmt, die das abgestorbene, zerfallene Leben mit den wachen Dingen pflegt. Eine Traumbeziehung, die später wieder zum dunklen Traum wird, sobald sich das Plakat am hellichten Tag in ein gewöhnliches Plakat zurückverwandelt.

Auch die Bedeutung anderer Stunden ist getroffen; nach der ersten Frühe am besten die tolle Auskehr vor Anbruch der Nacht. Der Tag selber scheint Wertow nicht ganz so zu liegen wie die Grenzgebiete. Manche Szenen sind ziemlich banale Kombinationen auf Grund literarischer Einfälle und theoretischer Kenntnisse. Gekürzt werden könnten nicht nur die Sportepisoden, zu deren Breite vermutlich pädagogischer Übereifer gedrängt hat. In ihnen und auch sonst verbündet sich mit den Äußerungen des Kollektivs eine primitive Daseinslust, die in einem sonderbaren Gegensatz steht zu dem späten surrealistischen Blick auf die Sphären jenseits des Tages. Osten und Westen begegnen sich in dem Film.

Sie treten noch näher zusammen durch die Einbeziehung des Operateurs. Immer wieder stürzt er mit der Kamera in das unbewußt sich gebende Kollektiv und stört es aus seiner Naivetät auf. Er schaltet die Zeitlupe ein, zeigt Einzelheiten in einer Vergrößerung, die sie bis zur Unkenntlichkeit entstellt, und verfährt, alles in allem, durchaus nach Willkür mit seinen Objekten. Der normale Ablauf wird fortwährend unterbrochen.

Erfolgt seine Aufhebung aus dem Verlangen des Technikers, seine Künste zu zeigen? Die Erklärung ist schon darum ungenügend, weil sie zu nahe liegt. Viel eher darf angenommen werden, daß diese Demonstrationen der Technik eine neue Form der romantischen Ironie sind. Dem Romantiker gleich, der seine Gebilde ironisch in Frage stellt, durchstößt Wertow stets wieder die scheinbar in sich geschlossene Wirklichkeit des Kollektivs. Das Kino-Auge erfüllt bei ihm, wenn man will, eine metaphysische Funktion. Es greift unter die Oberfläche, entthront die Selbstsicherheit und streift die finsteren Ränder des organisierten Tages. Eine besondere Fremdheit erhält er in den paar Bildern, in denen die gewohnte Bewegung des Lebens plötzlich zum Stillstand kommt. Soeben noch flutete die Menge über den Platz, und eine Sekunde später verharrt sie wider jede Wahrscheinlichkeit wie angewurzelt auf der Leinwand. Durch einen einfachen Trick wird eine Vision des Todes heraufbeschworen, der dem Leben innewohnt. Die Erschütterung, die hier der Kinoapparat bringt, geht nicht in jener anderen auf, die das große Ziel der früheren Revolutionsfilme war.

Ist Wertows Film mehr als ein Einzelfall, so muß er als ein Symptom des Einbruchs allgemeinmenschlicher Kategorien in das politisch fixierte Denken Rußlands gelten. Vielleicht hat Wertow in der Tat nur das offizielle Dasein des heutigen russischen Kollektivs veranschaulichen wollen; aber dann ist ihm unter der Hand und entgegen seiner Absicht noch etwas anderes gelungen. Sonderbar schüchtern und beinahe verschämt wagen sich in seinem Film wieder die uralten Fragen hervor, die den Sinn der Kollektivexistenz so gut wie den des einzelnen Menschen betreffen. Sie sind in den bisherigen russischen Filmwerken kaum je erhoben worden. Daß die von ihnen gemeinten allgemeinmenschlichen Gehalte trotz der durch den Parteidoktrinarismus erzwungenen Bewußtseinsverengung neu ergriffen werden, zeugt von einer unverwüstlichen Substanz.

(1929)

7. Die Filmprüfstelle gegen einen Russenfilm

In der vorigen Woche wurde der Russenfilm: *Erde* des ukrainischen Regisseurs A. Dowshenko vor »einem beschränkten Personenkreis und zwar vor ausweislichen Mitglieder der Filmindustrie, der Filmfachpresse und der Tagespresse« gezeigt, wie es in der Einladung hieß. So hatte die Filmprüfstelle verfügt, der manche Abschnitte des Films als bedenklich erschienen. Da die Prometheus-Gesellschaft fürchtete, daß er durch die von der Zensur geforderten Striche seine Verständlichkeit einbüße, verzichtete sie darauf, ihn verstümmelt der Öffentlichkeit darzubieten, und unterbreitete ihn lieber in der ungekürzten Fassung dem geschlossenen Kreis der Sachverständigen.

Worum geht der Kampf? Der Film vereint zwei Tendenzen: eine politische und eine religiöse. Jene greift in die aktuelle Aufbauarbeit ein und eifert im Interesse der Kollektivierung gegen die Kulaken. Ich finde, daß sie es mit unpassenden Mitteln tut. Um das Publikum wider die Großbauern einzunehmen, läßt Dowshenko den jugendlichen Anführer der Dorfgemeinde durch den Kulakensohn ermorden. Meiner Meinung nach gäbe es andere, sachlich überzeugendere Stimulantien fürs Kollektiv als gerade die Untat irgendeines reaktionären Maschinenstürmers.

Aber das ist Geschmackssache, und überdies hat die Filmprüfstelle nur am religiösen Tenor des Films Anstoß genommen. Sein Titel: *Erde* ist mehr als ein Titel, er ist ein Bekenntnis.

Am Anfang stirbt ein uralter Bauer, der zum Zeichen seines Einverständnisses mit dem irdischen Schicksal vor dem Tod einen Apfel ißt, ohne sich weiter um die religiösen Tröstungen zu kümmern. Das antikirchliche Motiv wird bei der Beerdigung des ermordeten Jünglings ausgesponnen und fortgeführt. Dessen Vater verweigert dem Popen die Teilnahme am Begräbnis und bittet statt dessen die Dorfgemeinde, seinem Sohn die letzte Ehre zu geben. Und während der abgewiesene Pope allein in der Kirche zurückbleibt und vorm Altar inbrünstig um Erleuchtung fleht, zieht hinter der Leiche, die aus Symbolgründen vom Zweig des Apfelbaumes gestreift wird, das ganze Kollektiv her, ein unübersehbares Gefolge, das Lieder vom »neuen Leben« singt.

Diese Szenen oder auch nur ihre Titel sind, wie wir hören, auf den Rat eines von der Filmprüfstelle zugezogenen Prälaten hin abgelehnt worden. Mir scheint: aus religiöser Prüderie. Sind denn die Gläubigen so schwankend in ihrem Glauben, daß man nicht einmal wagen darf, ihnen eine atheistische Lebensführung entgegenzuhalten, die mit dem nötigen Ernst veranschaulicht ist? Eine solche Rücksicht geht entschieden zu weit. Die Zensur mag Auswüchse beschneiden, sie darf uns nicht bevormunden wollen.

Eine andere Frage ist, wie man die Gesinnung zu beurteilen hat, die der Film propagiert. Es sieht so aus, als strebe in ihm die antikirchliche Aufklärung nach ihrer positiven Ergänzung. Schlimm genug, daß sie dabei auf den plattesten Pantheismus hereinfällt, der in keiner Weise die Gehalte trifft, die vom kirchlichen Zeremonial angesprochen werden. Die gleiche Natur, gegen die Rußland auf ökonomischem und sozialen Gebiet Sturm läuft, gelangt hier wieder durch eine Hintertür ins Haus und kommt zu hohen Ehren. Wird der kirchliche Glaube nur darum unterdrückt, damit sich eine plumpe Mythologie an seine Stelle setzen darf? Wahrhaftig, der Begräbniszug mit den Liedern und dem Apfelzweig erinnert von fern an eine Wandervogelschar, die sich in ihrer singsangseligen Naturschwärmerei wunder wie frei wähnt und doch befangener ist als manches orthodoxe Gemüt. Der Prälat, der die Striche befürwortete, hat offenbar kein großes Vertrauen zu seiner Herde gehabt.

Verschiedene Einzelheiten bezeugen im übrigen, daß die im Film betriebene Verherrlichung der Erde nicht so sehr eine Angelegenheit der Bauern als der intellektuellen Führer ist. Tritt das Volk in ihm auf? Viel eher verkörpert sich hier die typische Intellektuellensucht nach dem Volk. Agierte es etwa bei Pudowkin noch, wie es war, so ist es in *Erde* schon merklich zurechtgestutzt. Es trägt der besseren Lichtwirkung wegen blendend weiße Kittel und schreitet bei jedem erdenklichen Anlaß stolz erhobenen Hauptes einher. Um wie viel echter und revolutionärer wirkten die demonstrierenden Arbeiter im deutschen Film: *Mutter Krausens Fahrt ins Glück,* den, nebenbei bemerkt, auch ein Russe gedreht hat[1], als diese Bauern, die in einem fort ihr Kollektivbewußtsein zur Schau tragen. Ich werde den Verdacht nicht los, daß *Erde* Produkt literarischer Schollenromantik ist.

Hierfür spricht nicht zuletzt die intellektuelle Mache, die, wenn nicht alles täuscht, von einem Bauern-Publikum nur unter Schwierigkeiten aufgenommen werden kann. Sie arbeitet, um es abgekürzt auszudrücken, nicht linear, sondern mehr dimensional. Das heißt: statt eine Handlung von Anfang bis zu Ende durchzuführen, reiht die Montage mehrere kleinste Bild- und Handlungseinheiten mosaikartig aneinander, ohne Verbindungsbrücken zwischen ihnen zu schaffen. Eine surrealistische Methode, deren eigentlicher Sinn es ist, die feste Kruste der Oberfläche rebellisch zu sprengen. In ihrer Anwendung auf ein primitives Geschehen, das noch dazu durchaus bejaht wird, mutet sie künstlich an, so virtuos sich Dowschenko ihrer auch bedient. Die deutschen Regisseure könnten von ihm um so mehr lernen, als er noch von einem anderen Stilmittel häufig Gebrauch macht. Zur Vertiefung gewisser Eindrücke läßt er immer wieder das Leben wie unter der Zeitlupe erstarren; so daß der kontinuierliche Filmstrei-

1 Regie und Kamera von Phil Jutzi.

fen gleichsam in eine Serie von Photographien zurückverwandelt wird. Schon der Russenfilm von der Pariser Kommune ist so verfahren.[2] Die Technik ist überall dort am Platz, wo es gilt, in den Kern einer Zuständigkeit zu dringen; sei es, um sie zu destruieren, sei es, um ihrer wirklich inne zu werden. Überflüssig zu erwähnen, daß viele Aufnahmen glänzend geraten sind; mag auch die Komposition des Details der im letzten Eisensteinfilm[3] nachstehen.[4]

(1930)

8. Der lebende Leichnam

Mit dem unter der Regie von Fedor Ozep hergestellten russisch-deutschen Gemeinschaftsfilm: *Der lebende Leichnam* haben die Russen einen Vorstoß in das Gebiet des Individuums gemacht. Nicht das Kollektivum ist hier der Held, sondern der Einzelne, der an der Institution zerbricht. Er geht zugrunde, weil die Kirche ihm das Recht auf Ehescheidung nur unter Bedingungen einräumt, die er als wahrhaftiger Mensch nicht erfüllen kann.

So war es im zaristischen Rußland, in dem Tolstoi dichtete. In Sowjet-Rußland kann man sich bekanntlich ohne Schwierigkeit scheiden lassen, und dieser unbestreitbare soziale Fortschritt erstickt scheinbar Tragödien wie die Fedjas im Keim. Was lag näher, als den Film so auszugestalten, daß der Akzent vorwiegend auf den Mängeln der alten Gesetzgebung liegt? Als ein Manuskript zu schaffen, das die Nöte Fedjas dazu benutzt, um allgemeine Mißstände zu geißeln?

Durch die starke Betonung des revolutionären sozialen Motivs ist aber ein thematischer Bruch entstanden. Fedja, der anständige Fedja, der sich die Freiheit nicht erschwindeln will, wird, der ganzen Anlage seiner Person entgegen, zum Vorkämpfer der kommenden Umwälzung gestempelt. Wie

2 *Das Neue Babylon,* von Kosintzew und Trauberg.
3 *Die Generallinie.*
4 Vgl. Kracauer, *TF,* S. 74–75.

verhohlen immer, wird er zum Träger eine politischen Tendenz. Gut, mag er es sein. Das Pech des Filmverfassers ist nur, daß Fedja die ihm hier zugedachte Tendenz gar nicht vertreten kann. Gemeint ist allenfalls mit ihm die Emanzipation des Einzelmenschen aus einer Sklaverei, die ihn als Person vernichtet; in keiner Weise erschöpft sich jedoch die Bedeutung seines Leidens darin, ein Hinweis auf die gegenwärtige russische Gesetzgebung zu sein. Denn das Leiden entspringt bei ihm einer Auffassung von der Liebe und von dem Sinn des Menschen, die mit dem zur Zeit herrschenden Kodex in Rußland nicht nur nicht übereinstimmt, sondern ihm zuwiderläuft. Von ihm aus betrachtet, dem die Person sich erfüllt, wenn sie im Kollektiv aufgeht, wäre dieser Fedja nur ein verstiegener Bürgerlicher. Seine Innerlichkeit jedenfalls und sein Pochen auf die individuelle Autonomie hätten der offiziellen Lehrmeinung als Ketzereien zu gelten.

Es rächt sich, daß man ihn dazu gezwungen hat, den gesellschaftlichen Empörer zu spielen. Überall weisen die Intentionen auseinander. Einmal scheint die ganze Tragik in der ungerechtfertigten Härte des Gesetzes beschlossen zu sein. Fedja wird mit seinem Anliegen vom Synod und vom Gericht abgewiesen und mag seine Freiheit auch nicht durch die erbärmlichen Schliche erkaufen, die unter dem Druck der Zustände zu stehenden Einrichtungen geworden sind. So wäre er nach dem Umsturz erlöst? Aber nein. Zum anderen nämlich wird eine Tragik einbezogen, die mit der Revolution nicht erledigt ist, eine allgemeinmenschliche Tragik, deren Darbietung dem ursprünglichen Fedja mehr entspricht als die der sozialen. Immer wieder tauchen die musizierenden Marionetten des Orchestrions auf, die doch wohl nicht nur das Los der Entrechteten, sondern das der Menschen überhaupt symbolisieren sollen. Und mit Nachdruck ist gezeigt, was vermutlich für jede Gesellschaftsordnung zutrifft: daß die gleiche Gerichtsverhandlung, die dem Angeklagten zum Schicksal wird, für das unbeteiligte Publikum nur eine Sensation bedeutet. Hier die Marionetten zum Zeichen der schlechthin menschlichen Unzulänglichkeit und dort, mit demselben Anspruch eingesetzt, die goldenen Kirchenkuppeln als Verkörperung der zu entthronenden Gewaltherrschaft: das ist eine schlimme Vermischung der Dimensionen.

Der Riß, der durch den Film geht, wird noch an einer anderen Stelle drastisch offenbar. Eine kurze Episode schildert das eheliche Glück, dessen sich die Frau Fedjas nach seinem Verschwinden mit Karenin erfreut, schildert es ausgesprochen hämisch als ein bürgerliches Familienglück, das rein durch die Art der Darstellung entwertet werden soll. Aber nirgends ist auch nur angedeutet, daß Fedja sich scheiden lassen will, weil er solche häuslichen Wonnen verachtet. Nur aus dem abwegigen Verlangen, um jeden Preis einen antibourgeoisen Eindruck zu schinden, läßt sich die Einschmuggelung der kleinen Szene erklären, die völlig isoliert und sinnlos im Ganzen sitzt.

Die Montage wird mit jener außerordentlichen Souveränität gehandhabt, deren heute allein die Russen fähig sind. Ozep hat die besten Traditionen der Filmkunst sowohl wie der russischen Epik aufgenommen. Frei und erfinderisch wie nur igendein großer Erzähler bewältigt er seinen Stoff. Er ballt ihn zusammen, zerknüllt ihn, läßt ihn sich dehnen und vernichtet nicht selten um der ästhetischen Wirklichkeit willen die ganze photographierbare Realität. Zu den Höhepunkten gehört die Zigeunerszene, mit der eine andere, später in sie einmündende Bildfolge virtuos parallel geführt wird. Die Zigeunerinnen spielen und singen in glitzernden Gewändern, und Fedja verfällt ihnen allmählich. Seine Teilnahme wird zum Taumel, zur Raserei. Dieses Crescendo ist im Film meisterhaft dargestellt. Glaubt man, die Steigerungen seien nicht mehr zu überbieten, so beginnt eine neue überraschende Kaskade. Die Zigeunerinnen treten aus ihren Konturen, sie sind keine Einzelwesen mehr, Köpfe und Hände fliegen durcheinander, dazwischen erscheint Fedja, und zuletzt löst sich das Glitzern von den Gewändern, verselbständigt sich und wird zum erregten Transparent, durch das die zerfallene Rauschwelt undeutlich schimmert. Sobald dann Karenin eintritt, er, der ohne Rausch ist, kehren die Elemente in ihre Form zurück, und die Zigeunerinnen sind wieder richtige Frauen.

Das Interieur wird so sicher gestaltet wie in den Revolutionsfilmen der Außenraum. Da der bewohnte Innenraum ein viel wesentlicheres Bestandstück der bürgerlichen Welt ist als die Straße oder gar der große Platz, sind die Russen freilich auf diesem Gebiet konkurrenzlos, und es ist bezeichnend genug, daß sich, wie aus dem Film: *Thérèse Raquin*[1] hervorgeht, gerade die Franzosen bei der Aufnahme des Zimmerinventars als ihnen durchaus ebenbürtig erweisen. Ozep macht immerhin seine eigenen Eroberungen, und zwar gewinnt er dem Stilleben besondere Ausdrucksmöglichkeiten ab. Flasche und Gläser auf dem Tisch machen das Absteigequartier zu einem traurigeren Aufenthalt, als es je durch die Dirne zu werden vermöchte; ein Stuhl in Großaufnahme redet wie bei van Gogh; die Schatten, die über den Boden schleichen – sie erinnern an die Deckenschatten im Film: *Die Straße* – sind ein Teppich des Grauens. Unvergeßlich ist der Blick durch die Glasscheibe ins Restaurant: inmitten des menschlichen Aquariums steht die Silhouette einer kitschigen Büste.

Die technische Komposition hat ihre spürbaren Mängel. Vor allem wird zu viel mit einer erstarrten Zeichensprache gewirtschaftet. Sie paßt zu den Filmen, in denen das Kollektiv herrscht, das sich formelhaft mitteilen will und muß. Je unvermittelter das Invididuum heraustritt, desto mehr verflüchtigt sich die Gültigkeit des Symbols. Die stets wiederkehrenden Kuppeln sind in dem Raum Fedjas nicht von vornherein mit Bedeutung geladen, sondern wirken wie Dekorationen, die unter allen Umständen etwas bedeuten möchten. Literarische Absicht hat sie herbeigeholt, und nun wölben sie sich, ohne zu leben.

Längst nicht so vollständig wie im *Potemkin* etwa wird der

1 Vgl. hier S. 136–138.

Gehalt durch rein filmische Mittel produziert. Mitunter finden sich Leerstellen, an denen der Film die nicht in ihn eingegangene sprachliche Dialektik unzureichend illustriert. Der Schwerpunkt ist in die Titel abgerückt, und die Bilder werden zur Dreingabe. Aus der Empfindung heraus, daß die Hohlräume gefüllt werden müssen, mag Ozep zu den breiten Milieumalereien gegriffen haben. Er aast hie und da im Milieu. Großartige Gemälde des Elends und der Verkommenheit sind eingebaut, aber sie tragen zur Handlung nichts bei. Für die Gestalt sind sie überflüssig. Sie gleichen dem Fleisch, das Wucherungen treibt, statt straff anzusitzen.

Auch mit den Typen wird nicht eben ökonomisch umgegangen. Sie treten so prächtig auf, daß jeder Folklorist an ihnen seine Freude haben kann, und stellen den Charakter immer gleich extrem dar. Durch ihre Überzahl und durch die Intensität ihres Ausdrucks schwächen sie den mit ihnen beabsichtigten Effekt eher ab. Etwas Sparsamkeit und etwas mehr Dämpfung wären hier vermutlich von Nutzen gewesen.

Pudowkin als Fedja – ein Feldherr, dem es beliebt, sich einmal in einen gewöhnlichen Leutnant zu verwandeln. Die anderen Darsteller spielen ihre Rollen; er selbst spielt nicht, er ist gar kein Schauspieler, sondern einer, der das Spiel dirigiert. Da er als großer Regisseur ein Mensch ist, der Menschen schafft, kann er auch sich zum Fedja umschaffen. Man denkt an Frank Wedekind, der sich in seine Stücke begab. Dieser Fedja ist darum eine so merkwürdige und bedeutende Leistung, weil ein Mann ihn verkörpert, dem während des Spiels anzumerken ist, daß er mehr ist als Fedja. Pudowkin bleibt auch in der Fedjagestalt Pudowkin, und die Macht, die ihm in der Rolle des Regisseurs eignet, beglänzt von außen her seine Rolle im Film.

Während er sich zum Fedja herabsenkt, steigen die übrigen Mitwirkenden zu ihren Rollen empor. Maria Jacobini ist nicht mehr als eine zurechtgestutzte Larve, Gustav Diessl hält zwischen Abel und Veibt[1] die Mitte. Ausgezeichnet gewählt ist die

1 Weder Veibt (?) noch Veidt spielen mit.

unheimliche Figur des Revolververleihers, die nur leider wie ein Ibsenschemen auftaucht und verschwindet.

Muß noch gesagt werden, daß dieser Film sich hoch über unsere Durchschnittsproduktion erhebt? Er übertrifft sie selbst in seinen Mängeln, die Mängel nur im Hinblick auf das von ihm Gewollte sind. Ihn anzusehen ist wichtig. Man erfährt bei seiner Betrachtung wieder einmal, was die Filmkunst vermag und wie minderwertig die sonst umlaufenden Erzeugnisse sind.

(1929)

9. Menschen-Arsenal

Menschen-Arsenal[1] – ein Russenfilm nach einer Novelle von Barbusse, die in einem der amerikanischen Südstaaten spielt. Aber, gleichviel, Unrecht geschieht überall. Hier wird es an Arbeitern aus dem Petroleumviertel verübt, vor allem an einem ihrer revolutionären Führer, der zu lebenslänglichem Zuchthaus verurteilt ist. Um ihn, der immer wieder die Mitgefangenen aufwiegelt, auf gute oder vielmehr schlechte Art loszuwerden, gewährt man ihm den Urlaubstag, der jedem Sträfling nach zehnjähriger Haft gesetzlich zusteht. Er tritt ihn an, von einem Detektiv gefolgt, der den Revolver nicht nur zum Spaß bei sich trägt. Der Urlaub wird ohne ersichtlichen Grund zur langwierigen Odyssee, bei der unser Held seine Penelope fortwährend verfehlt. Das Ende ist Krawall und Revolte. Zwar entkommt der Zuchthäusler dem Hörensagen nach, aber das Menschen-Arsenal wird mit neuen Häftlingen aufgefüllt.

Sei es durch die Schuld der Novelle oder der Regie A. Rooms: der Film macht es sich mit der Verteilung von Recht und Unrecht denn doch zu leicht. Alles Licht fällt auf die Opfer; jede Gemeinheit wird der Gegenseite zugeschoben. Der Zucht-

1 *Das Gespenst, das nicht wiederkehrt.*

hausdirektor ist ein widerwärtiger Affe, und seine Beamten sind Büttel und Henker. Daß die Gefangenen unschuldig Verfolgte sind, wird noch nicht einmal zu beweisen versucht. Eine unmoralische Schwarzweißmalerei, die mit dem Gewissen des Publikums Schindluder treibt. In den alten großen Russenfilmen ist die Unterdrückung so sichtbar gewesen wie die Revolution; hier wird jene behauptet und diese gespielt. In *Mutter* oder *Potemkin* hat man den Sturz eines Systems vergegenwärtigt; hier werden die Gefühle mit falschem Pathos (und, nebenbei bemerkt, durchaus unmarxistisch) gegen peinliche Zeitgenossen aufgerührt, die es überall gibt. Der Film gleicht aufs Haar so manchen pseudoradikalen Tendenzstücken, die heute über die deutschen Bühnen laufen; nur daß er noch oberflächlicher als diese ist.

Das moralische Gebrechen wirkt sich im ästhetischen Medium aus. Da man auf Argumente verzichtet, muß der landesübliche Realismus häufig genug einer Stilisierung von durchscheinender Hohlheit weichen. Der Rundbau des Zuchthauses, das an eine antike Arena erinnert, ist ganz auf den Effekt der Symmetrie abgestellt. Aber der Symmetrie ermangelt die Schlagkraft, weil ihr Symbolgehalt nicht erfüllt ist. Äußerlich wie sie ist das Gebärdenspiel des Gefangenenkollektivs. Einem höheren Sprech- und Bewegungschor gleich nähern sich die Sträflinge den Zellengittern und entfernen sich wieder von ihnen. Auch bei der Wanderung des Urlaubers und bei der Keilerei am Schluß überwiegt eine Rhythmik, die weniger Ausdruck als Selbstzweck ist. Der künstlerische Leerlauf ist die gerechte Vergeltung für das Surplus an Gesinnung.

Immerhin bezeugen einige Bilder die echtrussische Herkunft. Mit unvergleichlicher Meisterschaft ist wieder der Raum bewältigt. Der Zuchthaushof wird durch Aufnahmen von oben zur Wüste geweitet, ein von Mauern eingefaßter Weg, der wie eine Schnecke dem Fluchtpunkt zuschleicht, ist das Zeichen lähmender Angst. So ist vielleicht noch nie die Landschaft des Petroleumreviers gesehen worden: eine negative Landschaft, deren Bäume Telegraphendrähte sind. Sie frißt die Menschen, sie verschlingt buchstäblich den Zuchthäusler und seinen Begleiter. Die Kunst, mit der die Figuren zum Raum in eine sinnvolle Beziehung gesetzt werden, mag daher rühren, daß das russische Leben der gewaltigen russischen Landschaft noch tief verhaftet ist.

(1929)

10. Rebellion im Kino

Der stumme Russenfilm: *Der blaue Expreß*, der im Mozartsaal gezeigt wird, kommt etwas zu spät nach Deutschland. Er spielt in dem von skrupellosen Abenteurern beherrschten China und stellt die Rebellion chinesischer Proletarier in einem Expreßzug dar. Während der Zug durch die Nacht braust, entspinnt sich im Speisewagen, auf dem Führerstand der Lokomotive und den bebenden Waggondächern ein erbitterter Kampf zwischen den weißen und gelben Ausbeutern und ihren Opfern. Das episodenreiche Tohuwabohu endet mit dem Sieg der Proletarier und der Flucht des Expreßzuges über die russische Grenze, hinter der die Sonne symbolisch strahlt. Ilja Traubergs Regiekunst ist virtuos im kleinen, enträt aber der großen Linie, die den klassischen Filmwerken Eisensteins und Pudowkins zur machtvollen Geschlossenheit verhalf. Weder ist die Handlung klar durchkomponiert, noch sind alle Details so ins Gesamtschema eingebaut, daß sie ihren Sinn sofort preisgäben. Die Gestaltung des Wirrwarrs eines Aufruhrs darf aber nicht selber verwirrt sein. Um so nachhaltiger wirken Einzelzüge, mit denen verglichen die meisten deutschen Leistungen zu traurigen Klischees herabsinken. Ich denke an die Montage jener außerordentlichen Speisewagenszene, in der getanzt und getafelt wird; an die Versinnlichung des Zugtempos, das den Rhythmus aller Vorgänge bestimmt; an gewisse Abschnitte, in deren Verlauf sich die Bildfolge um der größeren Eindringlichkeit willen in der Folge lebender

Bilder verwandelt, die einander langsam ablösen. Schon einmal, im Film von der Pariser Kommune, hat Trauberg mit Kosintzew zusammen dieses Bilderbuch-Verfahren mit Glück benutzt, um die Hintergründe des französischen Impressionismus zu entlarven.[1]

Dennoch: der Film kommt zu spät. Man erträgt das Pathos nicht mehr, mit dem hier die Rebellion im Zug für den Zug der Revolution ausgewertet wird. Wieder einmal haben sämtliche Angehörige der herrschenden Klasse ein und dasselbe Gesicht; wieder einmal sind sie alle nur niederträchtig. Eine Vereinfachung, die nachgerade spottbillig geworden ist und überdies hinter unseren Erfahrungen zurückbleibt. Dergleichen paßt in die Epoche des offenen revolutionären Kampfes; in einer Zeit schwieriger, lautloser Arbeit täuscht eine solche Schwarzweiß-Malerei über den Ernst dieses Kampfes hinweg. Von ihrer Inaktualität zeugt nicht zuletzt die manierierte Zeichensprache, mit deren Hilfe die revolutionären Bedeutungen vermittelt werden. Waren die Fahnen bei Eisenstein noch bildhafte Erkenntnisse, die aufzurühren vermochten, so sind sie beim Epigonen zum konventionellen Hinweis erstarrt. Das kommt davon, wenn man fortwährend das freilich dankbare revolutionäre Anfangsstadium in glänzende Festparaden umsetzt, statt die bittere Gegenwart mit den ihr angemessenen Kategorien filmisch zu durchdringen.

Dem Film ist eine musikalische Illustration von Edmund Meisel beigegeben, die wie der Expreßzug rattert, die jeweils fälligen Gefühle treulich untermalt und sich im ganzen gleich dem Film selber fixierter Ausdrucksmittel bedient.

(1930)

11. Der Weg ins Leben*

Der erste, in Berlin begeistert aufgenommene russische Tonfilm: *Der Weg ins Leben,* ein Werk von Nikolai Ekk, schildert jene bereits historisch gewordene Epoche, in der dem

1 *Das Neue Babylon.*

Unwesen der Horden verwahrloster Kinder ein Ende gemacht wurde. Wichtig ist dieser große dokumentarische Bericht nicht nur deshalb, weil er wie alle Russenfilme zum Unterschied von den bei uns üblichen Reportagen bestimmte Überzeugungen vermitteln will, sondern einer Kenntnis wegen, die er bewußt in den Mittelpunkt rückt. Ich denke an die paar Szenen, in denen der Umschlag einer unbrauchbaren Erziehungsmethode in eine brauchbare dargestellt wird. Die Kommission zur Bekämpfung der Verwahrlosten berät darüber, was mit den unglückseligen Kindern geschehen soll, und wir sind Zeugen ihrer ernsten Debatten. Sie endigen mit der Verwerfung sämtlicher Zwangsmittel, als da sind Gefängnisse und Fürsorgeanstalten; das heißt, man erkennt, daß gegen die jugendliche Verwilderung mit Gewalt nichts auszurichten ist. Diese Aussprache im Film festgehalten zu haben, ist ein entscheidender Verdienst seines Verfassers; denn sie beweist, daß der Plan der Kinderkommune, den sie schließlich zeitigt, der engen Fühlungnahme mit den gegebenen Verhältnissen entspringt und nicht etwa irgendeiner sentimentalen Schwäche. Weder bestehen in anderen Ländern dieselben Schwierigkeiten wie in Rußland, noch auch wären sie vielleicht mit Hilfe des dort angewandten Verfahrens zu bewältigen. Darum könnte aber doch manche Behörde bei uns von den Russen lernen, daß nur die dialektische Auseinandersetzung mit der Wirklichkeit zu einem produktiven Verhalten ihr gegenüber führt und Zwangserziehung das Heil nicht verbürgt.

Der Film zeigt in breiten Bilderfolgen, wie das so richtig angesetzte Experiment weiter verläuft. Die Arbeitslosigkeit, der Frühling, die Annäherungsversuche ehemaliger verrotteter Kameraden: all diese Ereignisse, die eine Gefahr für die neue Kinderkommune bedeuten, marschieren eines nach dem andern an und werden, wie es sich für ein vorwiegend didaktisches Werk gehört, siegreich überwunden. Den Triumph über sie erficht der von der Kindergemeinde herausgebildete Kollektivgeist, der die Abirrungen einzelner berichtigt und vom Gründer und Lehrer des Kollektivs nicht so sehr gelenkt als jeweils durch einen sanften Druck entbunden wird. Der optimistische Glaube an die guten Kräfte der Kommune erinnert ein wenig an Rousseau, und daß er nicht ganz stichhaltig ist, wird mittelbar durch das stellenweise übertriebene Pathos verraten, das offensichtlich dem Glauben und seinen Wundern nachhelfen soll. Immerhin macht sich der Film die Sache nicht leicht und bemüht sich redlich um den Aufweis der Widerstände.

Seinem dokumentarischen Wert steht der künstlerische nach, wenn er auch den fast aller hierzulande heimischen Fabrikate übertrifft. Um ganz davon abzusehen, daß eine so unzulänglich begründete Episode wie die des Zerfalls einer Familie eingeschaltet wird und die viel zu pompöse Schlußapotheose ideologisch entgleitet: die szenischen Bilder halten sich an die bewährten Muster und gehen noch keine eigentlich neuen Verbindungen mit dem Ton ein. Berücksichtigt man allerdings, daß die Russen den Tonfilm erst auszubauen beginnen, so ist dieser Film bereits als ein vorzügliches Lehrstück anzusprechen. Er beschränkt die Dialoge, mit Recht ihrer Tragkraft nicht trauend, untermalt manche Strecken musikalisch und läßt andere, wie es dem Wesen eines im Kollektivgedanken verankerten Filmwerkes gemäß sein mag, durch einen unsichtbaren Ansager erläutern. Die Aufgabe kommender Filme wird sein, das einstweilen ungeklärte Ineinander von Elementen verschiedenen Gehalts zu bereinigen. – Unter den Einzelleistungen ragt die des Tatarenjungen Kyrla hervor, der den Übergang von tierischer Roheit zum wackeren Helden des Kinderstaates meisterlich vollzieht.

(1931)

12. Arbeiter, lernt arbeiten!

In der Berliner Botschaft der Sowjet-Union wurde vor einigen Tagen einem geladenen Publikum der Tonfilm: *Dinge und Menschen* gezeigt. Es ist der erste tönende Film, der aus Moskau zu uns kommt, und er beweist unter anderem, daß die russische Tonfilmproduktion in technischer Hinsicht die unsrige eingeholt hat. Geräusche und Sprechorgane stufen sich vielfältig ab, und die Kamera ist beweglich wie früher geblieben. Beachtung verdient, daß auch die meisten Tonaufnahmen nicht im Atelier, sondern gleich an Ort und Stelle im Freien gemacht worden sind. Die Bevorzugung dieses Verfahrens zeugt vom realistischen Sinn der heutigen Russen.

Ich möchte die Fabel des Films andeuten, weil aus ihr einige interessante Folgerungen zu ziehen sind. Sie handelt von der Erbauung des Kraftwerks Dnjeprostroi und hat pädagogische Absichten. Jedenfalls ist die ganze erste Hälfte der schonungslosen Kritik am russischen Arbeiter gewidmet. Man beobachtet die verschiedensten Typen beim Bau und muß schließlich feststellen, daß sie eine Fülle von Lastern haben. Sie bedienen sich veralteter Arbeitsmethoden, sie geben sich, wo sie nur können, dem Genuß des Nichtstuns hin, sie greifen zur Flasche und schädigen überhaupt bei jeder Gelegenheit den sozialistischen Aufbau. Kein Wunder, daß die Arbeit nicht vorwärts rückt. Der gerade eingetroffene amerikanische Ingenieur, der die örtliche Leitung übernehmen soll, ist über die ganze Schlamperei äußerst mißvergnügt und sagt dem russischen Vorarbeiter seine Meinung offen ins Gesicht. Darob Empörung des Russen. Kommt es jetzt zum Konflikt oder werden die Arbeiter sich bessern? Sie bessern sich. Und zwar nicht nur deshalb, weil sie sich vom amerikanischen Ingenieur verachtet fühlen, sondern auch auf Grund der Lektüre eines amerikanischen Zeitungsberichts, in dem das Stocken der Arbeiten gegeißelt wird. Bei ihrem Ehrgeiz angepackt beschließen sie, die Fahrt zur Baustelle fortan in einem Unterrichtswagen zurückzulegen, in dem man sie nun tatsächlich mit schwierigen technischen Problemen beschäftigt sieht. Ein Sieg nach dem andern wird so über die faule, schlechte Natur errungen. Mit dem Erfolg, daß die Arbeit flutscht und das riesige Kraftwerk wie irgendein Märchen-schloß gleichsam über Nacht aus der Erde schießt. Der ameri-kanische Ingenieur aber, der ursprünglich ein starkes Heim-weh nach New York hatte, ist mittlerweile etwas skeptisch gegen die Segnungen der westlichen Zivilisation geworden und nimmt sich vor, noch in der Sowjet-Union zu bleiben.

Ein Film wie dieser gibt uns mehr Aufschluß über das gegen-wärtige Rußland als manche Reportagen, die das Produkt eiliger Besuchsreisen sind. Vor allem zeigt er deutlich, was man immer allzu leicht vergißt: an welchem Punkt die russi-schen Machthaber faktisch ansetzen müssen. Sie formen nicht eine bereits durch den Kapitalismus gegangene Bevölkerung um, die mit der Technik ihre aktiven und passiven Begegnun-gen gehabt hätte, sondern holen ganze Völkerschaften aus dem primitiven, vortechnischen Dasein heraus. Ihre An-strengungen gelten sozusagen dem Urmaterial und wären daher auf europäische Verhältnisse niemals unmittelbar zu übertragen. Denn ginge es bei uns um Eingriffe in völlig ausmodellierte Strukturen, so handelt es sich dort noch um etwas anderes als um die Veränderung des Wirtschaftssy-stems und der Traditionen: nämlich um das Durchkneten von Völkermassen, die bisher kaum ein eigenes Bewußt-sein hatten. Nichts ist merkwürdiger und wunderbarer als der vom Film veranschaulichte Zusammenstoß dieser ge-rade erweckten Menschen mit den modernen Maschinen. Arbeiter, in deren Gesichter sich die unendlichen Steppen und Wälder tief eingezeichnet haben, werden plötzlich aus der Naturverbundenheit herausgerissen und technischen Un-geheuern gegenübergestellt, die ihrerseits Erzeugnisse eines von der Natur abgelösten, rein rationalen Denkens sind. So ähnlich wie den Arbeitern muß den germanischen Stämmen zumute gewesen sein, als sie mit den Herrlichkei-ten Roms Bekanntschaft schlossen. Der Film zeigt aber nicht nur das Mißverhältnis zwischen Dingen und Menschen, er versucht auch zu demonstrieren, wie sich diese der fremden Apparatur bemächtigen. Sie lernen wie brave Schüler, sie sind rührend beflissen. Der westliche Zuschauer sollte sich indessen klar darüber sein, daß hier das unbekannte Wissen nicht einfach übernommen wird. Indem die Russen von der Technik Besitz ergreifen, verwandeln sie diese zugleich und verleiben sie ihrer neuen Lebensordnung ein. Es läßt sich beinahe aus dem Film ablesen, wie sehr die Technik drüben ihre Funktionen ändert. Die Maschinen scheinen ihren Hochmut und ihre Bedrohlichkeit abgestreift zu haben, und wenn am Schluß der amerikanische Ingenieur einen Blick aufs fertige Kraftwerk wirft, so verrät seine Gemütsbewegung, daß ihn nicht nur die technische Zweckmäßigkeit des Gebildes berührt.

Wenn ich diesem Film ein paar Aufklärungen über Sowjetrußland entnehme, habe ich damit seine Bedeutung für uns nahezu erschöpft. Er ist nicht wie die großen Revolutionsfilme Eisensteins und Pudowkins einem internationalen Publikum zugekehrt, sondern dient von vornherein ausschließlich zum innerrussischen Gebrauch. Seine Aufgabe ist: im Interesse des Fünfjahresplanes die noch dem alten Schlendrian verfallenen Arbeitermassen zu mobilisieren. Da wir selber also im Film gar nicht angesprochen werden, können wir ihn auch nur von außen betrachten. Ja, nicht einmal das ist uns ohne weiteres möglich. Denn er enthält eine Menge von Wiederholungen und Exkursen, die den beteiligten russischen Zuschauern zweifellos unentbehrlich dünken, auf uns aber als ermüdende Längen wirken. Immerhin wäre seine öffentliche Aufführung von außerordentlichem Nutzen. Und sei es allein darum, weil sie unseren Kulturfilmen einen Spiegel vorhielte. Es versteht sich von selbst, daß die europäischen »Kulturfilme« nicht so zielbewußt und einheitlich ausgerichtet sein können wie die filmischen Instruktionen der Russen. Aber sie brauchten auch nicht so öde und inhaltslos zu sein, wie sie in Wirklichkeit sind. Immer wieder umgehen sie in weitem Bogen unser Dasein und flüchten in Regionen, deren Kenntnis uns nicht im geringsten betrifft. Der Film: *Dinge und Menschen* verstärkt den Wunsch nach Kulturfilmen, die diesen Namen verdienen. Es gäbe genug Dinge und Menschen, in die sie ungestraft hineinleuchten dürften. Aber die Angst davor, sich mit der Realität zu befassen, ist bei uns faktisch größer, als sie sein müßte.

Obwohl der Russenfilm nicht ästhetisch befriedigen, sondern zum Handeln anspornen will, berücksichtigt er doch auch zu seinem Glück das Bedürfnis nach Kontemplation. Eine Reihe von Szenen dienen weniger der Aktivierung als der Betrachtung von Zuständlichkeiten. So jene, in denen der Amerikaner auftritt. Er ist eine kunstvolle Charakterstudie, die nichts weiter bezweckt als sich selber. Sie steigert sich zu einem Dialog von großartiger Komik, in dem sich der Amerikaner und der russische Vorarbeiter dadurch verständigen, daß sie in einem fort »Aoh« zu einander sagen.

(1932)

III. Französischer Film

1. Max Linder

Chaplin ist, wie er niemals verhehlte, von Max Linder entscheidend beeinflußt worden. Später freilich hat sich das Verhältnis umgedreht, und Linder bekennt in den Jahren nach dem Weltkrieg offen, daß er auch seinerseits bei Chaplin in die Schule gegangen sei. Mehr noch als die Tatsache der Verdunkelung des eigenen Ruhms durch den des andern mag ihn die Erkenntnis umdüstert haben, daß dieser andere in Schichten heimisch war, die ihm selber verschlossen blieben.

Schon äußerlich deutet Linder auf Chaplin vor. Man lasse sich nicht dadurch täuschen, daß er statt in Vagabundentracht in Zylinder und Frackmantel aufzutreten pflegt; er verkörpert darum doch nicht eigentlich den Elegant, sondern die Vorstellung, die sich das Publikum vom Elegant macht. Es ist, wenn er erscheint, als sei eine Figur aus einem Modejournal lebendig geworden. Dieser Elegant ist genau so ein Mannequin wie Chaplins Vagabund, und im übrigen fällt die Verschiedenheit ihrer Kostüme um so weniger ins Gewicht, als sich beide, der Vagabund und der Elegant, darin gleichen, daß sie Outsider der Gesellschaft sind. Hinzu kommen direkte Gemeinsamkeiten; auch Max Linder ist von kleiner, schmächtiger Statur; auch er besitzt ein mimisches Ausdrucksvermögen, das blitzschnell funktioniert und jeder Situation neue Gesten abgewinnt, die durchweg ihre Verwandtschaft mit denen des Jongleurs oder des Tänzers verraten. Wer von beiden spielt den Betrunkenen in folgender Szene? Aus dem Restaurant herausbefördert, klammert sich der Betrunkene an einen Oleanderbaum, der natürlich mit ihm ins Schwanken gerät, begibt sich dann, nachdem wie durch ein Wunder das Gleichgewicht wiederhergestellt ist, zu seinem Hotel, dessen Drehtür ihn unverzüglich ausspeit, torkelt ein Stück weiter und landet vor einem Schaufenster, hinter dem eine Schlafzimmereinrichtung prangt, die er im Morgengrauen mit der seinen verwechselt; denn bei ihrem Anblick beginnt er sich auszukleiden und geht schnurstracks auf das Bett los, wobei er heftig gegen die Spiegelscheibe prallt – ein Mißgeschick, das ihm den Verdacht einflößt, es seien überall verborgene Spiegelscheiben angeordnet, so daß er nur unter unendlichen Vorsichtsmaßnahmen durch die Magazintür ins öffentliche Schlafgemach dringt, in dem er sich schließlich zur Ruhe legt. Die Szene könnte von Chaplin sein; sie findet sich in dem Film: *Le Roi du Cirque*, der, obwohl erst nach Linders Amerikareise gedreht, für den französischen Komiker sehr charakteristisch ist und überdies Motive enthält, die im Zirkusfilm Chaplins verwandelt wiederkehren.

Doch die Übereinstimmungen reichen noch tiefer, und gerade der Film *Le Roi du Cirque*, dem, nebenbei gesagt, die Zeit nichts anzuhaben vermocht hat, beweist schlagend, daß Linder vor allem deshalb als Vorläufer Chaplins gelten muß, weil er seine gestischen Einfälle und komischen Erfindungen aus derselben Quelle wie dieser schöpft. Tatsächlich benutzt er bereits vor Chaplin seine zierliche Gestalt zur Darstellung einer Figur, die in vielen Märchen auftaucht. Er hat etwas vom Taugenichts und vom Bruder Liederlich, und nur ab und zu spürt ein liebendes Mädchen, daß er in Wahrheit ein Prinz aus einem unsichtbaren Königreich ist. Wie ihn die Welt verkennt, so fühlt er sich fremd in der Welt. Welche Ähnlichkeit mit Chaplin, wenn er über eine Person, die ihn komisch berührt, schämig in sich hineinlacht, mit der Miene größter Selbstverständlichkeit eine heillose Konfusion anrichtet und in irrsinnige Freude ausbricht, sobald er zu seinem Erstaunen merkt, daß die Liebe, die er empfindet, erwidert wird! Allerdings hat er Grund, über eine solche Chance zu staunen, da ihn das Schicksal immer zurückstößt. Als reize seine bloße Existenz sie zum äußersten, drohen Egoismus, Dummheit und Brutalität ihn jeden Augenblick zu vernichten, und sicherlich wäre er, der so fragil und überflüssig ist, eine leichte Beute dieser Mächte, verführe er nicht ihnen gegenüber nach Art der Märchenhelden, die sich mit Witz, Charme und List aus der Klemme ziehen. Die von Linder ersonnenen Gags sind nicht anders wie die Chaplins lauter Handgriffe und Tricks, die der Selbstbehauptung des Schwachen dienen, und ihre Komik besteht darin, daß sie auf unerwartete Weise die plumpe Gewalt zu Fall bringen. Weiße Magie. Mit ihrer Hilfe wird die Gewalt verzaubert und hypnotisiert, und der Erfolg ist regelmäßig der, daß sie wie der vom Bäuerlein übertölpelte Teufel das Nachsehen hat. Im *Roi du Cirque* rettet sich Linder dadurch aus einer peinlichen Situation, daß er ein paar Tanzschritte vollführt, die seinen wütenden Onkel hinreichend perplex machen, um ihn außer Gefecht zu setzen. An einer anderen Stelle desselben Films nimmt er seine Zuflucht zu jener Frechheit, die der Verzweiflung entstammt, und behandelt – gleichfalls ein echter Chaplin-Gag – den baumstarken Akrobaten Emilio, der ihn verprügeln will, wie einen Klienten im Photographenatelier. Er dreht ihm den Kopf hin und her, tritt zurück und bewundert sein Profil – Faxen, die den blöden Emilio so verwirren, daß er erst zur Besinnung kommt, nachdem sein Opfer auf und davon ist. Was auf Chaplin zutrifft, gilt zwangsläufig auch für Linder: immer wieder glückt es ihm, dem heimlichen Prinzen, kleine Triumphe über die rohe Kraft zu feiern, von Mißverständnissen zu profitieren und in irgend eine Lücke des Weltgeschehens zu schlüpfen.

Dennoch sind seine Möglichkeiten begrenzter als die Chaplins. Nicht so, also ob er ihm an Talent und Originalität nachstünde; aber seine Maske ist eine Figur, die sich nur aus den Traditionen der französischen, genauer: der Pariser Gesellschaft begreifen läßt. Der »fêtard«, in den er sich zu verpuppen liebt, hat sich ursprünglich auf dem Boulevard des zweiten Kaiserreichs getummelt; zu seinen Ahnen zählen Bobinet und Gardefeu, die zwei närrischen jungen Herrchen aus der Offenbach-Operette: »Pariser Leben«.[1] So gewiß Linder dieser Figur einen neuen, allgemeineren Sinn schenkt: er kann sie doch nicht von ihrer Vergangenheit loslösen und beliebig

1 Vgl. Kracauer, *Jacques Offenbach und das Paris seiner Zeit,* Amsterdam 1937, S. 342–350 (München 1962, S. 258–264; Berlin 1964, S. 264–271).

ausweiten. Sein Elegant ist und bleibt einem bestimmten Milieu verhaftet, ein Typus, der zwar am Rand der Gesellschaft existiert, doch keineswegs dem Volk angehört; während Chaplins Vagabund mitten durch das Volksgewühl watschelt und überall oder nirgends zu Hause ist.

(1938)

2. Abel Gance: zu seinem Film La Roue

Die Werke von Abel Gance, die in den frühen Zeiten des Stummfilms einsetzen, sind das Produkt eines ungezügelten Geistes, der wie irgendein Tropengewächs maßlose Wucherungen treibt und sich durch die Sucht nach grandiosen Effekten fortwährend das Konzept verdirbt. Aber wie der Flußschlamm Gold birgt, so finden sich im Unrat, den die Filme von Gance mit sich führen, eine Menge kühner und neuer Formulierungen. Schönheit und Geschmacklosigkeit, echter Gehalt und leerer Schwulst sind in diesem Fall untrennbar aneinander gebunden.

Geschichtlich besonders interessant ist *La Roue*, der berühmte, 1922 vollendete Eisenbahnerfilm von Gance. Dieser Film liegt an einem historisch ausgezeichneten Punkt; denn er vereinigt ungeschieden Elemente in sich, die in die Zukunft weisen, und solche, die bereits der Vergangenheit angehören. Seine Eigentümlichkeit besteht eben darin, daß man aus ihm mühelos ablesen kann, woher die Filmproduktion kommt und nach welcher Richtung sie sich entwickelt.

Von der Handlung sei nur gerade angedeutet, daß sie um die Person des Lokomotivführers Sisif kreist, der seine Adoptivtochter Norma liebt und so zum Nebenbuhler seines Sohnes Elie wird, dem zwar das Herz Normas gehört, aber nicht ihre Hand, die sie einem Ingenieur namens Hersan reicht. Gance wäre nicht er selber, unterließe er es, aus diesem Ansatz sämtliche fatalen Konsequenzen zu ziehen: Sisif erblindet, Hersan und Elie bringen sich gegenseitig um und Norma

116

verfällt schließlich dem Irrsinn. Man kann es dem Mädchen nicht einmal verübeln.

Trotz ihrer Erbärmlichkeit dürfte die Fabel mit Stillschweigen übergangen werden, wirkte sich ihr theatralischer Zug nicht in der Art der Gestaltung aus. Der Film ist insofern das Zeugnis einer abgelebten Epoche, als seine Darsteller durchweg Theater spielen. Noch weiß Gance nicht, wie sich Menschen im Film zu äußern haben. Statt die Gestik in der Großaufnahme auf das geringste Maß herabzudrücken, benutzt er umgekehrt die Großaufnahme zur Darbietung mimischer Extrakünste, und so muß das Publikum aus nächster Nähe einem Gebärdespiel beiwohnen, dessen Übertreibungen allenfalls durch die Entfernung der Bühne vom Zuschauerraum gerechtfertigt werden. Mit Ausnahme des Heizers, der aber nur deshalb filmisch gut geraten ist, weil er die Chance hat, eine Nebenfigur zu sein, schwelgen die Beteiligten in Gesichtsgrimassen, die ihren jeweiligen inneren Zustand langwierig und pathetisch vermitteln. Auch sonst erliegt Gance dem Druck gewisser in Frankreich heimischer Traditionen, die, gleichviel, ob sie auf der Bühne oder in der Malerei Geltung besitzen, den besonderen Forderungen des Films widersprechen. Er arrangiert gern monumentale Bilder: Norma sitzt wie eine Medea da; die Silhouette des alten blinden Sisif, der neben dem Grabkreuz Elies steht, hebt sich, ein Menetekel, vom Himmel ab. Er hat einen ausgesprochenen Hang zum Melodrama; der durch die Eisenbahnkatastrophe zerstörte Lokomotivenkessel ist mit Blumen behangen, und das Grauen der menschlichen Tragödie entfaltet sich vor dem der Gletscherwüsten im Hochgebirge. Derlei erscheint heute unerträglich, wo nicht komisch.

Dieses längst verschollene Gebaren geht nun auf höchst erregende Weise mit Schilderungen zusammen, die nicht fortschrittlicher sein könnten. Schon die Wahl des Eisenbahnermilieus, in dem die Menschen ihr Theater aufführen, ist ein großartiger Griff; hinzu kommt, daß Gance die von ihm für den Film eroberte, nur durch den Film überhaupt erschließbare Umwelt unübertrefflich ausschöpft. Die Schienenlandschaft mit ihren Gleisen, Tunnels, Viadukten, Rauchwolken, Signalen und Zügen durchdringt alle Poren und Ritzen. Sie umgibt Sisifs Gärtchen, zeigt sich von der Lokomotive aus, taucht hinter jedem Zimmerfenster auf, erfüllt die Nacht und den Tag und ersteht ewig neu in einer hinreißenden Flucht von Bildern, deren schönstes die unvergeßliche Einfahrt in den nebligen Pariser Bahnhof ist. Der überwältigende Eindruck, den diese Landschaft hinterläßt, ist einer technischen Virtuosität zu danken, die auch jetzt noch ihresgleichen sucht. Ein Vorläufer wie nur Griffith außer ihm, beherrscht Gance mit souveräner Freiheit die gesamte Klaviatur filmischer Möglichkeiten. Seine Erfindungskraft bewährt sich vor allem auf dem Gebiet der Montage. Mittels des Gebrauchs der verschiedensten Blenden und des unaufhörlichen rhythmischen Wechsels der Distanzen, der Einstellungen und der Lichtverteilung vermag er auszudrücken, was immer er zu sagen wünscht, und es bleibt eine erstaunliche Leistung, wie er durch die Kombination von Bildern senkrecht und waagerecht hingleitender Schienenstränge, des Kesselfeuers der Lokomotive im dunklen Tunnel, des Manometers und mehrerer Gesichter die Fahrt eines Eisenbahnzuges vergegenwärtigt, dessen Schnelligkeit sich zusehends steigert.

In einem seiner frühen kleinen Filme tritt Chaplin als Gehilfe in einem Filmstudio auf, erfolgreich damit beschäftigt, kostümierte Darsteller lächerlich zu machen, die bei der Aufnahme eines historischen Films wie auf der Bühne einherstolzieren[1]. Auch Gance sucht der neuen Kunst ihren Stil zu geben; aber anders als Chaplin, der bewußt mit der Überlieferung bricht, läßt Gance die theatralischen Konventionen in *La Roue* unbewußt fortbestehen. Dieses Werk erhält dadurch seinen einzigartigen Charakter, daß es sich noch einer filmwidrigen Sprache bedient und doch schon den ganzen Sprachschatz des zur Reife gelangten Stummfilms vorwegnimmt.

---

1 *His New Job.*   (1939)

3. Kostspieliger Weltfrieden

Der gigantische Film: *Ende der Welt* von Abel Gance mutet gar nicht französisch an. Ein monströses Werk, das eher ein Nachfahre von *Metropolis* zu sein scheint. Allerdings hat dieser ältere Lang-Film seinerzeit in Paris gut gefallen, und überhaupt haben die Franzosen genau so ihren Kitsch wie wir den unsrigen. Nur die Vorliebe für unproportionierte Riesenmaße ist drüben neu.

Durch Weltuntergang zum Weltfrieden: so lautet, auf ihre kürzeste Fassung gebracht, die These des Films. Oder anders ausgedrückt: erst muß ein Komet die Erde bedrohen, ehe der Friedenswille der Völker sich durchsetzen kann. Ich finde, daß der Weltfriede durch dieses himmlische Eingreifen denn doch zu teuer erkauft ist, und zöge irdische Methoden zu seiner Verwirklichung vor. Wären sie von Abel Gance berücksichtigt worden, so hätte er aber weder sein Prunkschauspiel herstellen noch einen so gegenstandslosen Idealismus entfalten können. Träger dieses Idealismus ist ein Astronom, der unter Berufung auf die nahende Weltzerstörung gegen die Kriegsparteien kämpft und die Friedensbereitschaft der Völker aufpeitschen will. Ein Phantast, wie er in schlechten Büchern steht; ein astronomischer Hanswurst, der tierischer Angst abpreßt, was bestenfalls die menschliche Vernunft zu erzwingen vermag.

Trotz der Schauerlichkeit des Weltspektakels: seine Inszenierung enträt nicht einer gewissen Größe. Häusereinstürze, Überschwemmungen und Erdbebenkatastrophen aus Wochenschauberichten sind kunstgerecht ineinandergewoben und durch raffinierte Montageeffekte überhöht worden. Ausgezeichnet das Bild von der toll gewordenen Börse. Aber das Gelingen im einzelnen vertieft nur noch den Eindruck vom Unsinn des Ganzen.

(1931)

4. Jean Vigo

Jean Vigo – er ist, noch nicht dreißigjährig, im Herbst 1934 gestorben – hat nur wenige Filme hinterlassen, auf deren zeitlich ersten: *A propos de Nice* hier seiner jahrelangen Unzugänglichkeit wegen nicht einmal Bezug genommen werden kann. Dieser satirischen Reportage folgte 1933 der von René Clair und der französischen Avantgarde beeinflußte Film: *Zéro de Conduite*, der eine Schülerrevolte in einem Internat schildert. Den Abschluß der kurzen Reihe bildet *Atalante* (1934), jenes den Teilnehmern der vorjährigen Basler Filmwoche bekannte Meisterwerk, mit dem Vigo in die vorderste Reihe der französischen Filmregisseure rückt. Außer René Clair, dem Clair der großen Pariser Filme, hat vielleicht nur Vigo noch Gebiete zu entdecken und zu erobern vermocht, die allein dem Film vorbehalten sind. Und ermangelt er der herrlichen Leichtigkeit Clairs, so hat er doch vor ihm den Ernst dessen voraus, dem es um Erkenntnis geht.

Schon seine Kompositionsmethode verrät eine ursprüngliche Beziehung zum Film. Dem Usus entgegen, ist die Fabel bei Vigo keine hermetisch abgedichtete Konstruktion, die alle Spannung auf sich zöge, sondern ein kaum belastetes, sehr poröses und gar nicht zielbewußtes Geschehen. Das *Atalante* zugrunde gelegte könnte nicht unauffälliger sein: Jean, der junge Patron des Flußdampfers, nach dem der Film heißt, hat Juliette geheiratet, die sich bald aus der Monotonie von Kajüte, Wasser und Landschaft heraus nach Paris sehnt, ihren auf Paris und alle Welt eifersüchtigen Mann verläßt und sich in der Stadt verlöre, brächte sie nicht Père Jules, das Faktotum des Frachtschiffs, dem armen Jean zurück. Der Nachdruck ruht nicht so sehr auf dieser alltäglichen Geschichte als auf den zahlreichen kleinen Einzelepisoden, die viel spannungsträchtiger sind und durch die Handlung wohl ermöglicht, aber nicht bedingt werden. Gleich die erste Passage, in der Jean und Juliette, weit der Hochzeitsgesellschaft voraus, im Feststaat stumm nebeneinander wie Fremdlinge durch den Wald übers Feld zum Strand schreiten, ist ein in sich geschlossenes Stück Poesie. Indem Vigo die Episoden wie Perlen an der Schnur der Handlung aufreiht, macht er ein technisches Faktum ästhetisch fruchtbar; das Faktum, daß der Zelluloidstreifen grundsätzlich endlos ist und jederzeit abgebrochen werden kann.

Wichtiger sind die Folgerungen, die er aus der Tatsache zieht, daß die Kamera zwischen Menschen und Dingen, belebter und unbelebter Natur keinen Unterschied kennt. Zunächst trägt er ihr insofern Rechnung, als er sich um den Aufweis der materiellen Komponenten seelischer Vorgänge bemüht. In *L'Atalante* ist deutlich zu spüren, wie stark die Flußnebel, die Baumalleen und die vereinzelten Gehöfte am Ufer aufs Gemüt wirken, und wie das Verhältnis der Schiffer zur Stadt dadurch mitbestimmt wird, daß sie die Mietshäuser oberhalb der Kaimauern vom niedrigen Wasserspiegel aus erblicken. Aber auch andere Regisseure haben die Sachen der stillen Teilhaberschaft an unserem Denken und Fühlen bezichtigt. Vigo geht noch weiter. Er stellt nicht einfach bei irgendeinem Anlaß die Mitverantwortlichkeit der Dinge fest; vom Drang beherrscht, sie voll an der Macht zu zeigen und so die Indifferenz der Kamera allem Erscheinenden gegenüber extrem zu rechtfertigen, sucht er vielmehr Konstellationen auf, in denen der Eingriff der materiellen Gegebenheiten dem geringsten Widerstand begegnet. Da nun zunehmende Bewußtheit die Wucht dieses Eingriffs mehr und mehr vermindert, verfährt Vigo nur folgerichtig, wenn er zu Hauptpersonen seiner beiden Filme schwach bewußte Menschen wählt – solche, die tief in der Dingwelt stecken.

Knaben, die sich noch nicht mit der Realität auseinandergesetzt haben, sind die Helden von *Zéro de Conduite*. Ihrer zwei fahren am Anfang des Films nachts in einem Eisenbahnabteil III. Klasse zur Schule, und dieses Abteil nimmt unverzüglich die ihren Träumen angemessene Existenzform eines Wigwams an, in dem sie sich selber überlassen sind. Man sieht zwar ein Paar Männerbeine auf der einen Bank und dann auf der andern die obere Hälfte eines schlafenden Herrn,.aber eben die Halbierung des Schläfers besagt, daß er ein lebloses Wesen ist, dessen Gegenwart eher noch den Eindruck der Weltverlorenheit steigert, der bereits durch die Rauchfahnen hinter dem Wagenfenster erweckt wird. Die Coupéwand mit dem Fenster sitzt etwas schräg im Bild, eine Einstellung, die darauf hindeutet, daß sich dieses ganze Gehäuse räumlich und zeitlich nicht lokalisieren läßt. Ihr abenteuerliches Beisammensein erregt die beiden zu Gaukeleien. Aus unergründlichen Taschen holen sie abwechselnd eine Spirale hervor, aus der ein Bällchen hochschnellt, eine Flöte, zusammengeschrumpfte Kinderballonhüllen, die der kleinere Junge aufbläst, ein Bündel Gänsefedern, mit denen der größere sich schmückt, und zuletzt ellenlange Zigarren. Wie sie, von unten nach oben aufgenommen, erhaben dahocken, der Lokomotivenrauch sich mit dem Zigarrenqualm vermischt und inmitten des Dunstes die runden Ballons vor den bleichen Gesichtern hin und her taumeln, ist es nicht anders, als führen die zwei in ihrem Zauberwigwam durch die Lüfte. Ruckartig fällt der Schläfer hin. »Il est mort!« ruft der eine Knabe erschreckt. Von den Ballons umschwebt, steigen sie aus; an der Coupéwand außen ist die Aufschrift: »Non-Fumeurs« zu lesen, und sofort verwandelt sich der Wigwam in ein gewöhnliches Eisenbahnabteil III. Klasse zurück.

Beteiligen sich die Dinge am Spiel der Knaben, wenn sie es nicht vorziehen, diese zu ängstigen, so werden sie im Umkreis des alten Père Jules zu Fetischen. Michel Simon's Père Jules gehört zu den wunderbarsten Figuren, die je von einem Schauspieler und einem Regisseur für den Film geschaffen worden sind. Der Alte, ein ehemaliger Matrose, der in Gesellschaft zahlloser Katzen, seiner Ziehharmonika und eines halbidiotischen Jungen das Schiff betreut, unartikuliert vor sich hinbrummelt und beständig zwischen Steuerrad und Kajüte auf und ab wandelt, lebt in einer Art Dämmerzustand dahin – so eins mit der *Atalante,* als sei er aus einer ihrer Planken geschnitzt. Was sich ihm mitteilt, sind körperliche Aktionen, die er aber nicht bewußt erfährt, sondern auf der Stelle in ähnliche Aktionen umsetzt. Jean hebt Juliette hoch, mit der er Rücken an Rücken zusammensteht: Zeuge dieses verliebten Spaßes, veranstaltet Père Jules einen Boxkampf mit sich selber. Juliette probiert ihm einen Rock an, den sie näht: der Rock veranlaßt ihn zur Nachahmung einer afrikanischen Bauchtänzerin, und da ihm Afrika nicht weit von San Sebastian zu liegen scheint, bedient er sich gleich seiner wie eines roten Tuchs, um einen imaginären Stier zu reizen. Er erinnert sich nicht an die Ereignisse, er reproduziert sie auf bestimmte Signale hin. Ein atavistisches Verhalten, das nirgends durchbrochen wird; statt über die Objekte zu verfügen, ist er ihnen verfallen. Mit welch unwiderstehlicher Gewalt sie ihn behexen, offenbart jene einzigartige Szene, in der Père Jules der bei ihm eingetretenen Juliette die Raritäten vorführt, die er von seinen Reisen mitgebracht hat. Vigo weiß die kunterbunt aufgestapelte Kollektion so zu schildern, daß man erkennt: die Dinge sind buchstäblich über dem alten Jules zusammengewachsen. Die Formulierung dieses Tatbestandes gelingt ihm dadurch, daß er, unter Verwendung von lauter Nah- und Großaufnahmen, zu denen die räumliche Enge ihn nötigt, die einzelnen Sachen von vielen Seiten her und in jeder Höhenlage darbietet, ohne ihre örtliche Beziehung zueinander zu klären. Der Wecker, die Spieldose, die Photographie, die den jungen Jules zwischen zwei Frauen in Flitterkleidern zeigt, der Elefantenzahn und all der Krimskrams, der nach und nach auftaucht, bilden ein undurchdringliches Geflecht, in das sich fortwährend Fragmente des Alten verstricken: sein Arm, sein tätowierter Rücken, sein Gesicht. Wie genau dieses zerstückelte Erscheinen dem Kult entspricht, den er mit seinen Schätzen treibt, erhellt auch daraus, daß er von einem verstorbenen Kameraden die Hände in Spiritus aufbewahrt. Triumphierend entfalten die Götzen ihrerseits die ihnen innewohnenden Kräfte. Ihrem großen Defilee läßt Vigo eine Puppe vorangehen, die, vom Père Jules in Gang gesetzt, aus einem Marionettentheater heraus wie ein Kapellmeister eine mechanische Musik dirigiert. Das magische Leben, mit dem die Puppe begabt ist, überträgt sich auf die Kuriositäten in ihrem Gefolge.

»...un documentaire bien romantique«, schreibt Brasillach in seiner *Histoire du Cinéma* von *A propos de Nice,* »mais d'une belle cruauté, où les ridicules des dames vieilles et amoureuses, des gigolos et de la bourgeoisie décadente étaient férocement stigmatisés.«[1] Von der bewußten Kritik am Bestehenden, mit der er anfängt, hat sich Vigo, dem überwältigenden Appell der materiellen Gegebenheiten gehorchend, immer mehr entfernt; ja, in *Atalante* scheint er geradezu eine bewußtseinsfeindliche Haltung besiegeln zu wollen. So wäre Vigos Entwicklung in regressivem Sinne verlaufen? Aber noch in *Zéro de Conduite* schlägt die Satire durch, und vielleicht hat er sich nur deshalb dem Dingzauber verschrieben, um eines Tages, gründlicher und kenntnisreicher als zuvor, das im Nizza-Film begonnene Werk der Entzauberung fortsetzen zu können. Sein Zurückweichen ist möglicherweise das des Springers gewesen, der einen Anlauf nimmt.

(1940)

5. Französische Avantgarde

Die Kamera (Unter den Linden) erwirbt sich ein Verdienst damit, daß sie während der Berliner Kunstwochen bekannte große Filmwerke aus der guten alten Zeit vor drei oder vier Jahren zeigt. In diese museale Veranstaltung hat sich eine kleine stumme Novität eingenistet: der Film: *Entr'acte* von René Clair. Ein Stück, das sich nicht durch eine vor dem Forum des Bewußtseins zuständige Spielhandlung verunreinigt, sondern den Tagtraum eines Großstädters frei auf die Lein-

1 »Ein Dokumentarfilm, der wohl romantisch, zugleich aber von einer schönen Grausamkeit ist, der die Lächerlichkeiten alter und verliebter Damen, der Gigolos und der dekadenten Bourgeoisie grausam geißelt.« M. Bardèche und R. Brasillach, *Histoire du Cinéma,* Paris 1964, Bd. 1, p. 307. Nachdruck dieses Aufsatzes in *Filmkritik,* September 1968 (Jg. 12, Heft 9), S. 626–629.

wand phantasiert. Bilder der Wollust vermischen sich mit Straßeneindrücken, die von Aragon herrühren könnten, und mit Larven des Grauens. Herrscht, am Anfang besonders, die unverbindliche Arabeske vor, so wird gegen das Ende zu immer entschiedener die gewohnte Oberfläche echt surrealistisch aufgelöst. Gegenstand der Zerstückelung ist der konventionelle Prunk eines Leichenbegängnisses, das sämtlichen Filmtricks zum Opfer fällt. Der Trauerzug ist wie ein Karnevalszug ausstaffiert, dessen Teilnehmer unter der Zeitlupe komische Luftsprünge zelebrieren. Allmählich geht das groteske Adagio in ein montagemäßig wundervoll gesteigertes Prestissimo über, bis zuletzt die ganze Gesellschaft wie besessen dem Leichenwagen nachrennt. Reizend der Endschnörkel: dem ins Gras geschleuderten Sarg entringt sich ein eleganter Herr, der sich sofort zum Anführer der Beerdigungstruppe aufwirft. Schade, daß die Virtuosität, mit der hier über die Kunstmittel verfügt wird, nicht eine größere Stoffmasse seriöser durchdringt.[1]

(1930)

6. Unter den Dächern von Paris

Der Mozart-Saal ist in ein Tonfilmtheater umgewandelt worden, dessen Wände über und über mit glutrotem Stoff bespannt sind. Der Stoff selber hat wohl akustische Gründe. Die neue Bühne wurde gestern mit dem Tonfilm: *Sous les toits de Paris* von René Clair eröffnet. Zum Glück hat man die französische Fassung des nach dem Tobis-Verfahren hergestellten Films beibehalten und ihm nur – vielleicht in der Absicht, ihn bei uns einzubürgern – eine kurze deutsche »Tonfilm-Conférence« vorangeschickt, die Joachim Ringelnatz versieht. Ich mag Ringelnatz gern, aber seine Conférence wäre überflüssig gewesen. Der Film, der drei Monate hindurch mit unbestrittenem Erfolg in Paris gelaufen ist, spricht für sich selber.

1 Vgl. Kracauer, *TF*, S. 245–247.

René Clair hat auch das Manuskript geschrieben. Die Handlung entwächst einem Argot-Schlager und schildert jenes Pariser Volksleben, das ans »Milieu« grenzt. Ihre Hauptpersonen sind ein Straßensänger, dem Albert Préjean nahezu die Anmut Chevaliers leiht, ein Mädchen, das in der Darstellung von Pola Jllery ein nettes Mittelding zwischen Gosse und Midinette ist, und ein schicker Zuhälter mit schwarzem Bärtchen (Gaston Modot). Das gruppiert sich zwar zur geschlossenen Komposition, wächst aber kaum je scharf profiliert aus der Umwelt der Straßen, der Bals musettes und der Dachkammern heraus. Nicht allein die Menschen lieben und hassen sich, es ist, als liebe und hasse die Stadt mit ihnen. Sie stecken in ihr wie in einem Anzug, den sie nie ablegen. Ein kleiner Schreiber, eine dicke Bourgeoismadame, Flics und ein Dieb – in allen diesen Nebenfiguren lebt Paris. Sein Alltag ist mehr als nur Hintergrund oder Füllwerk, er ist die eigentliche Triebkraft der Fabel.

Daß aus ihm das Geschehen aufsteigt und in ihn wieder einmündet, ist ein entscheidendes Merkmal des Films. René Clair gehört zur französischen Avantgarde. Man sah hier von ihm im Frühjahr einen Groteskfilm *Entr' acte*, der Fragmente des gewohnten Daseins nach den strengen Gesetzen der Traumlogik gestaltete. In diesem neuen Film läßt er das herkömmliche Leben in größerem Umfang bestehen und schafft einen Aufbau von Ereignissen, der sich auch dem normalen Bewußtsein erschließt. Darum löst er doch allenthalben die Oberfläche auf, schweift von ihr ab und durchkreuzt sie mit eigenwilligen Mustern. Die Handlung spielt nicht in Paris, sondern Paris spielt diese Handlung. Statt daß sie das Zentrum wäre, ist sie nur die Austrahlung eines anderen, schwer faßlichen Zentrums. Wie zufällig ergibt sie sich auf dem Straßenpflaster, unter den Glühbirnenreihen der Tanzlokale und in dunklen Treppenhäusern.

Revolutionäre Absichten haben die Avantgarde zur surrealistischen Zersetzung des üblichen Sehbildes geführt. Die Sprengung der Kunstformen sollte die des bürgerlichen Lebens widerspiegeln und vorwegnehmen. Inzwischen hat sich gezeigt, daß das bürgerliche Leben den Mächten, die seine Aufhebung erstreben, doch standzuhalten vermag, und die ästhetische Destruktion ist mehr und mehr zur reizenden Arabeske geworden. Opposition gegen die herrschende Gesellschaft verwandelt sich in eine romantische Vorliebe für Apachen und Dirnen zurück. René Clair macht denn auch von ihnen reichlich Gebrauch und flüchtet in ihr soziales Outsidertum wie in eine Oase. Das heißt aber, daß er als Rebell abdankt und sich in einer sanften Resignation gefällt, der es mit dem Kampf gegen die bourgeoisen Formen nicht ganz ernst ist. Sie wird durch die Sentimentalität bestätigt, die im Film obwaltet. Sentimental ist der Ablauf der Liebschaften und ein wenig zu süß die Traurigkeit an allen Ecken und Enden. Die Gewalt der gesellschaftlichen und ästhetischen Traditionen hat das Aufrührertum der Avantgarde gebrochen und verniedlicht.

Mag das Mosaik dieses Films auch romantische Manier sein, die Manier wird doch charmant gehandhabt und durch immer neue Einfälle belebt. Ich erwähne nur die entzückende Bildglosse über die Wirkung des Schlagers. Der Blick klettert an einer Miethausfassade empor, und in jedem Stockwerk summen, gröhlen, spielen die Bewohner den Schlagerrefrain. Dann wieder folgen Einstellungen, die man schon kennt: schreitende Beine, Gasse von oben, Bruchstücke von Architekturen. Lauter halb ironische Streifzüge durch die merkwürdige Zwischenwelt, in der Dinge und Menschen sich reizen, berühren und streicheln. Da die Ironie keinen durchaus festen Halt hat, entartet sie manchmal zur kunstgewerblichen Tändelei. Allzu breit ausgesponnene Harmlosigkeiten nisten sich ein, wie die Bettszene zwischen dem Straßensänger und dem Mädchen; die epische Dichte verflüchtigt sich etwa bei dem Bemühen, die Schilderung eines längeren Zeitabschnitts unauffällig an die des gefüllten Augenblicks anzuschließen; Exkurse werden unternommen, die ziellos sind und das Milieu überbestimmen. Sämtliche Schwächen rühren unzweifelhaft davon her, daß das Prinzip nicht klar gegenwärtig ist, das ursprünglich die Aufspaltung der traditionellen Zusammenhänge hervorrief.

Der Film ist ein Tonfilm, von dessen Montage unsere Regisseure viel lernen können. Sie entspricht der Forderung, die ich an dieser Stelle[1] schon wiederholt erhoben habe. Hier wird nicht Theater gespielt, hier ist das Neuland nicht preisgegeben, das die besten stummen Filme erobert haben. Vielmehr: Wort und Bild sind einander nebengeordnet. Während in den deutschen Tonfilmen jenes gewöhnlich die unbedingte Vorherrschaft an sich reißt und damit die Freizügigkeit der Kamera hemmt, werden bei Clair Augen und Ohren gleichmäßig beansprucht. Sein Film könnte, vor allem der Bedeutung des Schlagers wegen, nicht stumm sein; aber ebensowenig sind die wechselnden Gesichtseindrücke zu Illustrationen von Dialogen entwertet. Die richtige Proportion wird dadurch gewonnen, daß das Wort nur stellenweise einbricht, und dort, wo es ausgespart ist, eine passende musikalische Untermalung die beliebige Entfaltung der Bilder erlaubt. Da so das Auge ungehindert von den Schornsteinwäldern der Dächer zur singenden Volksmenge herabschweifen darf, läßt es sich um so lieber bei allen fürs Vorwärtskommen der Handlung notwendigen Gesprächen arretieren. Eine klug ausgewogene Rhythmik, deren systematische Durchbildung die dringliche Aufgabe der nächsten Zukunft sein wird. (1930)

7. Montmartre-Singspiel

René Clair ist in Gefahr, ein Publikumsliebling zu werden. Sein zweiter, in Berlin begeistert aufgenommener Großfilm: *Die Million*[2] zeigt gefällige Dinge, die niemand in Unruhe versetzen. Die Fabel: Ein junger Maler, der inmitten eines Künstlervölkchens aus Murgers Bohème hoch unter den

1 *Frankfurter Zeitung*.
2 Vgl. Kracauer, *TF*, S. 112, 175–176.

Dächern von Paris haust, wird von einem Gläubigerchor ge-
hetzt, entdeckt aber gerade im Augenblick der Verzweiflung,
daß er in der Lotterie eine Million gewonnen hat. Nur steckt
das Los in einem Rock, der von seiner Freundin verschenkt
worden ist. Es beginnt ein komisches Hindernisrennen aller
Beteiligten mit Eifersuchtseinlagen, Konkurrenzkämpfen
und polizeilichen Intermezzi nach dem herumirrenden
Glücksrock. Erst ganz am Schluß findet das Los zu seinem
Inhaber zurück.

Ich habe den Inhalt angedeutet, um auf das Entgleiten
Clairs in die Harmlosigkeit des Vaudeville aufmerksam zu
machen. Noch *Sous les toits de Paris* enthielt wehmütige Satire und Motive, die unverkennbar den Geist der Avantgarde
verrieten. Hier spürt man kaum etwas von Kritik und sei sie
auch mittelbar, von Outsidertum und Fremdheit. Atelier-
luft, Gläubiger und Grisetten: das alles zusammen ergibt eine
etwas verschollene Umwelt, die durch die Jagd nach der
Million nur verfestigt wird. Rein stofflich betrachtet geht uns
der Budenzauber nichts an, und ob es sich bei solchen Far-
cen um Künstler oder Prinzen handelt – romantische Spiel-
zeugfiguren sind beide.

Mit Spielzeug kann man sich immerhin unterhalten, zumal
wenn es anmutig ist. René Clair versteht sich auf Schick. Er
baut die Methoden aus, die er schon früher angewandt hat,
und gibt überhaupt eine Menge praktisch verwertbarer Anregungen. Entscheidend ist sein Verhältnis zur Sprache. Die
Vorherrschaft der Sprache wird gebrochen, und an ihre Stelle
tritt eine breite rhythmische Bewegung von Bild- und Ton-
gruppen, deren Zug seinerseits dem Wort den Platz anweist.
So werden die Dialoge auf ein Minimum eingeschränkt – ein
Verfahren, das nicht nur den Tonfilm erst zum Film macht
und jeden Vergleich mit dem Theater zurückdrängt, sondern
auch die Internationalität wieder anbahnt, die einst dem
stummen Film zukam. In ihrem Interesse hat Clair ferner mit
außerordentlicher Virtuosität kurze Szenen einmontiert, in
denen zwei Sprecher, die sich der jeweiligen Landessprache

bedienen können, den Gang der Handlung fortlaufend erläutern. Allerdings benutzt er zur Ausschaltung des Wortes Mittel, deren Einseitigkeit bedenklich ist. Um von der musikalischen Untermalung abzusehen, reiht er Schlager aneinander und verfällt, wo er nur kann, ins Operettenhafte. Wie es scheint, ist die Verniedlichung auch formal gefordert. Aber ein Künstler wie Clair müßte imstande sein, den Dialog auszutreiben, ohne dabei auf den Abweg kunstgewerblicher Arabesken zu geraten.

Nur in einer einzigen wundervollen Szene erreicht er seinen Ursprung. Es ist die Szene in der großen Oper: eine vollendete Satire auf entleertes Pathos. Während im Vorderplan eine zentnerschwere Sopranistin und ein Tenor, die sich beide am liebsten die Augen auskratzen möchten, süße Arien ausschwitzen, lauert hinten im Kulissengebüsch der junge Maler mit seiner Freundin dem Rock auf, der gerade im Besitz des Heldensängers ist. Papierblütenblätter rieseln auf die Paare nieder, die Papprosen duften, und das Publikum schmilzt dahin. Selten ist der alte Opernstil charmanter ironisiert worden als durch die Konfrontation des tenoralen Edelglanzes: nicht mit der Nüchternheit des Millionenjägers, sondern mit einem Kunststil, der die Welten des Sängers und des Malers umspannt.

(1931)

8. Rationalisierung

In seinem neuen Film: *Es lebe die Freiheit*, der vor kurzem im Mozartsaal uraufgeführt wurde, entwickelt René Clair die Handlung nicht aus dem Milieu oder aus bestimmten Situationen, sondern umspielt satirisch das Thema der Rationalisierung. Ein Problemstück also; aber eines, das sich ein wenig leichtfertig mit seinem Problem auseinandersetzt. Eine Glanzfabrik im Stil von Le Corbusier ist aufgebaut, in der die Arbeiter am laufenden Band Schallplatten fabrizieren, und der Witz besteht nun darin, daß das Dasein dieser Arbeiter fortwährend mit dem von Gefangenen verglichen wird. Die Persiflage der Mechanisierung wäre noch hinzunehmen, stellte nicht René Clair dem Leben im rationalisierten Betrieb die Vagabondage als Ideal gegenüber. Wahrhaftig, die beiden Helden, denen die Aufgabe zufällt, das laufende Band ad absurdum zu führen, sind moderne Eichendorffsche Taugenichtse, die auf der Landstraße wandern, im Gras liegen und sich unsterblich verlieben. Durch solche romantische Träumerei die Rationalisierung aus den Angeln heben zu wollen, heißt aber eine ernste Sache gar zu heiter betrachten. René Clair hätte, wie mir scheint, besser daran getan, die Finger von einem Problem zu lassen, das keinen Spaß verträgt. Der einzige Milderungsgrund für sein gewagtes Unternehmen ist vielleicht der, daß er als Franzose nicht zu ermessen vermag, wie tief der mechanisierte Arbeitsprozeß in unseren Alltag eingreift und wie unbefriedigend daher, um nicht zu sagen verstimmend, dieses poetische Geplänkel auf uns wirken muß. Jedenfalls beweist der Film unzweideutig, daß Frankreich auch heute noch die Oase Europas ist.

Immerhin, René Clair hat Geist, und an vereinzelten Stellen trifft seine uns wenig betreffende Satire ins Schwarze. Vor allem dort, wo er drastisch zeigt, daß unter den herrschenden Umständen durch die leiseste menschliche Regung der ganze sinnreich ausgeklügelte Arbeitsvorgang ins Stocken gerät. Einer vergißt einen Augenblick, daß er nur eine Teilfunktion auszuführen hat: sogleich hört das laufende Band auf zu laufen, eine allgemeine Balgerei entsteht, und die schöne mechanische Ordnung verwirrt sich unrettbar. Reizend ist auch der Hohn, mit dem die unbesonnenen Lobredner der Rationalisierung bedacht werden. René Clair nimmt sie beim Wort und schildert mit einem feinen Lächeln das Leben der durch die vollkommene Maschinerie freigesetzten Arbeiter wie ein ewiges Feriendasein in paradiesischen Farben.

Überhaupt hält das Spielerische dem Problematischen nicht nur die Waage, sondern überstrahlt es zum Glück. In der charmanten Glossierung des Spießbürgertums, der Mittelmäßigkeit, der Konventionen und des Offiziellen hat dieser Künstler-Regisseur seine Stärke. Auch jetzt wieder ist er reich an blendenden Bildeinfällen solchen Inhalts. Die Gesellschaft beim Generaldirektor, die Festversammlung, deren würdige Teilnehmer auf einmal ihre Würde verlieren und die herabströmenden Geldscheine gierig raffen – alle diese Szenen sind mit einer wunderbaren Grazie gestaltet. Sie entstofflicht die grobe Körperlichkeit und verwandelt das Geschehen in eine Arabeske, die heiter, ironisch und schwerelos dahinschwingt. Es ist, als werde ein plumpes Rüsseltier mit einem Zauberstab angerührt und tanze dann leichtfüßig wie eine Fee.

Eine Befreiung von der Materie, die nicht zuletzt der Herrschaft über das Material und den technischen Apparat zu danken ist. Wie kaum ein anderer Regisseur hat heute René Clair die Kunstmittel des Tonfilms in der Gewalt. Er denkt in Bildern und Tönen, er produziert Ideen, die nirgends sonst Bestand haben als eben auf der Leinwand. Der neue Film bedeutet durch die Art und Weise, in der er das gesprochene Wort verwendet, wieder einen großen Fortschritt. Es ist keineswegs ausgeschaltet, wird aber so eingesetzt, daß man es versteht, auch ohne es zu verstehen. Der Wortsinn erklärt nämlich nicht die Situation, sondern umgekehrt: diese, die sich rein bildmäßig erschließt, führt zu dem Wortsinn hin. Da so der tönende Film schon beinahe die internationale Faßlichkeit des stummen erreicht, ist mit Recht auf das Hineinkopieren der deutschen Texte verzichtet worden. Wie sich von selbst versteht, tritt der Dialog hinter der musikalischen Illustration zurück. Sie entläßt ihn gewissermaßen aus sich, und das Ziel Clairs ist offenbar die Einheit alles Tönenden überhaupt.

(1932)

9. Das tanzende Paris

Von einem Ausflug in höhere Regionen, in denen es um Probleme wie die des laufenden Bandes und des Privateigentums ging, hat sich René Clair in seinem jüngsten Film: *14. Juli* wieder nach Paris heimgefunden. Ein Glück für ihn und für uns; denn hier, unter den Dächern dieser Stadt, ist er wirklich zu Hause. Er weiß um die Treppen und Winkel des Quartiers Bescheid, ist mit der in ihr ansässigen Kleinbürgerfauna wie nur ein Spezialist vertraut und hat auch die Außenseiter von den Taschendieben an bis zu den Fremden gründlich erforscht. Aus einer solchen Materialkenntnis heraus läßt sich freilich immer neu schöpfen.

Der Film hat eine Art von Fabel, an der aber wenig liegt. Ein Taxichauffeur und ein Blumenmädchen lieben sich, verleben den Tag des Nationalfestes zusammen und geraten dann auseinander. Schuld daran ist die frühere Geliebte des Chauffeurs, die ihn sich zurückerobern möchte. Er wird durch sie in schlechte Gesellschaft gelockt und droht zu verkommen. Im kritischen Augenblick begegnet er jedoch dem Blumenmädchen wieder, dem es inzwischen auch nicht gut ergangen war. Endgültige Vereinigung der Liebenden. Es ist nicht schwer zu erkennen, daß alle Schmollereien, Mißverständnisse und Schwierigkeiten nur aus ihrer Liebe entstanden.

Der Hauptzweck dieser locker gehaltenen Fabel ist ersichtlich der, einen günstigen Vorwand für Milieuschilderungen zu liefern. Sie sind die eigentliche Essenz des Films. Mit der Leidenschaft des Flaneurs durchschweift René Clair das Quartier, stellt Beobachtungen an, glossiert flüchtige Ereignisse, sammelt Gesichter und Szenen. Genau das, worüber die beschäftigten Leute hinwegleben, ist ihm, dem Flaneur, unerhört wichtig. Als musischer Müßiggänger verweilt er in Concierge-Logen und bei spielenden Kindern, folgt der sonderbaren Erscheinung einer Bürgerfamilie lang mit den Blicken nach, entzückt sich am Gewühl der Tanzenden und schlürft genießerisch das Bild einer Kneipe. Solcher unauffälliger Dinge, die den Schlenderer berauschen, ist der Film voll. Die Beziehungen zwischen Zimmerinterieurs, Fassadenschildern und Straßenperspektiven werden in bezaubernden Improvisationen ausgekostet, und ein kleiner, von den Passanten kaum gewürdigter Blumenwagen erhält den Rang eines Stars. Die Frage ist, welche Bedeutungen René Clair seinen Objekten abgewinnt. Das Quartier ist für ihn ein Idyll, das er mit Liebe, heiter-versöhnlichem Witz und ein bißchen Melancholie betrachtet. Auf Grund dieser Haltung ergeben sich ihm natürlich viele eingängige Pointen. Bestrickend sind zum Beispiel die naturgeschichtlichen Studien über das Leben der Chauffeure und eine Monographie, die sich mit der Existenz von Portiersfrauen befaßt. Als eine besondere Entdeckung ist das vornehme Restaurant zu preisen; irgendein Dancing, in dem sich ein paar Amerikaner und Angehörige der Oberschicht furchtbar mopsen. Zum Bindeglied zwischen seiner Öde und dem mit ihr glänzend kontrastierten Straßentreiben wird ein älterer Gentleman, der im Suff die vergnüglichsten Streiche begeht. Er verirrt sich ins Orchester, bandelt mit dem Blumenmädchen an usw. Wie im Spiel und ganz ohne Zwang vermischen sich alle diese Typen. Indem Clair sie illustriert und kommentiert, verwandelt er sie zugleich in lauter harmlose Wesen. Der Suff ist gutartig, die Kriminellen sind ungefährlich und die Bosheit wirkt komisch. Kein Sturm von außen fährt in dieses geschlossene idyllische Reich. Wenn die Liebenden sich an der Haustür endlos küssen, schleichen die Spießbürger andächtig vorbei.

Aber diese Harmonie ist zu früh angesetzt. Vielleicht durch den internationalen Erfolg verführt, hört Clair an einem Punkt auf, von dem aus er erst recht weiter vorstoßen müßte. Statt die surrealistischen Möglichkeiten zu verwirklichen, biegt er sie ab und benutzt Stilmittel, mit denen man Ernst machen müßte, zur Verniedlichung der Menschen und Sachen. Seine Liebe zum Kleinbürger ist nicht tief genug, um ihn beim Schopf zu packen und durchzurütteln, sein Witz gibt sich damit zufrieden, rauhe Zustände zu glätten, und seine Melancholie ist nur der schwache Widerschein wissender Schwermut. Nirgends weist der Film die Sprünge unter der Oberfläche auf, im Gegenteil, er überdeckt sie und verstopft sämtliche Poren. Das Dasein wird vorzeitig zur Arabeske, der Heiterkeit fehlt der Schauer, der sie zu legitimieren vermöchte. Das heißt aber nichts anderes, als daß die große Chance des Surrealismus: das Nahe uns zu entfremden und dem Bestehenden die vertraute Maske herunterzureißen – daß diese Chance hier mit leichter Hand vertan wird. In der Tat ist der Film Kunstgewerbe. So gewiß die Qualität seiner Einfälle, an denen er wahrhaftig reich ist, außer Zweifel steht, ebenso gewiß sind sie grundlos und ohne Abgrund. Sie geben sich das Spiel zu rasch gewonnen, sie sollten die Kleinbürgerwelt illuminieren, damit sie transparent wird, und benutzen sie faktisch zum Zweck einer lieblichen Illumination. Man merkt noch gerade, daß sie etwas meinen könnten; aber ehe sie es sagen, kehren sie schon um und erfüllen die mindere Funktion bloßen Scharmierens.

Die kunstgewerbliche Verflachung ist um so unerträglicher, als Clair wieder einmal beweist, über welches außerordentliche filmische Talent er verfügt. Mit unvergleichlicher Virtuosität gestaltet er Bagatellen zu Motiven aus und fügt diese zum Bildgewebe zusammen. Ein Zylinderhut hat wichtige Aufgaben zu bewältigen, und scheinbar zufällige Bildkonstellationen geben den Anstoß zu nachhaltigen Kurven und Mustern. Es ist aber ein entscheidendes Merkmal jedes echten Filmwerks, daß in ihm die kleinsten Elemente eine tragende Rolle erhalten. Clairs Fähigkeit, sie auszubauen, hängt unstreitig mit seinem Flaneurtum zusammen. Auch das Tongefüge beherrscht er in erstaunlichem Maß. Um von der merkwürdigen Entgleisung eines Chorgesanges abzusehen, der immer wieder auftaucht und rein als Tondekoration wirkt, ist die Sprache überall treffend in die Situation hineingesetzt. Diese wird nicht durch die Worte geschaffen, sondern läßt sie aus sich erstehen, sodaß die Dialoge sich in Sprachbilder verwandeln, die man anschauen kann. Das Liebesgeflüster entwächst sichtbar wie eine Blüte der Umarmung der Küssenden.

(1933)

10. Thérèse Raquin

Der nach dem Roman Zolas von Jacques Feyder gedrehte Film – das Manuskript stammt von F. Carlsen und Willy Haas – ist die Leistung eines außerordentlichen Stilgefühls. Man könnte die Wahl des Themas beanstanden: die Darstellung des Hasses, den Ehebruch und Gattenmord zeugen – aber diese ganze seelische Katastrophenfolge läßt sich auf der Leinwand widerspiegeln, da sie an das Milieu gebunden ist. Sonst widersetzt sich der Film gewöhnlich der Abbildung inwendigen Geschehens, das des Worts bedarf, um sich voll auszudrücken. Hier, in dem Zola-Roman, lebt die gesamte Umwelt die menschlichen Vorgänge mit, und in der Sprache der Dinge reden dann auch die Menschen. Eine solche Mitbenutzung und Auswertung des Milieus ist für die französische Literatur vor Ende des 19. Jahrhunderts bezeichnend. Der Griff in sie ist aber nicht nur glücklich, weil er sich guter Filmszenerien versichert, sondern auch darum, weil er jene ganze Epoche herausholt. Sie gehört noch zu uns und hat doch schon begonnen, sich von uns abzulösen. Ihre Beschwörung von der Grenze zwischen Tod und Leben her hat einen eigentümlichen Reiz.

Wenn der Film etwas beweist, so dies: daß die entscheidende Spannung im Film weniger durch eine noch so krasse Handlung als durch die Schilderung von Zuständlichkeiten entsteht. Feyder hat mit Recht der Entwicklung des Milieus einen großen Raum gewährt. Er baut eine – übrigens sehr echt wirkende – altpariser Passage auf, und läßt sie durch verschiedene Lichteffekte so vielgestaltig werden wie das Leben in ihr. Eine Musterleistung ist die Pariser Kleinbürgerwohnung, die von Gespenstern bevölkert ist; denn ihre einzelnen Möbelstücke sind noch von all den vergangenen Schicksalen geladen, die sich hier abgespielt haben. Da sind das Doppelbett, der hohe Lehnstuhl, das Silbergeschirr – sämtliche Dinge haben die Bedeutung von Zeugen, die menschliche Substanz ist spürbar in sie eingegangen und nun reden sie; besser oft, als Menschen zu reden vermögen. Kaum je noch ist in einem Film – von den russischen abgesehen – das Walten der toten Dinge so aktiv und gesättigt an die Oberfläche gezwungen worden wie hier.

Auch das Ineinandergreifen von Menschen und Dingen ist gelungen. Wenn Thérèse die Jalousien schließt, versinkt die Welt. Die düstere Pracht des Passagelädchens und die Treppe zur Wohnung sind mehr als nur der Rahmen für Mordereignisse: sie helfen von sich aus die Schrecknisse vorbereiten. Ein wundervoller Regieeinfall der Tanz Thérèsens mit Raquin im Zimmer: die Wände des Raums drehen sich, und durch ihren Wirbel tritt die innere Auflösung drastisch nach außen. Es versteht sich von selbst, daß Feyder die Führung der Kamera beherrscht. Er kennt die Macht des Details, und durch die plötzliche Wendung vom Gesamtbild zum Kragen Raquins vermag er den Abscheu Thérèsens vor ihrem Mann sinnfällig zu spiegeln. Solche Einzelheiten im Film gleichen den Anekdoten, die breite Zusammenhänge erhellen.

Es ist die Frage, ob die Furchtbarkeit der Handlung so genau hätte ausgesponnen werden sollen, wie es geschehen ist. Unser Berliner Korrespondent[1] hatte gewiß Recht, als er bei Gelegenheit seiner Besprechung der Uraufführung die Möglichkeit der Schlußbilder in Zweifel zog, in denen durch die Anwesenheit der gelähmten Frau das leibhaftige Grauen Gestalt annimmt. Nicht so, als ob das Grauen dem Film sich verweigere; aber hier vermöchte nur die Sprache das Erlösende mitzuteilen, das dem Sinn der Handlung nach dem Grauen innewohnen soll. Was der Roman wiedergibt, geht im Film unter, und übrig bleibt nur das Entsetzen über den Abschluß, der in Ermangelung des Worts als endgültig erscheint. – Auch sonst hat der Film Mängel, die hauptsächlich der zu peinlichen Befolgung der Vorlage entspringen. Ganz schlecht ist die letzte Szene, die das Glück der Rolins versinnlicht. In der zweiten Hälfte hätte die Schere tüchtig arbeiten sollen, um unkräftige Wiederholungen zu beschneiden. Schließlich wäre ein großer Teil der Überblendungen über-

1 Bernard von Brentano.

flüssig gewesen, die den toten Raquin dem schlechten Gewissen vorführen. Die Phantasie der Zuschauer bedarf solcher Handgreiflichkeiten nicht.

Die Thérèse von Gina Manés könnte von Manet gemalt sein. Durch diese Darstellerin wird die Romangestalt zur unvergeßlichen Figur. Wie sie dumpf die Kleinbürgerwelt haßt, wie sie sich mit einem Schlag aus der Ehefrau zur Geliebten wandelt, wie das elementarisch Böse aus ihr hervorbricht, wie sie in Ängsten wandelt – das ist vollkommen durchgebildet, wird ganz zur Erscheinung, und ist zugleich in der Mimik französisch durchaus. Kaum weniger stark Marie Laurent als Mutter. Seine große Spielgabe beweist Wolfgang Zilzer in der Rolle des jungen Raquin, dem er vor allem das erforderliche dünne Wesen verleiht. Schlettows Laurent hält stand, ohne allzu sehr individualisiert zu sein. Die Nebenfiguren sind ausgezeichnet. Als Ganzes ist der Film ein erfreuliches Ereignis auf dem Weg der deutsch-französischen Verständigung.

(1928)

11. Schlechte Politik im guten Film

»Dieser Film nimmt nicht Partei«, heißt es in der Zeitschrift: »Der Ring« von dem französischen Film: *Die neuen Herren*, den unser Mitarbeiter Bernard von Brentano anläßlich der Berliner Aufführung bereits kurz und treffend gekennzeichnet hat, »aber er zeigt fast zwangsläufig, wie der parlamentarische Betrieb die Persönlichkeit absorbiert und zerstört, und das um so mehr, je unverbrauchter und unverbildeter die Menschen sind, die in ihn hineingeraten.« Es hat seinen Grund, daß gerade der »Ring« die politische Bedeutung des Films unterstreicht; denn das nach dem Theaterstück[1] der Schwankfabrikanten R. de Flers und F. de Croisset gedrehte Lustspiel nimmt durchaus Partei. Nicht etwa deshalb, weil es auf die in den Boulevardtheatern übliche Weise parlamentarische

1 von R. de Flers und G. de Caillavet.

Unsitten verspottet. Die Satire auf unerlaubte Beziehungen zwischen Liebe und hoher Politik, Bestechlichkeit und offizielle Ministerbesuche läßt man sich gerne gefallen, und es bedarf schon einer gehörigen Plumpheit, um die leichte Komödie in einen schweren Angriff gegen den Parlamentarismus umzudeuten. Schlimm dagegen ist, daß der Film im engeren Sinne Parteipolitik treibt. Er stellt einem gräflichen Abgeordneten einen Arbeiterdeputierten gegenüber. Während er aber auf die vom »Ring« ausdrücklich anerkannten vornehmen Manieren und alten Traditionen des Grafen alles Licht sammelt, stempelt er den ehemaligen Gewerkschafter zum eitlen Wicht, der als Minister sofort seine Gesinnung verleugnet. Ist damit dem parlamentarischen Betrieb das Urteil gesprochen? Keineswegs; sondern es handelt sich einfach um ein Zerrbild der Wirklichkeit, das freilich reaktionären Wunschträumen entspricht. Die schlechte Politik rächt sich im übrigen auch künstlerisch, wirkt doch der sozialistische Abgeordnete im Vergleich mit dem adligen Herrn als eine unmögliche Karikatur.

Schade, daß Jacques Feyder seine große Regiekunst so minderen Zwecken dienstbar macht. Er hat den Film mit einem Esprit gebaut, der in heimischen Produkten kaum je anzutreffen ist, und wäre nicht veralteter politischer Ungeist mit im Spiel, so hätte man an dem charmanten Aufgebot moderner, oft surrealistischer Filmeinfälle einen ungetrübten Genuß. Feyder hat früher schon das tote Inventar zum Leben erweckt; hier steigert sich womöglich noch seine Fähigkeit, eine abgestorbene Zeichensprache zu dechiffrieren. Die vergangenen Ornamente am Rednerpult im Sitzungssaal greifen aufreizend ins Stück ein und widerlegen, nebenbei bemerkt, seinen Inhalt. So wird auch eine Theaterdekoration zum Reden gezwungen, die den Hintergrund der Transportarbeiterversammlung bildet, so erscheint das Mobilar in der Wohnung des Sozialistenführers als eine Verkörperung des Mittelstandes. Zarte Ironie, die eines Anatole France würdig wäre, waltet über vielen Szenen. Sie durchdringt den Auftritt im Ballettfoyer der Oper, zaubert die exotische Phantasmagorie des alten Parlamentariers hervor und entfaltet sich beim herrlichen Festzug in der Provinzstadt. Wo sie nicht am Platz ist, wird sie sofort unzart. Schade.

Gaby Morlay als Tänzerin, Geliebte und Protektionskind: klug, süß verlogen, gaminhaft (manchmal um eine Nuance zu viel) und von einem entzückenden Bewußtsein des Spiels. Feyder hat sie wundervoll einmontiert, und schon um der Miniaturkaskaden ihrer Gesten willen ist dieser garstig-schöne Film sehenswert.

(1930)

12. Neue Filmware

»Greta Garbo spricht deutsch« – diese Lockung ist keine mehr, wenn man sie in dem Film: *Anna Christie* gehört hat. Ihr dunkles, rauhes Organ paßt nicht zu ihrer Figur, mögen andere, von der Schönheit der Frau verzaubert, sich auch einbilden, das Gegenteil träfe zu. Überdies ist ihr Spielvermögen bescheiden zu nennen. Sie soll eine Dirne darstellen, die trinkt, raucht und abgegriffen ist: aber wer glaubt ihr schon die Verkommenheit, auch wenn sie noch so wegwerfend: »Quatsch« sagt und ausgelaugt vor sich hinstarrt? Man ist nicht ungestraft ein makelloses Weltideal, und die Pflicht, den schönen Schein zu verkörpern, verträgt sich schlecht mit der anderen, körperlich zu erscheinen. Das Stück selber: ein oller, ehrlicher Seemannsschmarren, der Jacques Feyder in Auftrag gegeben worden war.[1] Er hat ein paar gute Nebelbilder geliefert. Das ist alles.

(1931)

---

1 Feyder war nur mit der deutschen und schwedischen Version beauftragt, ursprünglicher Regisseur war Clarence L. Brown.

13. Eine französische Satire

Keck und reizend wie Maupassants Novelle »Le rosier de Madame Husson« ist auch der nach ihr gedrehte französische Film: *Der Tugendkönig*. Um einen Begriff von seinen Vorzügen zu geben, muß ich den Inhalt wenigstens andeuten. In einer französischen Provinzstadt wird jedes Jahr eine Tugendkönigin gewählt. Da zur Zeit der Handlung aber die Tugend unter den Mädchen ausgestorben zu sein scheint, fällt die Wahl ausnahmsweise auf einen Jüngling, der ein vollendeter Trottel ist. Er wird gekrönt und erhält ein Diplom, das seine Tugend preist. Beim Festessen trinkt er zu viel, besteigt dann im halben Rausch einen Omnibus nach Paris und gerät mit seinem Diplom in ein öffentliches Haus. Hier gewinnt er Geschmack an der Liebe, verliert dabei allerdings die ihm bestätigte Tugend.

Der Zauber dieses Lustspiels erklärt sich weder aus der Kunst der Darsteller und des Regisseurs Bernard Deschamps noch etwa aus der Verwirklichung neuartiger filmischer Möglichkeiten, sondern rührt einzig und allein von gewissen Eigentümlichkeiten her, die ihm wie selbstverständlich innewohnen. Französischer Esprit und französische Lebensauffassung bewähren sich in dem Film. Sie durchsetzen ihn, sie erzeugen seine Pointen. Gewiß ist er auch von begabten Kräften geschaffen; aber den Erfolg, der ihm mit Recht zuteil geworden ist, verdankt er doch nur jenen Qualitäten, die ihm als eine natürliche Voraussetzung zugrunde liegen und schlechterdings unnachahmlich sind.

Oder wäre es zum Beispiel in einem anderen Lande möglich, den herrschenden Kleinbürgertypus, Provinzgebräuche und nationale Gepflogenheiten so anmutig-frech zu verspotten? Das sichere Frankreich produziert und erträgt diesen Spott. Unter den Ansprachen, die auf den Tugendtrottel gehalten werden, findet sich auch die obligate des Ministers. Aber der Minister ist nur in Gestalt eines Grammophons zugegen, auf dem die bei solchen Gelegenheiten ein für allemal übliche Rede abgespult wird. So geht es weiter. Während die Marseillaise zu Ehren des Tugendkönigs ertönt, macht dieser eine besonders klägliche Figur, unter der das Ansehen der Nationalhymne zu leiden hat. Und nachdem der Held verschwunden ist, benimmt sich der Feuerwehrkommandant, der ihn zu suchen hat, wie Napoléon vor dem Antritt einer ruhmreichen Expedition.

Auch der unvergleichliche Charme, mit dem die Frivolität vergegenwärtigt wird, ist nicht zu verpflanzen. Bezeichnend für ihn ist vor allem die gewagte Szene zwischen dem Mädchen und dem diplomierten Jüngling im Bordellzimmer. Statt daß die beiden selber erscheinen, ist nur das Zimmer zu sehen, in dem sich das Publikum, das die Bewegung des Aufnahmeapparats mitzuvollziehen genötigt wird, mehrmals umherdrehen muß. Bei der ersten Drehung zeigt sich die Toilette des Mädchens, bei der zweiten erblickt man die Kleider des Liebesnovizen über einem Stuhl. Ich wüßte nicht, wie man diesen für die Handlung entscheidenden Auftritt delikater hätte darstellen können. Aber ich erinnere mich mancher Filmlustspielszenen anderer Nationalität, die rein thematisch viel harmloser waren als diese und doch plump und anstößig wirkten.

Der französische Film darf sich eben darum jede Freiheit erlauben, weil er sie nirgends mißbraucht. Er gründet die Schnödigkeit in Trauer und verbindet das Frivole mit dem in Frankreich heimischen Wirklichkeitssinn. Von einem großartigen Realismus ist die Szene im Morgengrauen. Der Hausdiener des Bordells fegt die Schmutzreste zusammen, die das einzige Überbleibsel der nächtlichen Vergnügungen sind. Aus dem Draht des Kranzes, der das Haupt des einstigen Tugendkönigs schmückte, macht er sich einen neuen Schlüsselbund zurecht, und mit dem zerfetzten Ehrendiplom putzt er sich seine Schuhe. Wird so wie hier die Grenze der Lust durchschaut, dann hat es mit dieser seine Richtigkeit.

Es wäre zu wünschen, daß der entzückende Film überall gezeigt würde. Nicht seiner (allerdings hervorragenden) Mache wegen, sondern um der Substanz willen, die ihn vor den meisten anderen Filmen auszeichnet. Man kann nichts aus ihm lernen; aber man kann an ihm abmessen, was der übrigen Produktion fehlt.

(1932)

14. Ein französischer Avantgarde-Film

Der im Pariser Studio-28 uraufgeführte Film von Bernard Deschamps *Monsieur Coccinelle* stellt insofern einen Ausnahmefall dar, als er nicht dem Publikumsgeschmack schmeichelt, sondern mit einer heute seltenen Unnachsichtigkeit die Alltagsmysterien einer typischen Kleinbürgerfamilie durchdringt. Monsieur Coccinelle ist ein Kanzleibeamter, der den Billardspielern seines Stammcafés als Autorität gilt, ein Blümchen im Vorgarten seines Banlieue-Häuschens pedantisch betreut und manchmal Sehnsucht nach einem abenteuerlichen Leben und allerlei Ausschweifungen empfindet. Aber Madame Coccinelle sorgt dafür, daß es bei der Sehnsucht bleibt; sie hält ihren Mann mit der gleichen Strenge wie das Dienstmädchen im Zaum, duldet keine Gemütsregung, die wider die Konvention verstieße oder gar Kosten verursachte, und ist so phantasielos, daß ihrer Borniertheit nie eine Versuchung droht. Eine Ehe, die wie ein Tümpel ist. Der Tümpel gerät durch den vermeintlichen Tod der Tante in Wallung, die im ersten Stock über dem Eßzimmer wohnt und seit Jahrzehnten einem Jahrmarktsillusionisten nachtrauert, den sie in ihrer Jugend nicht hatte heiraten dürfen. Kaum scheint die Tante gestorben, so treten die barbarischen Instinkte an den Tag, die unter der ehrbaren Oberfläche schlummern. Madame kennt nur das Ziel, der Verwandtschaft zuvorzukommen und sich schleunig der hinterlassenen Kostbarkeiten zu bemächtigen; Monsieur vergißt seinen Kummer über dem erhebenden Bewußtsein, daß er als Hauptleidtragender vom ganzen Ort hochgeehrt wird.

Der Film hat Schwächen. So fallen z. B. jene Stellen ab, an

143

denen sich der Film beflissen satirisch gebärdet. Die Verspottung der Ärzte ist nicht einmal witzig, und die beiden dem Tagewerk der Bürokratie und dem Demonstrationszug der Lieferanten gewidmeten Passagen sind auf eine Weise durchstilisiert, die der vorherrschenden realistischen Gesinnung zuwiderläuft. Hier und anderswo gehorcht Deschamps, vielleicht einer Selbsttäuschung erliegend, allzu willig der Neigung, die tänzerische Manier René Clairs nachzuahmen, in der er seine eigentlichen Absichten gar nicht auszudrücken vermag. Aber diese Entgleisungen treten hinter der Analyse des Spießbürgertums zurück, die immer wieder zu glänzenden Formulierungen gelangt. Nicht René Clair, sondern Maupassant hat bei dem Film Pate gestanden. Auf Maupassant weist die Fröhlichkeit zurück, die sich während des Nachtessens entwickelt, das unter dem frischen Eindruck des Ablebens der Tante vor sich geht; von ihm könnte die nächtliche Szene erfunden sein, in deren Verlauf der Urlauber aus den Kolonien seinem Schulfreund Coccinelle einige Photos schwarzer Schönheiten zeigt, die dieser im Laternenlicht gierig betrachtet.

Die Hauptrolle wird von Larquey verkörpert, und niemals hat man ihn besser gesehen. Jane Lorys Madame Coccinelle ist eine hervorragende Leistung.

(1938)

15. La tendre ennemie*

Der nach einem Theaterstück von Antoine gedrehte Film: *La tendre ennemie*, der in Paris gezeigt wird, hat deshalb Seltenheitswert, weil er sich über die bloße Magazingeschichte erhebt und doch ein echter Film ist. Er vereinigt literarische Wirkungen mit optischen; er reflektiert ein Leben, das zu Reflexionen nötigt. Die Fabel ist dem Alltag entnommen. Eine Tochter aus gutbürgerlichem Haus läßt sich von ihrer Mutter dazu bereden, dem Jüngling zu entsagen, den sie liebt, und macht dann die übliche standesgemäße Partie, die ihr so wenig Befriedigung gewährt, daß sie eines Tages in die Arme eines Zirkusdompteurs flieht. Obwohl durch ihr Verhalten alle drei Männer in den Tod getrieben werden, ist sie gedankenlos genug, ihre eigene Tochter wieder mit einem ungeliebten Mann verheiraten zu wollen. Gerade wird Verlobung gefeiert, und die ganze Tragikomödie müßte von vorn beginnen, wenn nicht... An diesem Punkt setzt die Handlung ein, die schlechterdings märchenhaft ist. Sie besteht darin, daß die drei Toten aus dem Jenseits herbeiwehen, in Form von Erinnerungen ihre Vergangenheit heraufbeschwören, die nun wie das Trio selber durchs Verlobungsfest geistert, und schließlich im Interesse der unglücklichen Braut gemeinsame Sache machen.

Der Regisseur Max Ophüls verwandelt das Hin und Her der gespenstischen Erscheinungen in eine Art heiteren Gaukelspiels und vermeidet so Peinlichkeiten. Er bewältigt auch durchaus filmgerecht die schwierigen Probleme, die sich aus dem fortwährenden Ineinandergreifen vergangener und gegenwärtiger, wirklicher und unwirklicher Vorgänge ergeben. Der Ehekrach im Hotelzimmer, die Nacht im besseren Animierlokal, die Aussprache zwischen dem Dompteur und seinem Arzt – alle diese Szenen halten das Geschehen nicht nur genau fest, sondern kommentieren es auch mit der zärtlichen Ironie, die verflossenen Jahrzehnten gegenüber angebracht ist. Und indem sie historisch gewordene Interieurs und Kostüme aus der Zeit unserer Eltern zum Leben erwecken, erzeugen sie überdies jene eigentümlichen Schauer, die etwa beim Durchblättern eines Familienalbums entstehen. Die Schwächen des Films sind hauptsächlich solche der Komposition. Eine Strecke lang werden auf verwirrende Weise Erinnerungen in Erinnerungen geschachtelt, dann verliert das Liebeserlebnis dadurch seinen Sinn, daß es, aus keineswegs zwingenden Gründen, den beiden Episoden, denen es zeitlich vorausgeht, nachgestellt wird. Es ist als Mondscheinromanze ausgestaltet; aber der Mond bescheint lauter Dekorationen.

Schönheitsfehler. Sie verhindern nicht, daß der Film die Durchschnittsproduktion weit überragt.

(1936)

16. Werther*

Wieder erweist sich Max Ophüls in seinem Film *Werther,* der Goethes Roman benutzt, ohne sich an ihn zu halten, als ein ausgeprägter Idylliker. Was ihn zu dem filmisch spröden Stoff hingezogen haben mag, ist sicher die Möglichkeit gewesen, mittels fein abgestufter Beleuchtungen ein empfindsames Dasein zu schildern. Wie Annie Vernays reizende Lotte, das Nachtlicht in der Hand, auf der Dielentreppe Werthers Gedicht liest; wie sie im hellen Kleid und Florentiner Hut mit P.-R. Willm, der freilich den Werther gar zu verschwommen gibt, durch die nächtlichen Felder spaziert und ihm auf der Bank ein Volkslied singt; wie dieses später von den Kirchturmglocken übernommene Lied in die Handlung eingreift und Tüllvorhänge und Glastüren Bedeutung gewinnen – das alles ist sehr poetisch und delikat. Es ist, als seien alte Biedermeier-Silhouetten zum Leben erwacht. Und wenn dieses Leben auch der Kraft enträt, so hat es doch etwas von der Verhaltenheit schöner Pastelle.

(1939)

17. Carnés Filmexperiment*

Drôle de Drame nennt sich dieser merkwürdige Film. Auf Grund eines englischen Romans hergestellt, läuft er so ziemlich allen Gesetzen zuwider, nach denen sich brave Filme sonst zu richten pflegen. Hat er eine Handlung? Wenn ja, so hält er sich jedenfalls nicht an sie, sondern improvisiert unterwegs und gehorcht gassenjungenhaft allen möglichen Launen, die oft weit vom Thema abführen. Überhaupt fehlt es ihm an

Sinn für Zusammenhang und rücksichtsvollen Manieren. Er erschreckt die Leute, um sie hinterher zu hänseln. So geht es blitzschnell durch sämtliche Zustände und Stilarten hindurch. Wer eben noch in einem spannenden Detektivstück zu sein glaubt, befindet sich schon mitten in der Burleske oder im Melodrama.

Schauplatz ist ein London, das an Dickens, die »Beggar's Opera« und den Grand-Guignol erinnert und mit Personen bevölkert ist, von denen kaum eine alltäglich heißen darf. Ein von Michel Simon zur echten E.-T.-A.-Hoffmann-Figur ausgestalteter Botaniker, der Mimosen betreut und gleichzeitig insgeheim unter Pseudonym erfolgreiche Schauerromane schreibt; ein hysterischer Verbrecher, der es sich aus Tierliebe zum Prinzip macht, lauter Metzger zu morden; ein zärtlicher Milchbursche mit einer Moritatphantasie; Louis Jouvets Bischof und Françoise Rosay als gezierte ältliche Bürgerin – das ganze Ensemble ist ein einziges Kuriositätenkabinett. Um davon zu schweigen, daß diese bizarren Existenzen von einem Wirbelwind ergriffen scheinen, der sie vollends aus dem Gleichgewicht bringt. Sie leisten plötzlich unvorhergesehenen Motiven Folge, wechseln die Farben wie ein Chamäleon und sind jederzeit dazu bereit, irgendeinen der grotesken Einfälle auszuspinnen, die regellos aufschießen und zuletzt, einem Gestrüpp gleich, alles überwuchern. Ihrer manche sind komisch. Ein Gauner etwa, der einen Blumenstrauß besorgen soll, entledigt sich dadurch seiner Mission, daß er elegantesten Passanten auflauert, ihnen einen Schlag auf den Kopf versetzt und sie dann der Blume im Knopfloch beraubt.

Ist der Film gut oder schlecht? Er ist ein interessantes, wenn auch verwildertes Experiment, das immerhin ein paar starke Stimmungen und originelle Anregungen bietet.

(1937)

18. Pariser Alltag – und das Leben geht weiter

Hôtel du Nord, Marcel Carnés neuer Film, zeichnet sich vor seinem *Quai des Brumes* zumindest durch die Wahl des Sujets aus: die Fabel kreist nicht wie dort um einen Outsider, um ein fait divers, das Aktion vortäuscht, sondern stellt, dem schönen Roman des zu früh verstorbenen Eugène Dabit folgend, ein Stück Alltag auf humane Weise dar. In einem der ärmeren Pariser Stadtteile gelegen, in denen immer wieder Dramen die idyllische Ruhe unterbrechen, wird das Hotelchen, nach dem der Film heißt, zum Schauplatz einer Reihe von Schicksalen, die sich hier kreuzen, verschlingen und lösen. Filmgerecht wie die Auflockerung der Handlung ist auch der Verzicht auf ein abschlußhaftes Finale; zuletzt bleibt der Eindruck, daß das Leben so weiter geht. Bei einem solchen Thema hängt selbstverständlich alles von der Schilderung des Milieus ab, und Carnés großes Talent bewährt sich eben darin, daß er die Stadtlandschaft in ein dichtes, sehr spezifisches Lokalkolorit taucht. Räume und Gegenstände hören auf, ein bloßes Dekor zu sein, und spielen wie Lebewesen mit. Da ist das Hotelzimmer, in dem sich die abgebrühte Arletty gegen den zum Wrack herabgesunkenen Jouvet ereifert und durch ihr Geschimpfe verrät, daß sie noch ein waches Herz hat; da ist die Bank am Kanalufer, auf der Jouvet der lauschenden Annabella seine bessere Vergangenheit beichtet, und Annabella selber, die fein und hell wirkt, mit dem charmanten Aumont verzweifelt zusammensitzt. Die Fußgängerbrücke, über die dieses junge Liebespaar ins Hotel kommt, um sich das Leben zu nehmen, erhält geradezu den Rang einer Hauptperson. Fortwährend erscheint sie ganz oder im Ausschnitt; so wird der Film gegliedert und zugleich veranschaulicht, daß der Nachdruck nicht auf dem Einzelgeschehen liegt, sondern eher auf der Buntheit der menschlichen Fauna, die das Kanalufer bevölkert. Carné verfährt realistischer als René Clair, aber da auch er das Paris der kleinen Leute gestaltet, können Anklänge und Ähnlichkeiten nicht ausbleiben. Sie sind jedoch vorwiegend durch die Verwandtschaft der Motive bedingt.

Besonders deutlich treten sie am Ende auf, gelegentlich der nächtlichen Feier des Quatorze-Juillet vor dem Hotel. In dieser glänzend gebauten Szenenfolge wirbeln noch einmal alle Figuren des Films durcheinander. Der Pistolenschuß, der im Hotelzimmer auf Jouvet abgefeuert wird, vermischt sich, von niemandem gehört, mit den Böllerschüssen auf dem illuminierten Festplatz; unbemerkt stiehlt sich der Mörder durch die tanzende Volksmenge davon: Musik und Lärm tönen bis zum Morgengrauen und hallen dem Liebespaar nach, das sich langsam und selig über die Fußgängerbrücke entfernt.

(1939)

19. Die Jagd nach dem Glück

Die Uraufführung des Films: *Die Jagd nach dem Glück* im Marmorhaus, war mit allen Mitteln der Propaganda in Szene gesetzt. Glänzender Aufmarsch der Namen: Lotte Reiniger hat sich, nebst Carl Koch und Rochus Gliese, um Manuskript und Regie bemüht. Hauptdarsteller sind die Franzosen Jean Renoir und Catherine Hessling, der Russe Alexander Murski und die Amerikanerin Amy Wells. Eine internationale Assemblee und als Thema das Neueste vom Neuen: eine Verbindung von Ton- und Silhouettenfilm.

Was ist bei dieser schon lang mit Trompeten angekündigten Jagd nach dem Filmglück erjagt worden? Kunstgewerbe. Nicht einmal gutes.

Die Handlung könnte schön sein. Zwei junge Leute, Liebende natürlich, ziehen mit dem Vater des Mädchens im Schaubudenwagen durch Südfrankreich. Da das Geschäft schlecht geht, beschließen sie gegen den väterlichen Willen ein Theater mit beweglichen Scherenschnitten zu eröffnen. Nach tausend Schwierigkeiten gelingt ihnen endlich ihr Vorhaben, und sie führen im ausverkauften Leinwandzelt ihr Schwarzweißstückchen: »Die Jagd nach dem Glück« auf. Nun lächelt Fortuna auch ihnen.

Daß die Fabel dürftig ist, wäre nicht schlimm, wenn ein starker Atem ihre kleinsten Elemente bewegte. Der echte Film zieht ja seine Kraft nie aus der in Worten ausdrückbaren großen Gesamthandlung, sondern stets nur aus der Spannung, mit der seine winzigen Bildeinheiten geladen sind. Aber in dieser »Jagd nach dem Glück« sind die einzelnen Szenen nichts weiter als Füllsel, die leere Flächen ausfüllen, statt die Komposition wirklich zu erfüllen. Sie sollten das Leben des Ganzen keimhaft enthalten, und sind bloße Dekorationen. Was nutzt die reizende Matrosenszene mit den Guckkastenbildern oder die ausgezeichnete Rummelplatzmonage? Sie gehen nicht als Bestandteile ins Ganze ein, schimmern vielmehr wie Reklamemalereien auf großstädtischen Bauzäunen. Einmal sucht Jeanne im Jahrmarktstrubel verzweifelt ihren Freund Mario – eine Bildfolge, die offenbar dem unvergeßlichen Film: *Zwei junge Herzen*[1] entlehnt ist. Während sie aber dort einen Gehalt verkörpert, der nicht zu missen wäre, ist sie hier eine mehr oder minder überflüssige Dreingabe. Es fehlt der fruchtbare Grund, aus dem die Details sprießen müßten, und beziehungslos reiht sich Mache an Mache.

Wo der Untergrund eingetrocknet ist, kann das Kunstgewerbe gedeihen. Seine Art ist: Stilblüten hervorzutreiben, die sich vom Stil dadurch unterscheiden, daß sie ohne Stiel sind und erst recht keine Wurzeln haben. Wäre noch dieser Film einheitlich stilisiert! Aber seine Hersteller sind so jedem Zwang enthoben, den die erfahrene Wirklichkeit auferlegt, daß sie gleich mehrere Stilkünsteleien miteinander vermischen. Aus gewissen französischen Avantgarde-Filmen, so einer seiner Zeit im Studio des Ursulines gezeigten Schlagerfantasie Cavalcantis[2], scheinen sie die Bewegungsgesetze geschöpft zu haben, nach denen sich Catherine Hessling drehen und wenden muß. Ihre Mimik paßte zu einem Pariser Chanson, verträgt sich jedoch durchaus nicht mit dem Gebärdenspiel Jean Renoirs, der, vermutlich nach dem Willen der Regie, einem Wedding-

---

1 *Lonesome.*
2 *La P'tite Lili.*

Cavalier aufs Haar gleicht. Dazwischen mengen sich naturalistische Landschafts- und Budeneffekte. Ist wenigstens die Haupt- und Staatsaktion des eigentlichen Silhouettenfilms in sich geschlossen? Ach, auch sie, die einige hübsche, routiniert aufgemachte Bildeinfälle enthält, durchbricht wiederholt die Grenzen der Scherenschneiderei und strömt über gesprenkelte Flächen ins Jenseits der strengen Schwarzweißkunst. Um ganz davon zu schweigen, daß Lotte Reiniger bei ihrer Jagd nach dem Glück nicht die geringste Idee im Köcher gehabt hat.

Alles in allem ist so der Film ein kunstgewerblicher Querschnitt durchs Modische wie der »Querschnitt«, eine Sache für anspruchslosere Snobs, der noch dazu Titel von gewollter Primitivität die nötige Süßlichkeit verleihen. »Ermattet gibt er auf das Spiel / Denn was zuviel ist, ist zuviel«, heißt es einmal. Was richtig ist, ist richtig.

Wie in anderen Tonfilmen, so treten auch hier deutsche Sprecher für die ausländischen Darsteller ein. Aber das ist ein Unfug, mag er auch durch eine deutsche Erfindung, das sogenannte rhythmographische Tonfilm-Aufnahmeverfahren herbeigeführt sein. Es ist nachgerade an der Zeit, gegen diese Übersetzungsmethode laut und öffentlich zu protestieren, sonst wird durch den Sprechfilm noch der letzte schwache Rest des Sprachgefühls getilgt, den wir zu verlieren haben. Unerträglich, daß die auf den Pariser Argot zugeschnittene Figur der Hessling deutsche Mutterlaute tönen muß, daß Murskis Muschik-Visage biderb-einheimisch redet. Man glaubt die babylonische Sprachverwirrung zu beheben und stiftet eine heillose Verwirrung zwischen der Geste und dem dazugehörigen Wort. Und das in Ära der »Körperkultur«, in der alle Jünglinge und Mädchen so ausdrucksvoll hopsen. Hier hilft nur zweierlei: entweder man läßt nach dem Rezept: »Deutsche, trinkt deutschen Wein« deutsche Darsteller deutsch sprechen, oder man nimmt mit den ausländischen Schauspielern auch ihr angestammtes Idiom in Kauf. In diesem zweiten Falle kann ja wie bei den ersten importierten

Tonfilmen der deutsche Text an wichtigen Stellen unauffällig beigefügt sein.[3]

(1930)

20. Realistische Lösung

Aus welchen Gründen man uns in Deutschland gerade die besten französischen (und amerikanischen) Filme vorenthält, ist mir unbekannt. Tatsächlich hat man dem deutschen Publikum weder: *Jean de la lune* übermittelt, eines der reizendsten Kammerspiele, die seit langem gedreht worden sind, noch den Film von Jean Renoir: *La chienne*. Gerade dieses Werk bei uns einzuführen, wäre aber sehr nützlich. Denn es ist ein gutes Beispiel für jenen Realismus, den der Film im allgemeinen und der deutsche Film im besonderen offenbar nicht aufzubringen wagt. Im Gegenteil! Der Film verleugnet bei uns, wie man weiß, die Wirklichkeit, wo er nur kann, und ergeht sich lieber in den ausschweifendsten Illusionen, als daß er das Leben richtig widerzuspiegeln versuchte. Und doch gäbe es keine entscheidendere Aufgabe in Deutschland als die Schärfung des Blicks für die Realität. Unter seiner Stumpfheit haben wir, nicht zuletzt in politischer Hinsicht, viel und unnötig zu leiden gehabt.

Die Handlung des Films: *La chienne* entwickelt sich wie folgt: Ein älterer, mit einer Xanthippe verheirateter Bonhomme, der in seinen Mußestunden der Malerei huldigt, knüpft eine Beziehung mit einer Grisette an, die einen Zuhältertyp zum Freund hat. Da sie diesem ganz ergeben ist, hilft sie ihm, die Bilder des Malers heimlich in den Handel zu bringen. Der Coup gelingt, und der Zuhälter macht sich bald ein Vermögen. Eines Tages entdeckt der Bonhomme von Maler, daß er elend betrogen worden ist, seine Arglosigkeit weicht der Verzweif-

3 Dieser Text wurde wieder abgedruckt in *Jean Renoir und seine Filme*. Eine Dokumentation ausgewählt und zusammengestellt von Ulrich Gregor. Bad Ems 1970, S. 177–179. Ein Auszug, anonym, erschien in André Bazin, *Jean Renoir,* Paris 1971, p. 219.

lung, und er ermordet das Mädchen, das ihn allein noch mit dem Leben verband. Durch eine Reihe von Zufällen wird nun nicht er, sondern der Freund der Tat bezichtigt und ins Gefängnis gesetzt. Die Frage ist: zieht man im Film seine Unschuld ans Tageslicht, oder läßt man ihn für ein Verbrechen büßen, das er – zufälligerweise – nicht begangen hat?

Ich bin davon überzeugt, daß die üblichen Manuskriptschreiber die erste Lösung bevorzugt hätten. Und zwar hätten sie aus zwei Motiven heraus den Zuhälter entlastet und dem Maler den Prozeß angedreht. Einmal darum, weil gemäß der bei uns herrschenden Auffassung der Film das Leben, in dem sich ja manchmal Justizirrtümer ereignen, nicht demonstrieren, sondern beschönigen soll. Zum andern darum, weil der für den Mord verantwortlich gemachte Maler gar noch zum (pseudo-) tragischen Helden angeschwollen wäre, und ein Film mit einem tragischen Helden nach der Meinung unserer Filmkonfektionäre mehr taugt als ein Film, der das reale Dasein schildert, in dem die tragischen Helden keineswegs überwiegen. Kurzum, man hätte in hundert gegen eins Fällen auf Kosten der Lebensechtheit einer billig zu erlangenden Wahrheit die Ehre gegeben und leichter Hand die sogenannten höheren Bedürfnisse befriedigt.

Renoir läßt, der Romanvorlage folgend, den Widersinn scheinbar triumphieren. Der Maler schweigt während der Gerichtsverhandlung, er ist zu feig oder zu gelähmt, um sein Verbrechen einzugestehen. Da kein Verdacht auf ihn fällt, wird der Freund des Mädchens guillotiniert. Dergleichen pflegt zu geschehen. Es gibt diese Hündinnen, diese älteren Männer, die mit dem Leben nicht fertig geworden sind, und diese schurkischen Kerle. Und die Stärke des Films ist eben die, daß er sich dem Anblick wirklicher Menschen und ihrer Handlungen nicht entzieht, sondern ihm standhält; daß er den Sieg der Ungerechtigkeit offen darstellt, statt ihn zu vertuschen. Verherrlicht er etwa die Ungerechtigkeit? Er tut nur nicht so, als sei sie ohne weiteres aus der Welt zu schaffen, und veranschaulicht überdies, auf welch vertrackten, kaum sichtbaren

Wegen das Leben jene Ausgleiche bewerkstelligt, die unserem Gerechtigkeitsbedürfnis annähernd genügen. Dem Film klappt ein Epilog nach, aus dem hervorgeht, daß der Maler zum Vagabunden herabgesunken ist, der nicht einmal mehr weiß, daß er einst Maler gewesen war. Die Strafe hat ihn mittelbar ereilt, er vegetiert kläglich dahin. Während in der Mehrzahl der Filme die Gerechtigkeit, entgegen jeder Erfahrung, offene Türen einrennen darf, ist sie hier wie in der Wirklichkeit selber nur hinter einer Wand zu ahnen; das heißt, sie erzeugt sich dadurch, daß sich zwei Ungerechtigkeiten aufheben.

Am Können fehlt es bei uns durchaus nicht; wohl aber an der realistischen Gesinnung, die aus diesem Film spricht. Zu ihr sollten auch unsere Filme erziehen. Denn die Kraft, das unverstellte Leben ins Auge zu fassen, ist eine Vorbedingung echten politischen Handelns.[1]

(1932)

21. Ein französischer Kriegsfilm

Jean Renoirs neuer, sehr beifällig aufgenommener Film *La Grande Illusion* spielt während des Weltkrieges in Deutschland, genauer: in einem Lager kriegsgefangener französischer Offiziere. Die große Illusion – dieser Titel soll, wenn nicht alles täuscht, mit melancholischer Gebärde auf die unüberwindlichen Schwierigkeiten hinweisen, die der Verwirklichung des Völkerfriedens entgegenstehen. Wie ein solcher Friede aussähe, enthüllt sich gleichnishaft am Schluß: in Gestalt der Liebe, die sich zwischen der deutschen Bäuerin und dem einen der beiden flüchtigen französischen Offiziere anspinnt, denen sie vorübergehend Obdach gewährt. Aber der Wunschtraum

1 Dieser Text wurde wieder abgedruckt in *Jean Renoir und seine Filme*, a. a. O., S. 186–187. Eine zweite, um geringes kürzere Besprechung dieses Films schließt mit der Variante: »Denn die Kraft, die sozialen Verhältnisse scharf ins Auge zu fassen, ist eine Vorbedingung echten politischen Handelns.« Vgl. Kracauer, Der schönste Film, *FZ*, 1. 1. 1933.

vom Frieden beherrscht so wenig die Handlung, daß sich neben ihm Tendenzen entfalten, die ihn vollends ersticken. Um davon zu schweigen, daß der Krieg selber als undiskutiertes Naturereignis in den Film hereinragt, wird durch die Einführung zweier adeliger, besonders sympathisch gezeichneter Offiziere – eines französischen Hauptmanns und eines deutschen Majors – der Gegensatz zwischen aristokratischem und demokratischem Lebensstil zum Problem erhoben: Kurz, mehrere Motivreihen konkurrieren miteinander, ohne durchdrungen und auf einen Nenner gebracht zu sein. Bald behaupten die aristokratisch-militärischen Tugenden das Feld, bald wirkt sich, auf sentimentalische Weise, eine humane Gesinnung aus, die jene Tugenden überflügeln möchte. Zu wessen Gunsten neigt sich die Waage? Man weiß es nicht. Eine Unklarheit der Absichten, die fast den Eindruck erweckt, als wolle der Film es der Linken recht machen und es doch mit der Rechten nicht verderben. So muß freilich die große Illusion eine große Illusion bleiben.

Zum Glück entwächst die in der ideellen Sphäre angerichtete Konfusion einer filmisch glänzend gelungenen Milieuschilderung, und wer sich nur an diese hält, braucht sich nicht von Illusionen zu nähren. Die Typen auf deutscher und französischer Seite sind klug gewählt; der Wechsel von Schatten und Licht, rührenden und brutalen Episoden hält den Zuschauer in Atem; das Alltagsleben der Gefangenen, das sich von der dumpfen Hinnahme der Monotonie über vielerlei Zerstreuungsversuche hinweg bis zu Ausbrüchen der Verzweiflung erstreckt, ist mit einem Takt gestaltet, der sich durch ein sicheres Gefühl für die Zeitmaße auszeichnet und jede Art von Empfindlichkeit zu schonen weiß. Besondere Bewunderung verdient die Kunst, mit der Renoir den Krieg darstellt, ohne ihn je auf die Szene zu bringen. Der Krieg – er dröhnt in den deutschen Soldatenliedern mit, steigt aus den Marschtritten unsichtbarer Kolonnen auf und umschwelt die Bahnhöfe, die Wegweiser, die Felder. Vom geringsten Zeichen magisch beschworen, ist er allgegenwärtig im Stück.

Während einer Theateraufführung der Gefangenen verbreitet sich plötzlich die Nachricht eines französischen Sieges: das Spiel wird abgebrochen, und sowohl die Kostümierten wie die Uniformierten beginnen, sich in die Augen sehend, die Marseillaise zu singen. Stumm verlassen die deutschen Vorgesetzten den Saal...

Erich von Stroheim beweist in der Rolle des deutschen Majors, daß er nicht nur dort über eine starke Anziehungskraft verfügt, wo er sich abstoßend und schwierig gibt. Hier ist er weder ein Hasser noch ein böses, umdüstertes Gemüt, sondern die vollendete Ritterlichkeit in soldatischer Hülle, und die Aura um ihn scheint noch dichter geworden. Sie strömt von ihm aus, gleichviel ob er schweigt oder deutsch-englische Wortbrocken herausschleudert, ob er herrisch auftritt oder ein paar nicht zu vergessende Augenblicke am Sterbebett des Feindes weilt; sie verleiht dieser Figur des guten Kavaliers eine Ganzheit, die fasziniert und ergreift.

(1937)

22. La Marseillaise

Zur Zeit befindet sich hier ein Filmprojekt in Vorbereitung, dessen Realisierung in thematischer und organisatorischer Hinsicht allgemeines Interesse beansprucht. Der rühmlich bekannte französische Filmregisseur Jean Renoir – er behandelt seit Jahren mit Vorliebe soziale Stoffe und hat erst unlängst Gorkis »Nachtasyl« verfilmt[1] – plant einen großen Revolutionsfilm *La Marseillaise,* der aber von vornherein nicht wie irgendein Privatgeschäft, sondern unter aktiver Beteiligung der Bevölkerung aufgezogen werden soll. Dieser Film, so ungefähr argumentiert Renoir, darf kein Produkt der Branche sein, denn er ist eine Angelegenheit der Nation; und da er sich an die republikanisch gesinnten Massen wendet, muß er auch durch die Massen zustandekommen.

1 *Les Bas-Fonds.*

Dem neuartigen Gedankengang entspringt eine neuartige Finanzierungsmethode: eine öffentliche Subskription wird ausgeschrieben, die zu zeichnen nahezu jeder in der Lage ist. Oder hat nicht jedermann die Möglichkeit, für eine ihn betreffende Sache einen Beitrag von zwei Francs zu spenden? Tatsächlich ist die Emission von Anteilen in der mikroskopisch geringen Höhe von zwei Francs projektiert. Wer einen solchen Anteil erwirbt, gibt gewissermaßen ein Darlehen, das er später zurückvergütet erhält. Sowohl den Kinobesitzern wie den Kinobesuchern nämlich werden die Zwei-Franc-Anteile als Zahlungsmittel dienen: jenen beim Bezug des Films, diesen beim Eintritt in alle Kinos, die ihn spielen. Angenommen, das Kinobillett koste sechs Francs, so hätte der Inhaber eines Anteils nur noch vier Francs zu entrichten. Das Prinzip ist einfach. Kommerziell ausgedrückt, besteht es darin, daß die künftigen Besucher die Produktionskosten des Filmes bevorschussen und hierfür zuzüglich ihrer Einlage eine Dividende in Gestalt des Lustgewinnes empfangen, den ihnen der Film verschafft.

Die Frage, ob sich die nötige Zahl von Kleinaktionären findet, wird von Jean Renoir mit begründetem Optimismus bejaht. Zunächst hat sich bereits eindeutig gezeigt, daß der Film dank seinem Thema ein starkes Echo weckt. Und wenn auch eine staatliche Hilfe völlig ausscheidet, so wird doch die Regierung das Projekt mit Erleichterungen unterstützen, deren es bei Massenszenen und Aufnahmen in historischen Milieus bedarf.

Die Vorbereitungen sind weit gediehen. Gerade in diesen Tagen konstituiert sich die Produktionsfirma »Société La Marseillaise«, und binnen zweier Monate hofft Renoir das Drehbuch fertigzustellen, das er mit mehreren fachkundigen Autoren zusammen bearbeitet. Es entrollt die Revolutionsgeschichte in volkstümlicher Form; den Auftakt bildet die Schilderung der ökonomischen Krise, die zur Einberufung der Generalstände geführt hat, den Abschluß die Schlacht von Valmy, von der Goethe bemerkte, daß mit ihr eine neue

Epoche der Weltgeschichte anbräche.[2] Unmittelbar nach
Beendigung des Drehbuchs werden die Aufnahmen beginnen,
bei denen eine Mitwirkung der Pariser Bevölkerung vorge-
sehen ist, die sicherlich wie keine andere dazu geeignet
wäre, in der Rolle ihrer Ahnen aufzutreten. Übrigens scheint
Maurice Chevalier keineswegs abgeneigt, sich unter diese
Massen zu mischen und im Kostüm des Arbeiters die Marseillaise zu singen.[3]

(1937)

23. Eine düstere Geschichte und ein großer Regisseur

Jean Renoirs Film: *La Bête humaine* ist nach dem gleich-
namigen Roman von Zola gedreht, einer düsteren Geschichte,
die den verheerenden Einfluß der Trunksucht auf die Nach-
kommenschaft demonstrieren will und nicht weniger als zwei
Morde, einen Mordversuch und einen Selbstmord enthält.
Wird die Wucht des Films dadurch gesteigert, daß seine Handlung in krassen Effekten gipfelt? Es wiederholt sich hier, was
bereits im Zola-Film Feyders: *Thérèse Raquin* zu beobachten war, in dem die Spannung von den beschreibenden Partien ausging, während die Theatercoups abfielen. So muß
es auch sein; denn der Natur des Films ist eine Bewegung zugeordnet, die sich fortsetzen läßt, nicht aber eine in sich geschlossene Tragödie, die unabänderlich abbricht. Renoir wäre
nicht der Künstler, der er ist, verhielte er sich dem Stoff gegenüber anders als Feyder. Aus dem Wissen heraus, daß die
dramatischen Höhepunkte der Fabel nicht die des Films sein
können, verkapselt er sie in breiten Schilderungen, die das
filmisch oft behandelte Thema der Schienenwelt wieder auf-
nehmen und eindrucksvoll variieren. Man vergißt nicht leicht
die Eisenbahnfahrt auf der Lokomotive nach Le Havre oder
den überraschenden Anblick der Bahnhofshallen, die plötzlich

2 *Campagne in Frankreich,* 1792
3 Schließlich spielte Chevalier doch keine Rolle in der *Marseillaise.*

hinter dem Dunkel des ihnen vorgelagerten Viadukts auftauchen. Ihre epische Substanz verdanken diese Schilderungen der Erfindungskraft, mit der Renoir innere Zustände optisch zu formulieren weiß. Nur eine Szene von vielen: Roubaud, der Stationschef, holt aus einem Versteck unter der Fußbodenplanke die Uhr, die er dem von ihm ermordeten Liebhaber seiner Frau abgenommen hatte, und geht dann zum Nebenzimmer, um mit Séverine zu sprechen; ohne noch zu ahnen, daß diese erstochen am Boden liegt. Die Zuschauer sehen immer nur seinen Rücken. Bei der Tür angelangt, steht er plötzlich still, und wie er erstarrt dasteht, beginnt die Uhrkette zu schwingen, die ihm von der Hand herabhängt. Und jetzt hört man ihn schluchzen... Solche Bilder entschädigen für die Morde und Schreie. – Erwähnt sei noch, daß außer Simone Simon und Jean Gabin, der dem Typus des »bon mauvais garçon« treu bleibt, Renoir selber mitwirkt; er steuert als Cabûche eine kleine mimische Sondernummer bei.

(1939)

IV. Amerikanischer Film

1. Ben Hur

150 000 Personen arbeiteten am Ben Hur-Film mit.

4 000 000 Dollar kostete die Herstellung des Films.

160 000 Meter Stoffbahnen wurden in Berlin für

8000 Kostüme, Mäntel, Requisiten usw. zugeschnitten.

22 000 Kilo Messing und Eisenblech wurden zu

6000 vollständigen Römerrüstungen verwendet.

9000 Pfund Leder verwandelten sich in Schuhe und Lederzeug.

100 seetüchtige, in Livorno gebaute antike Kriegsschiffe lagen im Kampf miteinander.

48 Kameras nahmen gleichzeitig die Seeschlacht auf.

12 Wagenlenker von

12 verschiedenen Nationen lenkten

48 feurige Rosse. Beim Rennen wurde ein Trabrekord von $37^2/_5$ Sekunden für $1/_3$ englische Meile erzielt.

Die Masse tut es. Was ist mit ihr erreicht? Was nicht? Einzelheiten aus der Werkstatt sind wichtig. Vor allem die Internationalität des Films. Die Kriegsschauplätze seiner Aufnahmen waren Kalifornien und Italien. Der Darsteller des Ben Hur, Ramon Novarro, der so schön wie Valentino ist, verkörpert einen amerikanisch-spanisch-mexikanischen Typus. Garmel Myers ist die Tochter eines aus Rußland gebürtigen und in England erzogenen Rabbiners. Nur in den Gassen des Marseiller Hafenviertels findet sich eine so verschiedenartig zusammengesetzte Bevölkerung wie die der Statisten. Die historische Echtheit der Bauten, Hintergründe, Gewänder ist durch ausgedehnte Studien verbürgt. Niemand wird merken, daß der Riesenzirkus des antiken Antiochia bei der kalifornischen Stadt Culver steht. Das neu errichtete Jerusalem ist das alte. Für die Seeschlachtszenen hatte man sich große Scharen von Original-Seeleuten aus Rom und Livorno als Römer und Piraten verschrieben.

Drei Jahre regierte Fred Niblo, der Regisseur, sein gewaltiges Reich. Er hat an Massenorganisation Großes geleistet. Das Wagenrennen, zu dem ganz Hollywood herbeigeeilt war, lenkte er von einem 30 Meter hohen Kommandoturm mit Hilfe von Lautsprechern, Signalwinkern und 120 Fernsprechstellen. Zur Beobachtung der Seeschlacht entbot er 48 Kameras auf eine schwimmende Plattform. Uneingeschränkte Bewunderung verdient der filmmäßige Aufbau der bewegten Massenszenen. Niblo hat richtig erkannt, daß nur der äußerste Realismus den historischen Auftritten zur Wirkung im Film verhelfen kann, weil dieser auf die Wiedergabe der Wirklichkeit angewiesen ist und dann allein zu seinem Eigenleben gelangt, wenn er wie hier Themen abwandelt, die auf dem Theater nicht darstellbar sind. Der Realismus aber wäre belanglos, entbehrte die Bildfolge der Gestaltung. Sie ist an den Höhepunkten zur Form gediehen, entwickelt sich in einem Rhythmus, der sie des planen Naturalismus enthebt. Das Wagenrennen steigert sich von Anfang bis zu Ende, ein einheitliches Ereignis großen Formats. Seine umfassende künstlerische Bewältigung ist der Art zu danken, in der die Gesamtübersichten mit aufblitzenden Einzelheiten – so den Köpfen der jagenden Schimmel – jeweils wechseln. Lanzenspitzen, die in unabsehbarer Reihe an jüdischen Volkshaufen vorüberziehen, vergegenwärtigen schlagend das Faktum der römischen Macht. Das Gewoge der Bevölkerung schwillt linienhaft an und verebbt in gewollten Übergängen.

Der Roman, der den Anstoß zu den Massenbildern gab, gehört zu jenen mittelmäßigen Werken, die durch ihr stark aufgelegtes Kolorit breite Schichten bewegen. Gerade noch durch den Aufwand mochte es gelingen, die Handlung für den Film zu retten. Eine geringere Quantität der Mittel, und man hätte eine der üblichen historischen Verfilmungen erhalten, die irgend ein gleichgültiges Einzelschicksal in veralteten Trachten aufrollen. Durch den Zahlenrekord ist immerhin eine Prunkoper entstanden, die der Schaulust Genüge tut. Die Unzulänglichkeit des Gehalts legt einen Abgrund zwischen *Ben Hur* und den *Potemkin*-Film. Hier geht es um die Wirklichkeit, die im ästhetischen Medium des Films getroffen wird, dort ist auf dem Grund eines welthistorischen Stoffes eine kleine Privatangelegenheit groß gemalt.

Anstößig, schlechterdings anstößig ist hier die Darstellung der Heilsgeschichte im Film. Noch dazu mit der (technisch unvollkommenen) Farbenphotographie, die, so scheint es, das Harmonium ersetzen soll. In Szenen, die zum Teil nach berühmten Bildern gestellt sind, wird das Evangelium gemimt und Choralgesang begleitet eine Strecke weit die religiöse Farbenpracht. Amerikanischer Naivetät mag eine solche Vorführung bekömmlicher dünken als dem deutschen Publikum. Man hat sich etwas auf den Takt zugute getan, mit dem man niemals die Person Christi selber auftreten läßt, sondern lediglich die segnende Hand zeigt. Diese dezente Zurückhaltung indessen vergrößert das Übel, denn durch die eingelegte Probe aufdringlichen Geschmacks wird der Ungeschmack im Großen nur fühlbarer.

(1926)

2. The Gold Rush*

Charlie Chaplin, der den *Goldrausch* gedichtet hat, geht durch seine Dichtung als eine Darstellung des Menschlichen, die aus fast verschütteten Quellen geschöpft ist. So ist das Menschliche in den Märchen gemeint, in dem dummen Hans und anderen Märchenhelden, die keine Helden sind, so meint es vielleicht der Spruch Laotses, daß das Ohnmächtigste die Welt bewege.[1]

Die Goldjäger, unter denen Chaplin auftaucht, haben einen Willen, sie machen sich Gold und Weiber streitig, rüde Giganten, wie sie in den Abenteurerbüchern stehen. Er hat keinen Willen, an der Stelle des Selbsterhaltungstriebes, der Macht-

1 Der folgende Satz: »Der Mensch, den Chaplin verkörpert, nicht verkörpert, sondern gehen läßt, ist ein Loch« wurde entsprechend der handschriftlichen Korrektur durch den Autor (im Nachlaß) getilgt.

gier ist bei ihm eine einzige Leere, die so blank ist wie die Schneefelder Alaskas. Andere Menschen haben ein Ichbewußtsein und leben in menschlichen Beziehungen; ihm ist das Ich abhanden gekommen, darum kann er, was so Leben heißt, nicht mitleben. Er ist ein Loch, in das alles hereinfällt, das sonst Verbundene zersplittert in seine Bestandteile, wenn es unten in ihm aufprallt.

Dieser Mensch muß mit Notwendigkeit feige, schwach und komisch erscheinen, sobald er unter die Menschen gestoßen wird. Den gewaltigen Goldsuchern gar ist er noch weniger gewachsen als den Leibern geringeren Formats. Da er kein Ich besitzt: wie könnte er es gegen die großen Ichbündel verteidigen? Er bebt vor der Türe zurück, wenn sie hinter ihm aufschlägt, denn auch sie ist ein Ich, alles, was sich selbst behauptet, die toten und die lebenden Dinge, alles hat eine Macht in sich über ihn, vor der man das Hütchen ziehen muß, und so zieht er immer das Hütchen. Die Menschen essen, essen muß man am Ende, aber nur, wer etwas auf sich hält, ißt das richtige Essen, ihm tut es ein Stiefel, sein eigener Stiefel, daß er ihn dann entbehrt, ist ihm entgangen, denn er sorgt nicht für sich, den es nicht gibt. Einmal tanzt er mit dem Mädchen, es ist auch danach, seine Tanzkunst vollendet sich erst, wenn er im Traum vor dem Mädchen seine Gabeln tanzen läßt.

Ein Mensch ohne Oberfläche, ohne eine Möglichkeit der Berührung mit der Welt. In der Pathologie hieße es Ichspaltung, Schizophrenie. Ein Loch. Aber aus dem Loch strahlt das reine Menschliche unverbunden heraus – stets ist es unverbunden, in Bruchstücken nur, in den Organismus eingesprengt –, das Menschliche, das unter der Oberfläche sonst erstickt, das durch die Schalen des Ichbewußtseins nicht hindurchschimmern kann. Treue bricht aus ihm hervor, die stete Bereitschaft zu helfen umglänzt die ichlose Erscheinung. Das Mädchen, das Chaplin liebt – ist es Liebe zu nennen? – wird angegriffen, und er, der immer Angegriffene, der so schwach und feige ist, möchte als Kavalier vor den Anpöbeleien sie schützen. Man lacht, man weint, man weiß, daß die Oberfläche aufgerissen ist.

Weil aber das Menschliche hier so dargestellt ist, darum ist es in der Ordnung, daß es ihm wie im Märchen ergeht. Vor diesem Würmchen Chaplin, das hilflos und ganz allein durch den Schneesturm und die Goldgräberstadt kriecht, weichen die elementaren Gewalten zurück. Gerade rechtzeitig noch kommt immer wieder ein Zufall herbeigeeilt und entreißt ihn den Gefahren, die er nicht ermißt. Der Bär selbst ist ihm freundlich gesinnt wie ein Bär aus dem Märchen. Seine Ohnmacht ist Dynamit, seine Komik bezwingt die Lacher und erweckt mehr als Rührung, denn sie rührt an den Bestand unserer Welt.

(1926)

3. Chaplin

Zu seinem Film Zirkus

Um es vorwegzunehmen: der *Zirkus*-Film erreicht als Komposition nicht den Goldrausch. Seine Fabel ist konventioneller, und auf kurze Strecken nimmt er seine Zuflucht zu Motiven, die auf der Hand liegen, entgleitet er in eine Komik, die nur zum Lachen reizt. Nicht die Hauptlinien der Handlung, sondern die vielen Einzelzüge verleihen dem Film Bedeutung. Er ist die Unterlage, in die sie einverwoben sind. Das Mosaik, zu dem sie sich zusammensetzen, stellt jene einzigartige Figur dar, die an den Namen Chaplin geknüpft ist. Sie besitzt in dem Film eine gewiß nicht geringere Leuchtkraft als im *Goldrausch*, und wenn sie Gelächter erweckt, so rührt sie zugleich.

Das Geheimnis dieser Figur tritt in der Spiegelkabinett-Szene am reinsten zutage. Chaplin rettet sich auf dem Rummelplatz vor einem Polizisten in das Kabinett, in dem er hundertfach widerstrahlt. Er weiß nicht mehr: ist er es, der vor dem Spiegel steht, oder ist er eine von den vielen Gestalten in den Spiegelkulissen. Auch der Polizist, der ihn glücklich eingeholt hat, weiß es nicht. Beide werden von den unaufhörlich sich wandelnden Bildern geäfft, die Welt ist in Stücke zerrissen, die durcheinander wirbeln, sie scheint dem Irrsinn verfallen zu sein. Der Polizist erfährt sie so nur im Vexierkabinett, Chaplin dagegen lebt im Spiegelkabinett der Welt.

Sie ist ihm ein Gaukelspiel der Menschen, Tiere und Dinge, in dem er höchstens aus Zufall einmal feste Konturen greift. Da er sich in den Erscheinungen und ihren Absichten nicht auskennt, ängstigt er sich vor ihnen allen und sucht sie durch kleine Listen sich günstig zu stimmen. Vielleicht ist das Hündchen gefährlicher als der Löwe: eine Gewähr hat man nie. Nur so viel ist sicher, daß das Zirkuspferd mit den beweglichen Ohren zu den Todfeinden gehört. Der schlimmste Gegner ist freilich der Zirkusdirektor selber, ein rüder Patron, den Chaplin mit erlesenen Schlichen traktiert. Es naht sich wohl auch ein freundliches Geschöpf, ein Mädchen, aber es ist nicht für ihn. Dicht umstellt ihn die Märchenwelt, in der sich die Gegenstände und Lebewesen verwirren.

Die Beziehungslosigkeit, mit der er sie durchwandelt, zeigt sich nach außen hin besonders deutlich in den Clownszenen. Er belustigt nur so lange die Menge, als er gar nicht komisch wirken will, sondern einfach Chaplin ist, der sich vor irgendeinem Phantom rettet oder die gewöhnlichsten Dinge nicht versteht. Drastischer und genauer als durch die unbewußte Erzielung der Komik – sie ist als Motiv nicht neu – offenbart sich seine Fremdheit und Hilflosigkeit in gewissen Zügen, die beinahe unschön wären, wenn sie bei einem anderen Menschen aufträten. Er erpreßt, nachdem er über seinen Wert für den Zirkus aufgeklärt worden ist, von dem Zirkusdirektor ein hohes Gehalt. Er benutzt einen auf dem Boden liegenden Menschen, der knock-out geschlagen worden ist, als Schemel, um durch ein Zeltloch zu gucken. Er verhält sich dem Löwen gegenüber, der ihn aus Laune in Ruhe läßt, mit prahlerischer Großmannssucht. Aber gerade solche Anmaßungen verraten unzweideutig seinen Mangel an Selbst-Bewußtsein. Nur ein äußerst verwundbarer Mensch, der sich in der Welt nicht zu regen versteht, nimmt derartige Anläufe, um sich in ihr zu behaupten. Sie brechen in sich zusammen und machen ihn lächerlich.

Hinter den Masken der Notwehr verbirgt sich die wahre Gestalt, die sich immer wieder in kurzen Augenblicken bezeugt. Dieser Mensch Chaplin ist gut und zärtlich und hat Achtung vor jeder Kreatur. Wie er das Kind anlächelt; wie er sich durch ein Lupfen des Hütchens bei dem Huhn bedankt, das ihn mit einem Ei bedacht hat. Die Höflichkeit kommt aus seinem Herzen. Auch eignet ihm ein wesenhafter Zug der Märchenfiguren: die Naivität. Er kann sich totlachen über die albernen Späße der Clowns, deren Produktionen das Publikum einschläfern. Dann ist da noch ein sonderbares Verhalten, das mehr als irgendein anderes in seinen letzten menschlichen Grund weist, aus dem es bricht: daß er vor Freude beinahe überschnappt. So war es im *Goldrausch* und früher, so ist es auch hier. Auf die vermeintliche Gewißheit hin, daß das geliebte Mädchen ihn wiederliebe, schlägt er wie toll um sich, die Augen funkeln, er zerspringt in Stücke. Es ist, als habe die Welt sich aus dem Spiegelwahnsinn zurückgefunden und er dürfe sein, wie er ist.

Daß er es nicht sein darf, sondern mißverstanden wird von einer Umgebung, die er mißversteht, weckt das Gelächter. Es ist von jener Art, die auch das Weinen in sich begreift. Denn der Humor Chaplins blamiert die sich ernst gebärdende Welt nicht, um sie zuletzt unangetastet bestehen zu lassen, er enthüllt sie vielmehr wie jeder große Humor, zeigt etwas an ihr auf, das sie aus den Angeln zu heben vermöchte. Wenn jeder alle Geschöpfe so höflich begrüßte – wäre sie nicht verändert? Daß sie anders sein könnte und doch weiter besteht: bei diesem Blick auf sie mischen sich Tränen doppelter Herkunft. Die Mischung entspringt der falschen Proportion zwischen der Gewalt der Welt und der ihr begegnenden Schwäche.

Die Komik, es wurde gesagt, verweilt nicht durchweg an dem entscheidenden Knotenpunkt. Es ist lustig, wenn Chaplin aus Ungeschick die Zauberkästen öffnet, denen nun das Geflügel zur Unzeit entschwärmt: bestimmend für ihn ist es nicht. Vielleicht wäre es auch nicht nötig, daß er bei dem Gang über das Seil von den Affen behelligt würde und sich hosenlos zeigte. An diesen Stellen verdrängt eine Komik zweiter Ordnung jene tiefere. Sie wird ebenso überschattet in den Partien, in denen Liebe und Eifersucht als die Hauptmotive herrschen; gerade in den Seiltänzerszenen also. Hier klingt eine Verwandtschaft mit dem Bajazzo auf, die Chaplin sonst überall meidet und die auch nicht seine Sache ist. Von den Höhepunkten aus gesehen ist vor allem der kleine Auftritt problematisch, in dem er aus Liebeskummer als Clown versagt. – In diesem Zusammenhang mag noch erwähnt werden, daß der Film nicht so reich und überzeugend aufgemacht ist wie *Goldrausch*. Die Gegenspieler sind schemenhafter. Der rohe Zirkusdirektor ist eine Karikatur und das Mädchen ein Mädchen, so lieb es ist. Chaplin müßte sich nicht mit solchen Abbreviaturen behelfen.

Am Ende fährt der Zirkus davon. Chaplin mit Hütchen und Stock bleibt allein auf freiem Feld zurück, mitten in der Kreisspur der Manege. Er sieht den Wagen nach, sein Gesicht ist alt, wie es bisher nie gewesen, alt und vergrämt. Werden die Spiegel je in Trümmer gehen? Wird der Spuk je verschwinden? Dann rafft er sich auf und hopst davon, ein Männchen von hinten, komisch anzuschauen.

(1928)

4. Chaplin als Prediger

Der nun endlich auch bei uns gezeigte ältere Film *The Pilgrim* steht am Übergang von den Grotesken zu den großen Werken. Schon weicht in ihm die bloße Situationskomik vor den bedeutenden Motiven zurück, von denen die späteren Filme bestimmt sind. Zwar, es bleibt noch das unerhellte Nebeneinander komischer Typen und mancher drastische Effekt, der allein aus der Vitalität stammt – aber die eigentliche

Chaplin-Figur des heimatlosen Vagabunden setzt sich doch nahezu völlig durch.

Sie tritt ihre Märchenreise mit den alten Watschelschritten im Predigerrock an. Chaplin als Prediger – ein Widerspruch in Person. Der Mann ohne Stöckchen und schlotternde Hosen... Aber ihm ist nichts anderes übrig geblieben, hat er doch als entflohener Sträfling keine Wahl unter den Anzügen gehabt. Nun läuft er durch einen jener Zufälle, die ihm so treu sind wie dem Bettler sein Hund, einem frommen Gemeindeklüngel in den Weg, der ihn für den gerade erwarteten Geistlichen hält. Charlie muß die Hände falten und sich würdig benehmen. Es entwickeln sich Szenen, in denen die Entdeckung des unfrommen Betrugs immer nur um ein Haar vermieden wird. Wie tief ist die Abfertigung des sektiererischen Wesens! Statt einfach als Heuchelei gegeißelt zu werden, wird es von dem kleinen Vagabunden äußerlich imitiert und derart in Frage gestellt.

Den Chauvinisten ergeht es wie den zufriedenen Frommen. Am Schluß, der mit unvergleichlichem Geist gebaut ist, transportiert der Sheriff den mittlerweile durchschauten Chaplin wieder ins Gefängnis zurück. Die beiden ziehen der Landesgrenze entlang: hier die USA, dort Mexiko. Der Sheriff in seiner unergründlichen Güte gibt Chaplin einen Tritt, der ihn in die Freiheit Mexikos befördern soll. Nach und nach errät Chaplin die guten Absichten der Gerichtsperson und jubelt über die neu erlangte Sicherheit. Kaum hüpft er wie ein Böckchen auf den mexikanischen Gefilden umher, so tauchen Banditen in Landestracht auf, die zu schießen beginnen. Zuletzt entschreitet er; mit dem einen Fuß in den USA, mit dem andern in Mexiko. Die Religion ist so wenig eine Heimat wie irgendein Vaterland.

Auch die Menschen bieten kein rechtes Zuhause. Einer sieht wie ein Kinderfresser aus, ein anderer wie ein Gnom mit lang wallendem Bart. Man muß sich vor ihnen fürchten und sie überlisten wie Dinge. Chaplin hebt auch in diesem Film nicht die Gegenstände aus der Unmenge feindlicher Wesen heraus, organische und anorganische Natur sind für ihn eins. Zu seinen Hauptwidersachern gehört eine hölzerne Teigrolle. Allmählich kommt er dahinter, daß eine Rolle aus angeborenem Hang zu rollen pflegt, hemmt ihren triebhaften Lauf durch eine Milchflasche, und spielt dann mit ihr, als sei sie. ein bezwungener Gegner, von dem nicht die geringsten Gefahren mehr drohen. Sein Übermut wird natürlich bestraft, und die Rolle fällt ihm schließlich doch wieder auf den Kopf. Von der ganzen beseelten und unbeseelten Gesellschaft ist allein ein Mädchen ihm hold. Aber er müßte nicht Chaplin sein, wenn er sich mit dem süßen Schemen näher einlassen dürfte.

So entfaltet er sich mimisch wie stets in einem einzigen Monolog. Nur allzu begreiflich, daß er am stummen Film festhalten möchte, denn er vermag in der Tat die einsame Aktion vollkommen in den optischen Raum zu bannen. Daß sie nirgends über die Sichtbarkeit hinausweist, wird durch die blitzschnelle Folge der winzigen Handlungseinheiten erreicht. Wie der rasend hin- und herschwingende Degen des legendären Fechters den niederströmenden Regen auffängt, so lassen sie keinen Zwischenraum frei, durch den die raumlosen Ereignisse eindringen könnten. Mitunter verdichten sie sich zu glänzenden Solonummern. Der an sich plumpere Clownscherz mit dem Hut etwa ist eine Vorahnung der Stiefelmahlzeit in *Goldrausch*. Chaplin verwechselt einen auf den Teller gerutschten Hut mit einem Pudding, träufelt Schlagsahne auf ihn herab, richtet ihn freudig an und versucht ihn dann zu tranchieren. Das pantomimische Meisterstück aber ist unstreitig die Rede vor der Gemeinde. Über David und Goliath. So klein ist David; so groß ist Goliath; so wird die Schleuder gewirbelt; so elend liegt der böse Riese zu Boden. Jedes weitere Wort wäre überflüssig. Nach der Gestikulation benimmt sich Chaplin wie ein gefeierter Redner vor einem weltlichen Auditorium. Er kennt sich eben im Leben nicht aus; ein religions- und vaterlandsloser Geselle. Darum hat er doch eine Heimat, und jeder, der ihn sieht, glaubt sie mit Händen zu greifen.

(1929)

5. Lichter der Großstadt

Lichter der Großstadt – eine Folge der herrlichsten Pantomimen. Chaplin beweist in ihnen von neuem, daß er die Gebärdensprache auf eine Weise zu reden versteht, die jedes gesprochene Wort zum Schädling macht. Mehr noch: er erfindet Gesten und mimische Situationen, durch die eine Haltung, die sich sprachlich nur schwer umschreiben läßt, mit einem Schlag den Kindern und Erwachsenen aller Völker verständlich wird.

Einstein hat dem Künstler in Berlin seine Photographie mit der Unterschrift: »Charlie Chaplin, dem Nationalökonomen« geschenkt. Ob Chaplin sich viel mit Nationalökonomie beschäftigt hat, weiß ich nicht. Aber aus seinen Filmen weiß jeder, daß er ein Freund der Schwächeren, der Schlechtweggekommenen ist und mit gutem Herzen und scharfem Auge unsere gesellschaftliche Wildnis durchmißt. Als ein rechter Mensch versucht er sich in ihr zu behaupten, und die einzelne Pantomime stellt nichts weiter dar als eine solche Begegnung zwischen ihm und der unrichtigen Welt.

Ich will auf gut Glück einige Szenen aus dem neuen Film herausgreifen, die belegen, bis zu welchem Grade das mimische Sprachschöpfertum Chaplins einem exemplarischen menschlichen Grunde entwächst. Gleich am Anfang zeigt er sich auf einem eben enthüllten Denkmal, das dem »Frieden und Wohlstand« des Volkes gewidmet ist. Man muß dieses voluminöse Denkmal gesehen haben und den in seinen Steinmassen verlorenen kleinen Vagabunden, dem noch dazu das Riesenschwert einer der drei Friedensfiguren die Hose zerschlitzt! Eine komischere Travestie auf die konventionelle Heuchelei ist kaum je ersonnen worden, und wenn Gelächter zu töten vermag, so wird das durch diese Episode entfesselte noch ganze Denkmalsdynastien dahinraffen.

Eine unvergleichlich schöne Verdichtung, wie sie nur den größten Humoristen unter den Romanciers gelang, ist auch der exzentrische Millionär, der im Suff Charlie als seinen Freund umarmt, und im nüchternen Zustand ihn immer wieder verleugnet. Wann wäre drastischer versinnlicht worden, daß das durch den bloßen Reichtum ermöglichte Regiment eines der Willkür ist! Nebenbei bemerkt, parodiert diese geschlossene mimische Figur zugleich das Prohibitionsgesetz, denn es bedarf ja stets erst des Alkohols, um aus dem Millionär einen Menschen zu machen.

Daß einer, ist er schon Mensch, die irdischen Güter nicht zum Fetisch emporsteigern wird, lehrt die geistreiche Szene mit dem Zigarrenstummel. Charlie steht vor dem Rolls Royce, den ihm sein trunkener Gönner verehrt hat, und sehnt sich nach etwas Rauchbarem. Begehrlich folgt er einem Mann mit den Blicken, der genußfroh an seiner Zigarre zieht. Der Mann wirft später die Zigarre fort. Entschlossen fährt Charlie ihm nach, entreißt einem Bettler, der etwas früher zur Stelle war, den schäbigen Zigarrenstummel, und lenkt dann, wollüstig paffend, den Prunkwagen zurück. Der Stummel als Ziel für den Rolls Royce – so kommt doch die Welt wieder in Ordnung. Dann die Pfeifszene, die überdies dem Tonfilm zu hohen Ehren verhilft. Charlie nimmt als Gast des Millionärs an einer ausgelassenen Gesellschaft teil und verschluckt dabei aus Versehen ein Pfeifchen. Im selben Augenblick soll, wie es bei Soireen üblich ist, ein Gesangsvortrag vonstatten gehen. Alle Damen und Herren klatschten begeistert, nur Charlie muß in einem fort pfeifen. Die Gesellschaft ist indigniert und er selber untröstlich: aber was kann er tun gegen das zwangsläufige innere Pfeifchen? Wie er, mitten im Pfeifen, durch ein bedauerndes Achselzucken oder gar durch betonte Beifallsbezeugungen auszudrücken sich bemüht, daß nicht eigentlich er, sondern nur das Pfeifchen die Schuld an der Störung trägt: das ist von einer schlechterdings unwiderstehlichen Komik.

Die Reihe der Episoden, die allesamt das Mißverhältnis zwischen dem Vagabunden betreffen, der ein Mensch ist, und der Welt, die oft unmenschlich ist, könnte noch lang fortgesetzt werden. Sie liegen keineswegs durchweg in der gleichen Dimension. Chaplin, der an Dickens geschulte Erzähler, weiß sehr wohl, daß mitunter zur Entspannung Spaß eingeschaltet werden muß, und macht von harmlosen Clownerien gern Gebrauch. Dann wieder taucht er in den Abgrund, dem das Komische erst entquillt, und legt ihn frei. Am nachhaltigsten in der Hauptfabel des Films, die selber nicht mehr als eine Episode ist. Ihr Inhalt ist seine Liebe zu einem blinden Blumenmädchen. Solange das Mädchen nichts sieht, erscheint er ihr wie er ist: als der wunderbarste aller Menschen, als ein Millionär von Geblüt. Und auch er benimmt sich ihr gegenüber so ungezwungen, als habe sein Stock eine Elfenbeinkrücke und als sei überhaupt sein Inkognito schon gelüftet. Der Tag weicht wieder der Nacht, nachdem die Blinde durch seine Beihilfe sehend geworden ist. Sie erblickt ihn in seinem schäbigen Aufzug und ist blinder, als sie es je zuvor war. Der Welt verfallen, der verzerrten Welt, wendet sie sich von ihm ab, während er mit einem Mienenspiel, das zu den erschütterndsten Leistungen seiner Kunst gehört, bittend, gläubig, aufmunternd, ängstlich, hoffnungslos um sie wirbt ...

Es dürfte nicht gar so schwer sein, Schwächen in diesem Film zu entdecken. Die Gesamthandlung ist dünner als die im *Goldrausch* und enthält wohl auch die eine oder andere taube und sentimentale Stelle. Die Musik, für die Chaplin verantwortlich zeichnet, gefällt sich mitunter in Imitationen der sichtbaren Vorgänge. Schließlich wird hie und da vom Kapital gezehrt und ein Effekt heraufgeholt, der bereits früher ausgewertet worden war – eine Tatsache, die zu der angeblichen Äußerung Chaplins stimmt, daß er in seinen kommenden Filmen den Vagabundentypus preisgeben wolle. Aber diese Ausstellungen, die sich höchstens im Vergleich mit anderen, bereits klassisch gewordenen Werken des großen Künstlers aufdrängen, schränken die Helle, den Sinn und die komische Gewalt der neuen Pantomime nicht im mindesten ein. Ja, sie übertrifft vielleicht sogar jene Werke in einer bestimmten Hinsicht: daß sie sich nämlich beinahe tiefer als der *Zirkus*-Film mit den Schwierigkeiten und der Trübsal unserer menschlichen Gesellschaft eingelassen hat.

(1931)

6. Chaplins Triumph

Der Triumph Chaplins in seiner Heimatweltstadt London ist selber märchenhaft wie ein Chaplinfilm. Es ist ein Triumph, der sich von allen anderen Triumphen unterscheidet. Und nur zu wissen, daß es heute noch einen solchen Triumph geben kann, macht schon glücklich.

Genug Künstler, Staatsmänner, Entdecker und Forscher haben in der Welt hohen Ruhm erlangt. Aber sind sie auch von allen anerkannt worden, so doch nicht von allen erkannt. Der Name Einsteins ist populär wie nur einer, seine Lehre Geheimgut von wenigen. Das trennt Chaplin von den übrigen: daß ihn in jedem Lande der Erde die Armen und die Reichen verstehen, die Großen und Kleinen. Die Pariser Kinder nennen ihn einfach Charlot, und ich habe wiederholt beobachtet, wie sie in irgendeinem Boulevardkino voller Entzücken dieses Kosewort riefen, sobald Chaplin auf der Leinwand erschien. So wird nur ein guter Spielfreund gerufen, mit dem man zusammen lacht oder auch weint. Als er vor kurzem *City Lights* im New Yorker Staatsgefängnis vorführte, sollen die Gefangenen ihren Kummer vergessen haben, und nach den Zeitungsmeldungen zu schließen, sind auch die höchsten Spitzen der Londoner Gesellschaft von dem Film ergriffen gewesen. Während der Vorstellung seien sogar Bernard Shaw persönlich Tränen über die Wangen gelaufen. Ich lasse dahingestellt, was der Film den Zelleninsassen bedeutet und frage auch nicht nach der Rührung von Shaw. Wichtig ist nur die einzigartige Reichweite dieser Popularität. Sie erinnert an die von Königen, deren Bild dem Volk vertraut ist, und sie geht noch darüber hinaus. Denn Chaplin hat die Herzen vieler Völker erobert und vollbringt das Wunder, das Könige nicht mehr bewirken: die Klassengegensätze aufzuheben durch seine Gegenwart und zwischen den Parteien einen Waffenstillstand zu stiften. Könige sind heute nicht von Gottes Gnaden, sondern Faktoren menschlicher Politik. Chaplin aber ist es geglückt, sich in einem Jenseits der Politik zu behaupten. Und die besondere Art seines Ruhmes besteht eben darin: an diesem schwer erreichbaren Ort seine Residenz aufgeschlagen zu haben und dennoch allen Menschen erreichbar zu sein.

Wer ist er, der so zum Gemeingut werden kann, ohne dabei zu verschleißen? Man erkennt ihn an den Insignien: seine Krone ist ein abgeschabter Hut, sein Zepter ein Stöckchen. Ein Vagabund ist dieser Triumphator, ein Habenichts, der seine Heimat nirgends und überall hat. Daß ihm fehlt, was die anderen besitzen, ist aber eines der Geheimnisse seiner Macht. Religionsbekenntnis, Vaterland, Reichtum und Klassenzugehörigkeit setzen Unterschiede zwischen den Menschen, und nur der Ausgestoßene, der keinen Anteil an ihnen hat, lebt unabhängig von jeder Begrenzung. Als sei er Straßenstaub, so kann er durch Poren und Ritzen dringen und sich festsetzen, wo er nur mag. Und wenn er gar wie die Chaplinfigur über eine Sprache verfügt, die nicht der Worte bedarf, muß sein Reich grenzenlos sein. Es gibt eine Weltherrschaft, die sich von oben her der Welt auferlegt und alle Gewalt in sich zusammenfaßt; Chaplin beherrscht die Welt von unten her, als einer, der gar nichts repräsentiert. Die Frage ist: was noch übrig bleibt, wenn die Merkmale fortfallen, durch die sich die Menschen gemeinhin erst in bestimmte Menschen verwandeln. Übrig bleibt bei Chaplin der Mensch schlechthin, oder doch ein Mensch, wie er allerorten zu verwirklichen ist: So hat es auch seine Richtigkeit. Denn nur, wenn die Attribute ausgeschieden sind, die den einen eignen und den andern nicht, kann der Mensch sichtbar werden, der eine Möglichkeit sämtlicher Menschen wäre. Vielleicht ist der eigentliche Grund für Chaplins Triumph: zum erstenmal seit unvordenklicher Zeit wieder den bündigen Nachweis erbracht zu haben, daß dieser Mensch kein Abstraktum ist, sondern leibhaftig unter uns umgeht. Es ist der Paria des Märchens, der durch ihn Existenz gewinnt. Ein Mensch, der ohne rechtes Ichbewußtsein, ohne Selbsterhaltungstrieb oder gar Machtgier durch die verstellte Welt tappt; der ganz und gar hilflos ist und sich auf Schritt und Tritt in den Netzen der Jäger verfängt. Aber immer wieder leuchtet aus ihm hervor, was den Menschen zum Menschen macht. Auch der Chaplin der Filme ist gut und zärtlich und hat Achtung vor jeder Kreatur. Er lächelt das Kind an, er dankt durch ein Lupfen des Hütchens dem Huhn, das ihm Eier schenkt. Zug um Zug gleicht er dem Helden des Märchens, der sich gerade kraft seiner Ohnmacht durch die feindliche Welt schlägt. In Wahrheit ist er ihr König, und das Märchen wäre kein Märchen, wenn nicht am Schluß die Wahrheit in ihrer Herrlichkeit offenbarte.

Genau diese strahlende Apotheose, die er im Film sich versagt, hat der wirkliche Chaplin in London erlebt. Der einstige Gassenjunge aus Kennington gibt im Carlton-Hotel ein Bankett für zweihundert Personen, große Staatsmänner bemühen sich um seine Gunst, schöne Frauen flirten mit ihm, und sein Frack sitzt besser als der eines beliebigen Lords. Andere flüchten ins Märchen, um der Alltäglichkeit zu entrinnen; zu ihm kommt das Märchen und nimmt ihn bei der Hand. Ich weiß, daß der Triumph seine Kehrseiten hat. Chaplin ist mit *City Lights* nach Europa gereist, als sei er ein Manager großen Stils, ihn zu bewundern, ist nachgerade Mode geworden, und die Millionen sind zweifellos ein blendender Rahmen für die kleine Gestalt. Mag alles das zutreffen – die sozialen Bedingtheiten schränken ihn dennoch nicht ein. Gehört er zu den Reichen, weil er Millionen besitzt? Er ist höchstens reich trotz der Millionen. Statt wie die meisten Menschen durch das Geld verändert zu werden, verändert er selber das Geld. Es büßt seinen Warencharakter ein, sobald es an ihn gerät, und wird zur Huldigung, die ihm gebührt. Die das Geld zum Fetisch machen, können immerhin aus den Einnahmen Chaplins seine Bedeutung erschließen. Ihm selber ist das Geld eher ein Schatz, wie er allen echten Märchenkönigen zur Verfügung steht. Wenn irgendein Finanzmagnat ein Fest veranstaltet, so berichten die Zeitungen davon wie von einem gesellschaftlichen Ereignis. Das Bankett Chaplins dagegen fällt aus der Reihe dieser Ereignisse heraus. Es hat den Glanz, der das endlich gelüftete Inkognito umwebt, und Gastgeber scheint kein Geringerer als Harun al Raschid zu sein. Nach langen Jahren verborgener Wanderschaft ist er wieder einmal hervorgetreten und empfängt die Geladenen. Die Abzeichen seiner Bettlerwürde aber: den Stock und das Hütchen – die Köche des Carlton-Hotels haben sie in alle Zukkerrinden eingeschnitten, damit die Gäste die außerordentliche Begebenheit auch wirklich verspeisen.

Am Ende seines *Zirkus*-Films bleibt Chaplin allein auf freiem Feld zurück, mitten in der Kreisspur der Manege. Er sieht den Wagen nach, sein Gesicht ist alt, wie es bisher nie gewesen, alt und vergrämt. Und so traurig schließt auch der neue Film. Das Blumenmädchen erschrickt, wie es seinen Retter erblickt, und er trollt sich davon. Wird Chaplin mitten in seinem Triumph ermessen haben, was der Vagabund Chaplin immer von neuem erfährt: daß das Märchen nicht dauert, die Welt die Welt ist und die Heimat keine Heimat? Ich nehme es an. Und ich könnte mir denken, daß er in London einmal in das Gelächter ausgebrochen wäre, dessen nur er fähig ist.

In jenes Gelächter, das wie ein Blitzstrahl Irrsinn und Glück zusammenschmilzt.

(1931)

7. Seven Chances*

Buster Keaton, dieser schmale, kleine Mann mit dem gescheitelten Haar und dem etwas dämlichen Profil – nur die Augen blicken bewußt – hat durchaus die Beziehung zum Leben verloren. Man erzählt, daß er in der Jugend mit dem Kopf unsanft an einen harten Gegenstand gestoßen sei. Er ist ein Gestoßener. Die vielen Gegenstände: Apparate, Baumstämme, Trambahnwände und Menschenkörper veranstalten ein Kesseltreiben mit ihm, er kennt sich nicht mehr aus, er ist unter dem sinnlosen Druck der zufälligen Dinge apathisch geworden. Kein Lächeln bewegt den Mund, die Züge sind stur, der Gang ist der eines Automaten. Man tippt ihn an; er setzt sich in Marsch; man legt ihm ein Hindernis in den Weg; er steht wie angegossen. Den Ereignissen, die oberhalb von Druck und Stoß sich vollziehen, ist er nicht gewachsen. Frauen, Freunde, menschliche Erlebnisse sind für ihn eben so viele Ausfallserscheinungen. Andere drücken sich die Hand, lieben sich oder zürnen miteinander – er weiß nichts von dem allem, die schrecklichen Gegenstände erfordern seine ungeteilte Aufmerksamkeit, stumm und einsam verbringt er sein Leben damit ihnen auszuweichen. Oder er weiß vielleicht etwas von Liebe, vom Händeschütteln, von solchen Aktionen, die jenseits der Mechanik sich abspielen. Aber er kann es nicht recht herausbringen, wie ein Kloß steckt es in ihm, sein Kopf war zu bedenklich mit den Objekten in Berührung gekommen. Wenn es von ihm selber nur abhinge, nie gelangte er an ein menschliches Ziel. Indessen, gerade weil er so töricht, ein dummer Hans, durch die tote Welt gepufft wird, kommt ihm die Hilfe im letzten Augenblick. Er sucht sie nicht, sie sucht ihn. Ein Zufall entreißt ihn den tausend Fährnissen, eine unsichtbare Hand hebt ihn mitten in das amerikanische Liebesidyll hinein. Am Ende ist er der Hans im Glück.

(1926)

8. Buster Keaton im Krieg

Buster Keaton ist die Allegorie der Geistesabwesenheit. Wo sein Geist sich eigentlich aufhält, kann niemand ergründen. Vielleicht ist er überhaupt nicht vorhanden, vielleicht sucht er auch nur etwas, das ihm wesentlich ist. Die Welt enthält alles Mögliche; das von Buster Gesuchte enthält sie gerade nicht. Darum läßt er sie stehen, Buster bekümmert sich nicht um diese Welt. Die Dinge stoßen ihn, daß er stolpern muß, die Leute verwickeln ihn in ihre Geschäfte, die er nicht versteht. Das stört ihn, wie Fliegen stören, doch abgelenkt wird er nicht. Ohne Bewegung und unveränderten Gesichts geht er durch die Welt hindurch, sie ist zudringlich, er geht fort.

Es ist Krieg, amerikanischer Bürgerkrieg mit Nord- und Süd-armeen, aus dem vorigen Jahrhundert. Der Krieg erscheint klein und putzig, lauter Fußvolkscharen, die in Lagerzelten hausen. Wir sind andere Dimensionen gewöhnt, Schützen-gräben, riesige Kanonen; der Fortschritt der Technik. Aber Kriege veralten schnell, und in einigen Jahrzehnten, wenn die Giftgase in allen Farben schillern, wird auch der Welt-krieg zum Puppenkrieg geworden sein. Es ziemt sich also nicht, auf jenen Krieg herabzusehen, er war für seine Zeit ein formidabler Krieg.

Daß ein Krieg Buster Keaton nichts angeht, bedarf kaum der Erwähnung. Für das Militär und die Bevölkerung mag er wich-tig sein, aber Buster ist weder Militär noch Bevölkerung, er ist abwesend. Oder vielmehr: er ist Lokomotivführer, und seine Lokomotive heißt: »General«. Den »General« muß man gesehen haben. Ein Fahrinstrument aus den ersten Zeiten der Maschinenbaukunst, mit einem organischen Riesenaus-wuchs vorne oben, der sich bei näherer Betrachtung als sinn-reiche Kombination aus einem Schornstein und einer Petro-leumlampe entpuppt. Gegen die Langsamkeit, mit der das Konglomerat dahinrast, ließe sich vom heutigen Stand-punkt ein entschiedener Vorwurf erheben; aber dafür ist es ein anhängliches lebendiges Wesen, das zu Buster in einem besonderen Vertrauensverhältnis steht wie nur alte zerfetzte

Automodelle zu den Neapolitanern. Es hat Ecken, Kanten und Stege, auf denen er spazieren gehen kann, es hat einen geräumigen Puffer, auf dem er sich in Mußestunden, wenn die Fahrt glatt vonstatten geht, der Lektüre eines Lieblingsromans widmen mag. Buster behandelt die Maschine wie einen klugen schrulligen Neufundländer, dessen Verkehr stets Abwechslung bringt.

Ruhig dampfte er zwischen den Nord- und Südarmeen hin und her, wäre nicht ein Mädchen, das in ihm Gefühle erweckte, die ihn erreichen. Dieses hübsche Kind verlangt, daß auch Buster Soldat werde und in Schlachten ziehe. Gut also, um des Mädchens willen mischt sich Buster in den Krieg. Man weist ihn aber zurück, weil er als Lokomotivführer notwendiger sei. Niemals hätte er sich träumen lassen, daß er auf dem »General« gewissermaßen eine militärische Mission zu erfüllen habe. Er begreift es nicht, er ist traurig, daß er nicht in den Krieg soll, wegen des Mädchens.

Nun beginnt die entzückende Odyssee Busters und des »Generals«. Eine gegnerische Patrouille nämlich bemächtigt sich mitten im Feindgebiet der Lokomotive und des Mädchens und jagt davon, um die Strecke zu zerstören. Der in Gedankenlosigkeit versunkene Buster, der gerade abgestiegen war, läuft der Maschine nach. Kann er zu Fuß den »General« einholen? Es ist sinnlos, lächerlich, unmöglich. Vorausgesetzt, daß man nicht geistesabwesend sei wie Buster. Ihm gelingt, was der äußersten Konzentration fehlschlüge: die Dinge kommen von selber zu ihm. Buster gerät auf seiner Irrfahrt ohne Absicht ins feindliche Hauptquartier, belauscht, unter einem Tisch verkrochen und von Soldatenstiefeln zerquetscht, ohne Absicht den Kriegsrat der feindlichen Generale und rettet – das einzige Mal mit Absicht – sein gefangenes Mädchen. Ohne sich durch lästige Nebenumstände von dem geraden Weg abbringen zu lassen, entführt er den Feinden auch den »General«, besiegt auf der Heimfahrt aus Zerstreutheit die zahlreichen Hindernisse, die ein Krieg dem absichtslosen Handeln entgegensetzt, landet dampfend bei den Seinen und meldet den feindlichen Plan. Winzige Armeen entrollen sich, der Feind wird geschlagen. Unter Mithilfe Busters, der zwar nicht hilft, aber aus Versehen feindliche Soldaten aufspießt und den Hauptgeneral abliefert, der auf dem »General« seinerzeit eingeschlummert war und von dem ganzen Krieg nichts gemerkt hatte. Es war auch ohne ihn nicht gegangen. Buster wird Leutnant, das Mädchen liegt ihm in den mechanisch geöffneten Armen.

Das sind die Kriegsabenteuer Busters und seines »Generals«. Die beiden wären viel lieber ungestört hin und her gefahren, aber das Mädchen hatte es nicht anders gewollt. Ob mit dem Gewinn des Mädchens die Geistesabwesenheit behoben ist, dürfte zweifelhaft sein. Jedenfalls eher als durch einen wichtigen Krieg. Aber am Ende ist es doch am richtigsten, auf dem Promenadendeck des »Generals« durch die Welt zu fahren, die das Gesuchte nicht enthält.

(1927)

9. Steamboat Bill Jr.*

In seinem neuen Film: *Wasser hat Balken*[1] ist Buster Keaton, offenbar unter dem Einfluß Chaplins, merklich gereift. Die Welt, die früher nur grotesk war, ist jetzt verzaubert, sie ist ein Zauberwald, durch den der stumme Ritter Buster streift. Er sucht nicht Abenteuer, sie stoßen ihm zu. Nach jahrelanger Abwesenheit auf dem College kehrt er endlich nach Hause zurück. (Das Zuhause ist, nebenbei bemerkt, ein alter Flußraddampfer, dessen Kapitän sein Vater ist.) Was wäre natürlicher, als daß sein am Zug wartender Vater ihn an der weißen Nelke im Knopfloch erkennt, die er, Buster, sich eigens angeheftet hat, um schneller gefunden zu werden? Der Vater und er verfehlen sich trotz der weißen Nelke. Buster soll für den Borddienst eingekleidet werden. In einem Hutgeschäft werden ihm Hüte anprobiert, aber zu keinem paßt er richtig, und soviele Hutformen auch auf ihm sitzen, sein Kopf sitzt

1 Nachdruck in *Buster Keaton. Eine Dokumentation,* hg. v. Kommunalen Kino, Frankfurt 1971, S. 56.

eigentlich niemals unter ihnen. Auch die Hüte sind Feinde in dieser verwunschenen Welt, in der sogar das Klima vom gewohnten Lauf abweicht. Der Regen etwa ist kein gewöhnlicher Regen, sondern ein übernatürlicher Wassersturz, der alles Lebendige fortschwemmt. Mit einem zerfetzten Regenschirm kämpft Buster gegen die dämonische Flüssigkeit an. Ihr folgt ein Sturm, der die Häuser vom Boden hebt und die Wände niederreißt. Buster fliegt auf einen Baum durch die Lüfte, rollt in einem Märchenbett dahin und geht sorglos durch Türen aus der Leere ins Leere. Die ernste Miene ist sein Visier, die Unbeweglichkeit seine Waffe in einem Reich voller Schrecken. Manchmal stellt er sich tot, manchmal liegt er still wie ein Falter, der vortäuscht, ein Zweig zu sein. Aber ungeachtet der Angst ist er ein guter Junge, ein Ritter, der echte Gefühle hat. So empfindet er zum Beispiel Kindesliebe. Der Vater kommt ins Gefängnis, und Buster glaubt sich sofort berufen, ihn durch Ungeschick zu befreien. Das Ungeschick ist mit einer abgefeimten Schlauheit verbunden, deren Grazie an die Chaplins im *Goldrausch* erinnert. Überhaupt tritt er nicht plump auf, sondern greift immer behend daneben, und seine Anmut ist ein Versprechen, das freilich erst eingelöst werden mag, wenn der Bann von der Welt genommen ist. Dann könnte Buster sich endlich frei regen und lachen.

(1928)

10. Free And Easy*

Das Experiment, gegen dessen Durchführung sich Chaplin noch immer sträubt, Buster Keaton hat es unternommen. Er spricht. In seinem Film: *Buster rutscht ins Filmland* redet er wahrhaftig wie irgendein anderer Mensch, und wird auch die Wirkung dadurch beeinträchtigt, daß man ihm die deutsche Sprache untergeschoben hat, der seine Gesten widerstreiten, so läßt sich doch hinreichend ermessen, was diese Umwandlung der stummen Figur in eine sprechende bedeutet. Um ganz von den Schwächen des Films zu schweigen, dessen Situationskomik sich zwischen den langwierigen Dialogen nicht recht entfalten kann: Buster selber hat Schaden erlitten. Das ist nicht jener Buster Keaton mehr, den wir alle kennen, der Bursche mit dem verständnislosen, starren Gesicht, das durch seinen unentwegten Ernst den angemaßten der Umwelt bloßstellt; das ist ein Spaßmacher ohne besondere Mission, ein Akteur, der sich von seinen Gegenspielern grundsätzlich nicht unterscheidet. Er macht gewiß verschiedene Anstrengungen, um auch sprachlich auszudrücken, was er mimisch sagte; aber ihr einziger Erfolg ist, daß er sich nur desto tiefer in die Welt verstrickt, der er vorher fremd gegenüberstand. Am deutlichsten tritt die Trivialisierung der Figur in den entscheidenden Szenen hervor, die ihn als einen hilflos Liebenden zeigen. In ihnen legt er, der sprechende Buster, das Hauptgewicht darauf, sein Pech in der Liebe aus der Innerlichkeit abzuleiten, die ihm nicht erlaubt, mit dem glücklichen Nebenbuhler zu konkurrieren, der wie ein Kork an der Oberfläche treibt. Die Seele schnaubt, und das Gefühl ist hier alles. Nun ist zweifellos auch der stumme Buster manchmal ein benachteiligter Liebender gewesen; doch er hat nie seine Leiden psychologisch zu vertiefen versucht, sondern sie stets durch die Art ihrer Darstellung zu einem Hinweis auf die konstitutive Einsamkeit des Menschen in dieser Zeit gestempelt. Nicht die eigene Innerlichkeit – die Leere der Welt hat er durch sein Malheur enthüllen wollen. Eine gute Beschränkung; denn die Innerlichkeit selber ist fragwürdig geworden, oder doch jedenfalls zu wenig tragfähig, als daß man mit ihrer Unterstützung die Zustände so schlagend desavouieren könnte, wie es der stumme Buster getan hat. Kein Zweifel: der sprechende ist nicht ins Land des Films, sondern in das der Seele gerutscht, in dem es schmuddelig zugeht, und Schuld daran trägt der Zwang zum sprachlichen Ausdruck. So hätte dieses mißglückte Experiment den Vorrang der mimischen Geste vor dem gesprochenen Wort erhärtet. Durchaus nicht. Das Experiment lehrt nur das eine:

daß die heutige Sprache gewisse Verhaltungsweisen nicht einzufangen vermag, die im stummen Film bereits entdeckt und vollkommen dargeboten worden sind. Es gibt in der Tat kaum eine literarische Gestaltung, die den Gehalt der Mimik Busters oder gar Chaplins auswertete, und die Revolutionsromane der Russen nehmen es mit ihren großen Filmwerken nicht auf. Die Sprache befindet sich zur Zeit, wie auch dieser Tonfilm wider Willen verrät, in einem Zustand der Verlorenheit. Sie wird erst dann die Führerschaft zurückerhalten, die ihr zukommt, wenn die Menschen sich dazu entschließen, ihre Verhältnisse vernünftig zu meistern. Denn die richtige Sprache ist an richtige Einsichten geknüpft.

(1931)

11. The Kid Brother*

Harold, das Muster des fixen und unfertigen Amerikaners, hat, wie es scheint, die short stories satt. Verführt vielleicht durch das Beispiel Buster Keatons, sehnt auch er sich nach mehraktiger großer Literatur. Freilich, zu einem Buster wird er trotz der Länge seines: *Harold, der Pechvogel* nicht. Weder ist er ein stummer Märchenprinz, noch verzaubert sich ihm die Welt. Er bleibt der quicke optimistische Jüngling mit dem ewigen unchinesischen Lächeln, und seine Welt bedarf gewiß keiner Erlösung.

Dennoch hat er sich in dem neuen Stück nicht nur verlängert, sondern auch etwas vertieft. Ohne die Bedeutung der Passivität Busters zu ermessen, nimmt er sie äußerlich an. Auch er umgibt sich mit Hünen, um schwach zu erscheinen. Zwar bleckt er noch immer mit den Zähnen, aber oft aus Verlegenheit. Die Frechheit wird durch Furcht eingedämmt, die Rauflust weicht der List, die behend blufft. Aus dem »Er« möchte ein Ich werden, aus dem Ideal der Selfmade-Burschen im Strohhut ein netter amerikanischer Taugenichts.

Er hat sich mit richtigem Instinkt die romantische Umgebung

gewählt, die zum Taugenichts gehört. Fern von der Großstadt tummelt er sich irgendwo im Westen zwischen kühnen Männern, Gäulen und einer Unmenge von Natur. Hier kann er sich hinter Sonnenblumen verstecken, hier ist ein medizinischer Wanderzirkus ein Ereignis. Mitten in dem abgelegenen Fluß gedeiht auch ein altes Schiffswrack, dessen schiefe Räume und Schlupfwinkel eine Fundgrube für unfreiwillige Abenteuer sind. Er besteht sie gewandt-ungewandt, und dank der Abwesenheit jeglicher Zivilisation fallen wenigstens seine Lümmeleien nicht mehr so unerträglich smart aus wie früher.

Die Streiche entraten völlig der Phantastik und des Hintergrunds, den sie bei Buster haben, folgen sich aber dicht – stellenweise leider so dicht, daß sie sich gegenseitig ausstreichen – und sind hie und da von origineller Erfindung. Jede Hausfrau, die nicht gerade über eine maschinelle Kücheneinrichtung verfügt, muß die abgekürzte Methode studieren, nach der Harold beim Spülen der Teller verfährt. Geschickt herbeigeführt sind auch die verschiedenen Situationen, in denen es ihm, dem männlichen Aschenbrödel der Familie, gelingt, über die gewaltigen Brüder zu triumphieren; und reizend ersonnen ist die Verbrechereskorte über den Fluß. Der Mann wird einfach in lauter Schwimmgürtel verpackt, die, aneinandergereiht, eine Art von lebendigem Floß bilden, auf dem Harold heimrudert.

Ausgezeichnete Bewegungskomik ohne Sinn. »Er« ist eben zuletzt doch kein Ich; geschweige denn, daß er ichlos wie Buster wäre.

(1929)

12. Welcome Danger*

Im neu eröffneten Tauentzien-Palast läuft zur Zeit der Harold-Lloyd-Film: *Harold der Drachentöter* in der Originalfassung. Mag die Vehemenz der amerikanischen Groteske durch den Ton auch etwas eingeschränkt werden – sie rast immer noch mit einer herrlichen Unlogik und unaufhaltsam dahin. Obwohl der Film ein paar tote Stellen hat und gar nicht zu tönen brauchte, um verstanden zu werden, ist er für uns, die wir jetzt fortwährend die törichten Dialoge sprachunkundiger Manuskriptverfasser anhören müssen, ein lang entbehrter Genuß. Wie in den entschwundenen Tagen des stummen Films überrennen sich die witzigen Einfälle und komischen Bildsituationen, und das ganze Kaleidoskop ist von einer großartigen Unbefangenheit, die bei uns, so scheint es, nicht mehr gedeihen will.

(1931)

13. Feet First*

Harold Lloyd in seinem Film: *Harold, halt dich fest!* – ein Jongleur, der seine Kunst betreibt, um das nackte Leben zu retten. Er will nicht jonglieren; er muß. Auf ein ungesichertes Brett geraten, das von zwei am Dachrand stehenden Maurern hochgezogen wird, gaukelt er vor der Fassade eines Wolkenkratzers durchs Leere. Sie wird mitunter in ihrer ganzen Unermeßlichkeit vorgeführt, damit alle Zuschauer fassen, wie winzig und hilflos er ist, und gleicht dann einem senkrechten Ozean, den er auf einer Holzplanke befährt. Bald kippt das Fahrzeug um, und er findet erst im letzten Augenblick einen Halt, der einen Augenblick später keiner mehr ist; bald wird er an den Strand einer Markise gespült, deren Tuchbahnen er selber durch sein Gewicht zerreißt; bald glaubt er ins Landesinnere eines Zimmers entkommen zu können, sieht sich aber durch ein aufschlagendes Fenster zu schleuniger Flucht genötigt. Gesimse, Bauornamente und Steinfugen: das ganze äußere Architekturinventar hält ihn zum Narren. Und was den normalen Hausbewohnern, die im Lift bequem hinaufgleiten, als glatte, ununterschiedene Mauerfläche erscheint – ihm, der da draußen taumelt, hängt, rutscht, ist es ein Gewirr wilder Zacken. Vorsprünge von Millimetern vergrößern sich ihm zu gewaltigen Anlegeplätzen, und unmerkliche Hohlräume bedeuten für ihn Verderben. Schreiend und schwitzend jongliert er von einem Pünktchen zum andern; nicht wie ein Seiltänzer, der über Abgründe geht, um seine Geschicklichkeit zu beweisen, sondern als ein Verzweifelter, der gar nicht weiß, daß er jongliert.

Eine Akrobatik, die weniger Gelächter als Grauen hervorruft. Ob sie will oder nicht: sie ist das treffende Sinnbild des schwierigen Anstiegs in der Gesellschaft. Einem Wolkenkratzer gleich türmt sich diese empor, und wer in ihre oberen Stockwerke dringen möchte, ohne zu den Auserlesenen zu gehören, die ein Fahrstuhl in die Höhe befördert, muß sich abschinden wie Harold. Sie bietet ihm ihre Außenseite, und Angst packt den Schwindelnden. Wo immer er sich anzuklammern sucht, droht er ins Bodenlose zu stürzen. Er wähnt sich auf einem ruhigen Posten und wird sofort wieder vertrieben; er bettelt um Hilfe, ohne je eine Antwort zu erhalten; er begeht in seiner Bedrängnis waghalsige Abenteuer, deren Folge ist, daß er schachmatt gesetzt wird, und hinter jeder Ritze, durch die er sich glücklich gezwängt hat, steht schon ein anderer. So zappelt sich der Ausgestoßene an der Front des Gesellschaftsbaus ab – ein Spielball unberechenbarer Mächte, die ihm als blinde Zufälle entgegentreten. Und da er sie weder bändigen noch gar durch angestammte Tugenden zu Reichtum gelangen kann, bleibt ihm nichts anderes übrig, als die Konjunktur geschickt auszunutzen. Wenn er sich gut genug anpaßt, läßt ihn die Gesellschaft eines Tages zweifellos ein.

Lerne jonglieren: so lautet das Rezept, das Harold Lloyd allen Strebenden verordnet. Wie ein Riesentransparent leuchtet diese zeitgemäße Maxime, die von der Benjamin Franklins durchaus verschieden ist, über New York und allen Cities der Welt.

(1931)

14. Movie Crazy*

Harold Lloyds neuer Tonfilm: *Filmverrückt,* der jetzt in deutscher Fassung gezeigt wird, ist von einer so drastischen Komik, daß man aus dem Lachen nicht herauskommt. Nur ein Beispiel von zahllosen: ein Kücken ist in ein Kanalisationsrohr gefallen und Lloyd schafft es dadurch wieder nach oben, daß er Wasser ins Rohr fließen läßt. Munter erscheint das Kücken auf dem Wasserspiegel im Tageslicht. Der Film hat eine geschlossene Handlung, die darin besteht, daß Harold als Filmenthusiast nach Hollywood reist, dort wider Willen lauter Unheil anrichtet und schließlich zu seiner eigenen Überraschung doch noch den ursprünglich ersehnten Kontrakt erhält. Natürlich ist diese einheitlich durchgeführte Handlung nur der oft kaum sichtbare Rahmen für eine Fülle von Improvisationen. Ihrer zwei sind in sich zusammenhängende Einfallsketten. Die eine entspringt einer Verwechslung. Harold tauscht bei einer Gesellschaft seinen Frack für den eines Zauberers ein, aus dem dann beim Essen und Tanzen eine Menge ungeahnter Dinge hervorbrechen. Weiße Mäuse machen sich selbständig, eine Taube fliegt durch die Luft des Saales und die Knopflochblume verspritzt in den unpassendsten Augenblicken Wasser. Die andere Improvisationsreihe vermischt Sein und Schein. Während einer gigantischen Aufnahme im Filmatelier stürzt sich Harold auf den gerade agierenden Darsteller, der im Privatleben sein Nebenbuhler ist, und ein äußerst roher Kampf hebt an, den der zufällig vorbeikommende Filmdirektor für die Haupt- und Staatsaktion eines eben in Arbeit befindlichen komischen Films hält. Er kann gar nicht aufhören zu lachen. Und obwohl er später über seinen Irrtum aufgeklärt wird, engagiert er doch Harold mit der Begründung, daß er ihn eben zum Lachen gebracht habe. In der Tat versteht sich Harold Lloyd auf diese Kunst wie nur wenige und hat sie im neuen Film so weitergebildet, daß sie die Form der bloßen Groteske schon manchmal sprengt. An seinen Höhepunkten nimmt der Film märchenhafte Züge an. Der Held wird dann zum Tolpatsch, und

190

der Tolpatsch zum Hans im Glück. Die Situationskomik allerdings bleibt zum großen Teil auf der Strecke zurück. Während bei Chaplin etwa irgendeine Verwechslung stets einen Hinweis auf die Unordnung in der menschlichen Gesellschaft enthält, ist sie bei Lloyd immer nur eine Verwechslung.

(1932)

15. The Smiling Lieutenant*

Vorderhand begegnen sich die Völker weniger in Erkenntnissen als im seichten Mischmasch von Emotionen. Oder, wie Soma Morgenstern[1] es in seiner reizenden, an dieser Stelle unlängst veröffentlichten Kritik des Chevalier-Films: *Der lächelnde Leutnant* ausdrückt: »das Band des Lächelns verbindet uns mit der Welt«. Ich habe Maurice Chevalier in Paris gesehen, bevor er nach Hollywood kam. Auch damals lächelte er. Aber sein Lächeln hatte einen Lokalton, es war ein Pariser Lächeln, das er ausstrahlte, und sein Gang war der eines »Voyou«, der über die äußeren Boulevards schlendert. Jetzt ist dieses Lächeln verschlissen und gehört nicht mehr zu einer lebenden Sprache, sondern allenfalls zu den dürftigen Vokabeln, auf die sich Chevalier um der besseren Absatzchancen willen beschränken muß. Ganz in der Ordnung, daß es eine Erotik beglänzt, die gleich ihm selber ein Abhub ist. Man sollte ihr lieber nicht auf den Grund gehen, denn ihre Leichtigkeit ist nur noch Fassade, und hinter ihrer Frivolität verbirgt sich notdürftig die Roheit. Diese aus Wien bezogene Erotik und das in Paris gebürtige Lächeln: beide finden sich erst, nachdem sie ihrer Echtheit beraubt worden sind. Nichts wider Lubitsch; er mixt, ein zweiter Reinhardt, die denaturierten Elemente vortrefflich und bemüht sich darum, den Wünschen des bürgerlichen Publikums aller zivilisierten Länder zuvorzukommen. Daß es dem Zauber solcher Mache erliegt, kennzeichnet den Ort, an dem es sich heute

1 Kulturkorrespondent der FZ in Wien.

aufhält. Statt sich in der Aufklärung des gemeinsamen Elends zu treffen, flieht es gemeinsam vor ihr; statt sich dort ein Rendezvous zu geben, wo das Lächeln und die Liebe beheimatet sind, nimmt es mit ihren schmalen Resten vorlieb. Die internationale Geltung des Lubitsch-Films beruht darauf, daß er den Bedürfnissen von Konsumenten entspricht, die nicht in der Wirklichkeit selber, sondern nur durch das Absehen von ihr miteinander verbunden sind. Aus dieser Tatsache darf aber nicht gefolgert werden, daß die nationalen Erzeugnisse unter allen Umständen höher stünden als die internationalen. Im Gegenteil: denkbar ist eine Internationale, die sich der nationalen Eigentümlichkeiten bemächtigt und sie vermengt, ohne sie zu entleeren. Ihre Voraussetzung wäre allerdings, daß die Nationen sich dazu bereit fänden, ihre sozialen und politischen Angelegenheiten zusammen zu regeln. Dann hätte die Wirklichkeit Zugang zum Film, und Chevalier könnte in einer Wiener Operette pariserisch lächeln.

(1931)

16. Amerikanische Komödie: One Hour With You

Der neue Lubitsch-Film *Eine Stunde mit Dir* ist die vollendete Substanzlosigkeit. In dem unseligen Hollywood scheinen nachgerade alle Substanzen ausgelaugt zu werden. Man verfährt dort nach einem Kodex[1], von dem man zu glauben scheint, daß er internationale Gültigkeit besäße. Indem man aber nur Stoffe, Typen und Gesten passieren läßt, die angeblich der allgemeinen Nachfrage entsprechen, beraubt man die Filme sämtlicher besonderer Gehalte und bringt Surrogate zuwege, die hoffentlich eines Tages überhaupt nicht mehr erfragt werden. Sie bestehen aus lauter Abstraktionen und haben mit zu hohen Allgemeinbegriffen die Inhaltsarmut gemein. Aus Liebe wird in ihnen Liebelei, aus einer idealen Gestalt ein Star und aus der Wirklichkeit ein Schatten. Der

1 Selbstzensur der US-Filmindustrie, kodifiziert 1927. Im Wortlaut bei Dieter Prokop, *Soziologie des Films,* Neuwied 1970, S. 62–64.

Lubitsch-Film ist bereits auf diesem Nullpunkt angelangt. Er spielt in einem Milieu, in dem die Weltnot unbekannt ist und zieht das Nichts eines überflüssigen Ehebruchs unerträglich in die Länge. Was nutzt die auf ihn verwandte Regiekunst? Sie gleicht der Kunst des Friseurs und ist gerade darum erbärmlich, weil sie sich ohne Beziehung zu irgendeinem bedeutenden Stoff entwickelt. Maurice Chevalier ist mit ins Verderben gerissen worden. Er, der einst groß war, als er im Empire die »Valentine« sang, und sich noch damit begnügte, ein Pariser Gamin zu sein, muß heute amerikanisch und deutsch parlieren und hat damit sein Wesen verloren. Man hat ihm aus Geschäftsgründen Weltgeltung verschafft und ihn zugleich zum Markenartikel entwertet. Dabei spürt man überall seine Natur durch und merkt auch, was Jeanette Mac-Donald zu leisten vermöchte. Schauriger Anblick: wie diese beiden sich zu Allerweltsfiguren erniedrigen.

(1932)

17. The Man I Killed*

Unter den Filmen, auf die kurze Hinweise genügen, wäre die deutsche Fassung des Lubitsch-Films: *Der Mann, den sein Gewissen trieb* zu nennen, die bereits gelegentlich der Wiener Aufführung besprochen worden ist. Die gegen den Krieg gerichtete Tendenz des Films in Ehren: aber das Übermaß sachlich unorientierter Sentimentalität entwertet zuletzt leider wieder die Tendenz. Großartige Regieeinfälle gehen durch. Abgesehen vom vielgerühmten Anfang, der den in Paris nach dem Waffenstillstand abgehaltenen Dankgottesdienst mit schlagender optischer Kritik vergegenwärtigt, ist eine geistreiche Szene zu loben, die dem Ton eine besondere Rolle zuerteilt. Während das Liebespaar durch den Ort wandelt, stürzen die Bewohner zu Beobachtungszwecken aus ihren Ladentüren, die mit Glöckchen ausgestattet sind. Und ohne daß man die Neugierigen selber erblickte, folgt den beiden Vereinten noch lange ein Gebimmel, das ihre zärtlichen

Gespräche begleitet. Eine Abhandlung wäre zu schreiben über die sonderbare, in ihrer Bedeutung noch gar nicht durchschaute Verschiebung nationaler Ausdrucksformen, die der Tonfilm heute vornimmt. Der Film schildert ein deutsches Familienmilieu, das in Hollywood von amerikanischen Schauspielern produziert worden ist und nun, nachträglich eingedeutscht, in jenes Land zurückkehrt, aus dem es geholt worden war. Das Ursprüngliche wird so vielfach gebrochen; aber die Verzerrungen, die ihm widerfahren, erwecken eine Ahnung künftiger Möglichkeiten. Zweifellos weist der bedenkenlose Güteraustausch, den der Tonfilm bewerkstelligt, auf eine Zeit vor, in der sich die nationalen Eigenarten nicht nur gegenseitig abgrenzen, sondern miteinander vertragen werden.

(1932)

18. The Dragnet*

Der amerikanische Film *Polizei* veranschaulicht den Kampf der Behörden mit einer wohlorganisierten Alkohol-Schmugglerbande. Geschmeichelt wird der Polizei hierbei nicht. Sie macht Razzien großen Stils, ohne zu einem Ergebnis zu gelangen; sie wendet dort plumpe Gewaltmethoden an, wo sie durch List viel eher ihr Ziel erreichte. Josef von Sternberg, der Regisseur, rückt durch den realistischen Stil der Darstellung die Ereignisse in eine geradezu körperliche Nähe. Man glaubt die Personen greifen zu können, weil die Details der Umwelt minutiös ausgearbeitet sind; weil die Fabel weniger komponiert als dem wirklichen Leben nacherzählt zu sein scheint. So sieht es in der Unterwelt von Chicago aus; solche künstliche Spinnweben verschleiern den Geheimeingang zur Verbrecherwohnung; so gefährdet mag das Leben von Detektiven sein; das alles wird mit einem fanatischen Wirklichkeitseifer gezeigt, der den Zuschauer zum Zeugen echten Geschehens macht. An manchen Stellen freilich vernichtet falsche künstlerische Absicht das Eigenleben des Stoffs. Ein Unglücksfall wird durch schwarze Katzen und Kalender allzu aufdringlich angekündigt, und verschiedene Phasen der entscheidenden Liebesbeziehung sind mit Hilfe eines Leitmotivs vergegenwärtigt, das zum übrigen Realismus nicht paßt. Aber die paar Entgleisungen beeinträchtigen kaum die leibhafte Gewalt, die von den Szenen ausströmt.

In einigen von ihnen schlägt die Realistik, die das Dasein unverfälscht wiederzugeben meint, in Gestaltung um, die das bloße Dasein aufhebt. Sternberg läßt etwa seine weibliche Hauptfigur eine Hintertreppe hinaufgehen: mit einem Glanz, der bedeutungsvoll ist, sticht der prunkhafte Abendmantel von dem Grau der Wände und Stiegen ab. Bei einem opulenten Festmahl der Verbrecherbande wird als Clou des Abends der einst gefürchtete Detektiv hereingeschleppt, der inzwischen den Dienst gekündigt hat und vollkommen ungefährlich geworden ist. Die Herren Schmuggler verhöhnen ihn, und die Dämchen sitzen erwartungsvoll da, als harrten sie auf irgend ein schreckliches Ereignis, das nun eintreten müsse. Wie der geblendete Simson wankt der geschwächte Detektiv durch die Gesellschaft der Frevler, und man hat in der Tat das Gefühl, daß im nächsten Augenblick das Haus zu wanken beginne.

Mit erstaunlicher Kunst hat Sternberg seine Darsteller durchgebildet. George Bancroft als Detektiv steht gegen den Verbrecherkönig William Powell. Ein meisterhafter Kontrast zweier Figuren. Jener: schwer, brutal, nicht sehr intelligent, mit dem Boxerlachen und dem guten braven Herzen im Hintergrund. Dieser: eine Menjou-Eleganz, die ins Gemeine entartet ist, lauernd, von einer äußerlichen Apathie, die Furcht erweckt. Hat man jenen auch gern, wenn er einem etwas tut, so stößt dieser um so mehr zurück, je gleichmütiger er sich gibt. Zwischen beiden bewegt sich Evelyn Brent, der vom Regisseur schönes, waghalsiges Leben eingehaucht worden ist. Auch die Nebenfiguren sind glaubhaft eingesetzt.

(1929)

19. Die Docks von New York

Die Docks selber spielen in diesem Film leider nicht mit. Überhaupt stützt sich der hochbegabte Josef von Sternberg in ihm nicht auf eine ereignisreiche Handlung, sondern spannt mehr durch die Behandlung der Wirklichkeit. Ein Heizer rettet während seiner Urlaubsnacht ein Mädchen vor dem Ertrinken, läßt sich prompt mit ihr in einer Bar am Wasserstrand trauen und entschließt sich am andern Tag nach vielem Hin und Her, bei ihr zu bleiben – das ist die ganze Geschichte. Aber wie genau und unsentimental ist das Lokalkolorit der Unterwelt getroffen, die von der Hand in den Mund, von der heutigen Nacht zur nächsten lebt; wie sorgfältig sind die Typen eingesetzt und auf die letzte Formel gebracht; wie stimmig und ohne jede photographische Effekthascherei ist der Vergnügungsbetrieb im Hafen wiedergegeben, die trübe vagabundenhafte Lust, die sich ständig neu improvisiert. Man hat das alles schon oft gesehen – hier sieht man es dennoch zum erstenmal. Und nimmt darum gerne die breiten Schildereien mit in Kauf, die Abschweifungen und Zuständlichkeiten, in denen sich das Geschehen allzu häufig verfängt.

Langsam schreitet George Bancroft durch das langsame Stück. Er ist der Heizer. Eine proletarische Figur, eine wunderbare Vergegenwärtigung der guten Kraft. Kein Boxer, sondern einer, der unter Umständen auch boxt; kein auf Rekorde bedachter Sportsmann, sondern einer, der von Spielregeln und olympischen Siegen nichts weiß. Da er die Macht seines Körpers im Kesselraum und zum Wohl der Schwachen nutzt, wirken auch ihre zwecklosen Entladungen niemals brutal. Im Gegenteil: wenn er gewichtige Männer so gleichgültig beiseite schiebt wie andere Fliegen verscheuchen, wächst er zum Märchenkerl heran, dessen Kraftäußerungen schlechthin komisch sind. Komisch deshalb, weil ihre Furchtbarkeit nicht die geringste Furcht einflößt und ein sanftes Wort den Koloß umzuwerfen vermag. Wie der Golem, der die Aufträge seines Herrn ausführt, tappt er durch die Welt, die zum Glück mit Mädchen gefüllt ist. Sternberg hat viel Kunst auf die mimisch vollkommen ausgedrückte Abgestorbenheit Betty Compsons verwandt. Charmant ist der Übergang Olga Baclanovas von der Dirne zur Frau.

(1929)

20. Morocco*

Anhangsweise sei noch der Film erwähnt, der jetzt unter dem Titel: *Herzen in Flammen* in Berlin läuft. Es ist der erste Film, den J. von Sternberg (vor ungefähr zwei Jahren) mit Marlene Dietrich gedreht hat.[1] Das Buch von Benno Vigny, nach dem er hergestellt ist, soll ein Reißer sein; er selbst aber mutet wie ein langgezogenes Gummiband an, das leider nicht reißen will. Der Charme Gary Coopers und das vollendete Globetrottertum Menjous kommen gegen die afrikanische Hitze nicht auf, in der die Handlung eintrocknet und die Liebe stagniert. Und Marlene Dietrich enthüllt zwar in einem fort ihre berühmten unteren Extremitäten, ist aber in der oberen Hälfte eine monotone Trauergestalt, der man die unsagbaren Gefühle weit weniger glaubt als die mit dem besten Willen nicht wegzuleugnenden Beine.

(1931)

21. Mona Lilly

Josef von Sternbergs endlich zu uns gekommener Film *Shanghai Express* enthält ein paar wundervolle Bild- und Geräuschreportagen. Vor allem ist das Bahnhofsdurcheinander in Peking und Schanghai so fabelhaft geschildert, daß man vermutlich enttäuscht wäre, wenn man es an Ort und Stelle erlebte. Um die flimmernde, flirrende Welt festzuhalten, bedient sich Sternberg einer impressionistischen Technik. Er zeigt Ausschnitte und Fragmente, die von der Phantasie ergänzt zu

1 Erster Film Sternbergs mit der Dietrich war *Der blaue Engel.*

werden verlangen, und geht nicht den inhaltlichen Bedeutungen nach, sondern den Licht- und Tonvaleurs. Eine Handhabung der Apparatur, die zu ähnlichen Effekten wie die französische Malerei führt und durch den Stoff gerechtfertigt sein mag. Darüber hinaus sind die Typen gelungen, die den internationalen Expreßzug bevölkern. Die Besitzerin des Boarding-Hauses, der Reverend usw.: diese zusammengewürfelten, leicht komisch gezeichneten Reisegenossen haben Kontur und wirken so glaubhaft wie die Chargenfiguren eines Kolonialromanes von Claude Farrère.

Soweit wäre die Sache gut und in Ordnung. Aber die eigentliche Handlung des Films ist eine klebrige, widerwärtige Magazingeschichte, deren happy end sich kaum weniger lang hinauszieht wie die Fahrt nach Schanghai. Ich weiß nicht, was peinlicher ist: daß der ganze chinesische Bürgerkrieg mit Zugüberfällen, Maschinengewehren und Foltern aufgeboten wird, um die Liebe der beiden Helden zu verschleppen und auf die Probe zu stellen, oder das edle Getue dieser Zuckerstangenliebe selber. Clive Brook und Marlene Dietrich bilden das schmachtende Paar. Er: der ins Quadrat erhobene Mann; ritterlich, als sei die Welt ein Turnierplatz, und von einer Verhaltenheit, die man drei Tagereisen weit fauchen hört. Sie nennt sich Schanghai-Lilly, hat dem Vernehmen nach unzählige Männer gehabt, aber immer nur den einen geliebt, diesen Übermann, für den sie sich im Kriegsgebiet schweigend opfern möchte. Damit man nur ja an ihre Seelentiefen glaubt, lächelt Marlene Dietrich in einem fort ein ergründliches Mona-Lilly-Lächeln und ringt die Hände, statt ihre Beine zu zeigen. Kurzum, sie ist eine Dirne, wie sie in den schlechtesten Short-stories steht, die noch viel zu lang sind, eine Verwirklichung abgeschmackter Pubertätsträume, eine durch und durch verderbte literarische Erfindung.

Ich sage das so deutlich, weil diese Bilder verlogener Innerlichkeit blind gegen die Erscheinung der echten machen, weil durch einen solchen Film auch Gesten, die wirklich aus dem Herzen kommen, in Gefahr sind, entwertet zu werden. Opfermut, Liebe, Schweigen – alles, was irgend wirklich ist, wird hier mißbraucht und um seine Richtigkeit gebracht. Wenn es so weiter ginge mit der Falschmünzerei, vermöchte bald kein Mensch mehr den anderen zu erkennen.

(1932)

22. Blonde Venus*

Über den Zivilisationskitsch, der sich im Marlene Dietrich-Film *Die blonde Venus* breit macht, ist kein Wort zu verlieren. Die blonde Venus fällt tief und immer tiefer, ohne eigentlich zu fallen, denn sie liebt ja nur ihr Kind, und weil sie ihr Kind so liebt, nimmt sie ihr Mann, der sie natürlich ebenfalls liebt, zuletzt wieder in Gnaden bei sich auf, obwohl sie doch tief gefallen war. Beinahe bedrückender noch als diese Rührseligkeit ist die künstlerische Art, in der sich Josef von Sternberg, dem sie aufoktroyiert wurde, mit ihr abzufinden sucht. Er hätte sie in die Kolportage hineinzerren sollen und behandelt sie nobel. Die badenden Mädchen am Anfang, das Varieté, die südamerikanische Farm usw. – alle Szenen werden zu Bildern, die eingerahmt an der Wand hängen könnten. Und ein ewiges Dämmerlicht herrscht in ihnen, das sie noch anspruchsvoller macht. Das ist die Tonart für ein Kammerspiel, nicht aber für einen solchen Stoff. Indem Sternberg seinen Unwert zu adeln trachtet, statt ihn entschieden herauszustellen, erhöht er nicht etwa die Niedrigkeit der dem Stoff innewohnenden Gesinnung, sondern erniedrigt auch noch das Höhere. Denn die Kunst, die man aufs Imprägnieren von Leerläufen des Gefühls und gesellschaftliche Ideologien verwendet, wird von diesen herabgezogen und verliert ihren Sinn. Marlene Dietrich vollzieht natürlich den vermeintlichen Veredelungsprozeß mit. Das gewisse Etwas, das von ihr ausgeht und viele bezaubert, leidet aber bei ihrer Erhebung in die oberen Sphären, die gar nicht die oberen sind, schwere Not. Es kommt zum Vorschein, wenn sie die Dialoge der Beine beseelt. Übertönt sie dagegen als blonde Venus mit der Seelenharfe die Beine, so wird die Rangordnung in fataler Weise verkehrt. Nicht so, als ob sie bei der Darstellung der Mutterliebe, der Resignation usw. mimisch versagte. Das Peinliche ist nur, daß diese seelischen Zustände nicht, wie es zu fordern wäre, um ihrer selbst willen erscheinen, sondern als erotische Verführungsmittel dienen. Der unerträgliche Mißbrauch, der hier mit echten Empfindungen getrieben wird, enthüllt seine wahre Natur dort sehr deutlich, wo es sich tatsächlich darum handelte, die Beine zum Sprechen zu bringen. Auch in den Varietészenen möchte sich die Dietrich rein von oben her geben, und der Effekt ist der, daß sie nicht einmal wie einst im *Blauen Engel*[1] ein Prickeln erzeugt. Die Chansons werden von Luftkissen erstickt, die bloße Andeutung der sinnlichen Reize verfehlt ihren Zweck. Das ist die Rache für die Ausnutzung der Seele im Interesse der Erotik: daß diese genau an den Orten zu kurz kommt, an denen sie sich von Rechts wegen zu zeigen hätte.

23. Der große Gabbo

Sämtliche bei uns bekannten Filme Erich von Stroheims üben eine zwiespältige Wirkung aus. Abgesehen von ihrer scharf gewürzten Mache überragen sie den Durchschnitt auch noch dadurch, daß sie unter die Oberfläche greifen und die garstige Wirklichkeit zeigen, die sonst von Ideologien zugedeckt ist. Aber zugleich scheinen sie ein Akt der Privatrache zu sein, die rein subjektive Antwort eines vom Schicksal Geschlagenen auf sein Los. Eine Bitterkeit geht von ihnen aus, die sachlich nicht zureichend begründet ist, und persönliche Pathologie überwuchert die soziale Kritik. Mit dem *Hochzeitsmarsch* etwa hatte es eine solche Bewandtnis. Sie sind in gutem Sinne anstößig, diese Filme, und stoßen im schlechten ab.

1 Kracauers Kritik des *Blauen Engel, Die Neue Rundschau* (1930, S. 961–863), wird wieder abgedruckt im Anhang seiner *Schriften,* Band 2, *Von Caligari zu Hitler.*

Der große Gabbo – die deutsche Ausgabe des Films läuft jetzt im Ufapalast am Zoo – heißt nach seiner Hauptperson, einem Bauchredner, der an seinem Größenwahnsinn zugrundegeht. Ein Fall von Schizophrenie, eine Angelegenheit, die exemplarisch sein soll und klinisch ist. Das eine Selbst Gabbos, das bewußte, ist der Hochmutsteufel, der in seinem Eigensinn das geliebte Mädchen von sich weist, das andere unbewußte Selbst ersehnt sich die Geliebte wieder zurück. Dieses bessere Ich hat sich in die Holzpuppe gerettet, in den kleinen Otto, mit dem der Bauchredner stundenlang Zwiegespräche führt, die in Wirklichkeit Monologe sind. Otto, dessen Plappermäulchen durch eine Gummistrippe bewegt wird, trauert der Verstoßenen nach, während Gabbo böse erklärt, daß er allein bleiben wolle. Erst zuletzt weicht seine Besessenheit, und, einsgeworden mit Otto, verlangt auch er nach dem Mädchen. Aber nun ist es zu spät.

Vielleicht meint der Film die Rebellion des Einzelnen gegen den Alltag, vielleicht ist Gabbo nur aus ironischem Protest wider das normale Leben so wüst und verstockt. Man weiß es nicht. Und jedenfalls ist die Verwirklichung solcher und ähnlicher Absichten nicht gelungen. Sonst hätte der Film die Verlassenheit seines Helden dartun und gegen das Ende hin immer sinnfälliger veranschaulichen müssen, daß faktisch nicht Gabbo, sondern der Alltag unselig und verschlossen ist. Doch nichts dergleichen geschieht. Gabbo ist bis zum Schluß eitel, und das äußere Leben, das er durchbrechen möchte, verliert niemals die nüchterne Helle. Wie früher schon, so geht auch hier statt der Welt – und nicht einmal mit ihr – Stroheim selber entzwei.

In zwei Szenenfolgen dieses großartig hergerichteten, wenn auch stellenweise viel zu breit ausgesponnenen Films erzielt der Ton einen besonderen filmischen Effekt. Zunächst in den Dialogen mit dem hölzernen Otto. Durch die außerordentliche Kunst, mit der Stroheim als Gabbo das Gebärdenspiel der Puppe regiert, entsteht die Illusion, als ob diese in der Tat spräche. Ein Triumph der Einbildungskraft: während im allgemeinen die im Tonfilm gesprochenen Worte sich niemals restlos auf die Münder projizieren lassen, aus denen sie eigentlich kommen, scheinen sie sich in dem einen Fall, in dem sie wirklich eine imaginäre Herkunft haben, genau dem Puppeninnern zu entrinnen, dem sie gar nicht entstammen. Und noch an einem anderen Ort springt der Ton ins Bild hinein: im Revuefinale, das von langer Hand vorbereitet ist. Gabbo, der erfahren hat, daß die Geliebte ihm nicht mehr angehören will, sitzt einsam in seiner Ankleidezelle, indes auf der Bühne die Schlußapotheose anhebt. Fragmente der Revue umstellen, glänzend montiert, den Verzweifelten, der mit unartikulierten Schreien zwischen den Visionen in der Garderobe hin und her fuchtelt. Im Trancezustand taumelt er dann auf die Bühne hinaus, wo dieselben Revuebruchstücke, die ihn soeben gespenstisch heimgesucht hatten, sich leibhaftig zu einer strahlenden Komposition vereinen. Wo ist die Grenze zwischen Wachen und Traum? In dieser einen kurzen Szene, allerdings nur in ihr, ist Gabbo der Wache, und seine unverständlichen Laute möchten den wüsten Revuetraum vertreiben.

(1930)

24. Lonesome

Der Film: *Lonesome,* der aus Hollywood kommt, ist einer der besten Filme, die seit langem hergestellt worden sind. Seine Fabel? Er hat keine Fabel. So alltäglich ist die Geschichte, die er erzählt, daß die heutigen Großkampfregisseure sich geschämt hätten, dergleichen zu verfilmen. Eine Telephonistin und ein Fabrikarbeiter sind die Helden. Kleine Leute, wie man sie in den üblichen deutschen Filmen überhaupt nicht sieht. Oder man sieht sie, aber zum Schluß machen sie dann zum höheren Ruhm und Nutzen der Gesellschaft eine reiche Partie. Hier bleiben sie von Anfang bis zu Ende gewöhnliche Angestellte, die sich in nichts von den Millionen anderer Fabrikarbeiter und Telephonistinnen unterscheiden. Sie arbeiten während der Woche und möchten sich sonntags gern amüsieren. Leider ist er ohne Freundin und auch ihr fehlt der Anschluß. Um der Verlassenheit zu entrinnen, verbringen beide das Wochenende am dichtbesetzten Meeresstrand und schließen dort im Badekostüm miteinander Bekanntschaft. Längst ist der Strand leer geworden, und sie schwatzen immer noch. In der Nähe befindet sich ein Rummelplatz, in dem sie später gemeinsam tanzen, wackeln, und saufen. Durch einen dummen Zufall werden sie auseinandergerissen. Verzweifelt suchen sie sich, aber die Millionen von Angestellten, die gleich ihnen den Jahrmarkt bevölkern, drängen sich stets dazwischen. Er geht nach Hause, sie geht nach Hause. Nun bliebe jeder doppelt allein, wäre nicht die Geschichte ein Märchen. Er und sie haben nämlich seit Jahr und Tag Zimmer an Zimmer gewohnt, in einer jener Hauskasernen, deren zahllose Mieter einander so fremd wie die Antipoden sind. Genau in dem Augenblick, in dem sich die zwei Heimgekehrten für immer getrennt glauben, werden sie ihrer räumlichen Nachbarschaft inne. Sie sind vereint, die unendliche Entfernung der paar Zentimeter ist überwunden.

Der Regisseur heißt Paul Fejos. Aus dem banalen Stoff hat er, unterstützt von seinen Hauptdarstellern Glenn Tryon und Barbara Kent, eine bis zum Rand gefüllte Handlung geschaffen, der an humaner Gesinnung in der jüngsten Literatur allenfalls einige Schilderungen von Nathan Asch und Sinclair Lewis vergleichbar sind. Mit Anstand, Mut und guter Kennerschaft wird die Kamera auf den Alltag der Erwerbstätigen gerichtet, und nirgends ist seine Leere beschönigt. Er beginnt in häßlich möblierten Zimmern und führt wieder in sie zurück. Früh tötet das Rasseln des Weckers den Schlaf. Die Pflicht ruft, oder was so heißt. In der Hochbahn kämpfen die Menschenmassen um einen bescheidenen Stehplatz. Vor Maschinen und Schalttafeln laufen die Stunden bis zum Abend davon. Man hat frei, aber man ist zu müde, um frei zu sein. Magazine und Grammophone vertreiben die Zeit, statt sie zu halten. Schläfrig wird der Wecker gestellt, und morgen geht es so weiter.

Die Monotonie dieses Lebens ist durch viele treffende Einzelzüge belegt. Zu unterbrechen vermag sie einzig der Kitsch, der das Halbdunkel für Augenblicke erhellt. Es gehört zu den besten Einfällen des Films, daß dem Schlager eine entscheidende Rolle angewiesen worden ist. Bei den Klängen des »I love you always« wähnen die Liebenden im Tanzlokal den Himmel zu schauen, und eben das »I love you always« bringt sie am Ende zusammen. Eine Rutschbahn ist ihre Seligkeit, eine Grammophonplatte wird ihnen zur Engelstimme. Das Licht scheint gebrochen in der Finsternis.

Die Bilder sind nicht Illustrationen eines Textes, sondern stellen den Gehalt unmittelbar dar. So ganz ist er in ihnen geborgen, daß seine sprachliche Wiedergabe eine Übersetzung aus dem Original wäre. Der Übersetzer müßte ein bedeutender Prosakünstler sein, um das Urbild zu treffen.

Beispiel der Montage: Die Szenen, die von der täglichen Arbeitsverrichtung handeln, erscheinen hinter einem schwach hervortretenden Zifferblatt; nicht schlagender könnte die Einförmigkeit der Hantierungen versinnlicht sein als durch den gleichzeitig wahrnehmbaren Umlauf der Zeiger. Ein anderes wundervolles Bild ist der feenhaft illuminierte Juxplatz, der, Wirklichkeit und Glückstraum in eins, im Abend vor den Liebenden auftaucht. Und mit welcher Peinlichkeit ist ihre zwiefache Einsamkeit gestaltet, die in den öden Zimmerzellen und die im grausamen Menschenlabyrinth! Dort hausen sie, jeder für sich, inmitten eines Mobiliars, dessen Unwesen der Film schonungslos ans Licht zieht. Hier jagen sie einander zwischen Luftschlangen, wimmelnden Gesichtern und im Konfettiregen ununterbrochen nach, ohne je zusammenzukommen. Sie stehen ahnungslos Rücken an Rücken, sie streifen wiederholt an einem Budenbesitzer vorbei, der weiß, daß sie sich begehren, ihnen aber aus Gleichgültigkeit die Auskunft verweigert. Die ganze Bitterkeit ihres Verlorenseins ist ausgeschöpft, und daß sie sich zu allerletzt doch noch umarmen dürfen, ist nur der Abglanz eines schöneren Lebens.

(1928)

25. Menschen hinter Gittern

Der im Ausland vielbesprochene Film: *Menschen hinter Gittern*, der jetzt endlich auch in Berlin zu laufen begonnen hat, ist ein von der Metro-Goldwyn-Mayer in ihrer Cosmopolitan-Produktion hergestelltes Monumentalwerk. Welch Gewicht die Firma auf seinen Weltvertrieb legt, beweisen die für die deutsche Version[1] gemachten Anstrengungen. Heinrich George spielt die Hauptrolle, und im Interesse der Dialoge sind gleich zwei Dichter auf einmal: Walter Hasenclever und Ernst Toller bemüht worden. Dieses Aufgebot an Kräften und Namen wird durch die Großartigkeit der Mittel gerechtfertigt. Täusche ich mich nicht, so ist das Gefängnisleben noch niemals so umfassend dargestellt worden wie hier. Hof, Zellen, Personal und Sträflingsmassen finden sich zu Szenen zusammen, die den Eindruck unverstellter Bilder der Wirklichkeit machen. Da fehlt nicht ein Detail, da scheint nichts übertrieben. Der Gefängnisdirektor ist etwa kein Bösewicht wie der bucklige Despot im russischen Zuchthausfilm: *Arsenal*[2], sondern ein human denkender Beamter, der durchaus glaubhaft wirkt. Und so sind auch die Gefangenen überzeugend und unsentimental porträtiert.

Trotz dieser günstigen Vorbedingungen gedeiht der Film nicht zur Gestaltung. Er möchte einmal die Zustände im Gefängnis schildern, zum andern zeigen, wie aus diesen Zuständen eine Revolte hervorwächst. Da nun die an den Schluß gelegte Revolte eine Katastrophe ist, die in ihrer ganzen Furchtbarkeit ausgemalt wird – Tanks fahren auf, und die Maschinengewehre knattern ununterbrochen – müßte sie durch die vorangegangenen Szenen zulänglich begründet sein, um sich der Komposition wirklich sinnvoll einzufügen. Ich erinnere an die Schreckensepisoden und die revolutionäre Erhebung im *Potemkin*. Während aber in diesem klassischen Werk Prinzipien miteinander kämpfen, aus denen sich die Greuel zum mindesten erklären lassen, bleibt der Sträflingsaufruhr des

---

1 Deutsche Version von *Big House.*
2 Gemeint ist *Das Gespenst, das nicht wiederkehrt,* vgl. hier S. 100–102.

amerikanischen Films ein isoliertes, geistig nicht zu bewältigendes Ereignis. Weder folgt er aus systematischen Mißhandlungen – im Gegenteil, die Leute haben es gar nicht so schlecht –, noch ist er auf soziale oder politische Motive zurückzuführen. Nicht einmal an den eingeschalteten Protest der Gefangenen gegen das schlechte Essen knüpft er unmittelbar an. Auch die Sorgen, die sich der Direktor wegen der Überfüllung des Gefängnisses und der erzwungenen Untätigkeit seiner Insassen macht, unterbauen ihn nicht; denn statt durch die Zustände bewahrheitet zu werden, fallen die hierauf bezüglichen Bemerkungen so beiläufig, daß sie der Rebellion höchstens als Vorwand dienen können. Eines Tages bricht sie einfach aus, weil der Lebenslängliche die Gefangenschaft nicht länger erträgt. Gewiß, dergleichen kommt vor. Die hinterher einsetzende Beschreibung des Feuergefechts aber, in der jedes Detail wollüstig ausgekostet wird, vermag ihre Ausführlichkeit nicht zu legitimieren und enträt darum jeder Bedeutung. Oder vielmehr: ihre Bedeutung ist die der Effekthascherei. Nicht umsonst löst sie wie irgendein unerhelltes, ungestaltetes Faktum nur stumpfes Grauen aus. Daß sie gar nicht mehr sein will als eine pure Sensation, geht indirekt aus dem angehängten happy end hervor, das die Begnadigung des Favoriten bringt und durch die Hinwendung zum glücklichen Einzelschicksal nochmals dartut, wie wenig hier das Gesamtschicksal der Gefangenen in Frage steht.

Ich wüßte nach alledem nicht, was wider die Begründung einzuwenden wäre, mit der die Bildstelle des Zentralinstituts für Erziehung und Unterricht es abgelehnt hat, den Film als künstlerisch wertvoll anzuerkennen. Sie tadelt unter anderem, daß das Problem des Strafvollzugs nur in einigen unwesentlichen Sätzen angeschnitten worden sei, nimmt Anstoß an dem »süßlichen« Abschluß und findet mit Recht, daß die Kampfszenen zwischen Aufsehern und Gefangenen den »inneren Gehalt« vermissen lassen. Man hat in Berliner Künstler- und Fachkreisen über den negativen Bescheid der Bildstelle diskutiert und ihn teilweise nicht gebilligt. Aber ich meine, daß er rein sachlich jedenfalls hinreichend motiviert ist. Zu prüfen bliebe nur, ob an andere Filme, denen tatsächlich ein künstlerischer Wert zugesprochen wurde, dieselben strengen Maßstäbe der Beurteilung angelegt worden sind. Man darf das bezweifeln, und immerhin überragt der Sträflingsfilm ungeachtet seiner offenkundigen Mängel die meisten deutschen Erzeugnisse. Da es sehr schwierig ist, in künstlerischen Dingen nach einheitlichen und unantastbaren Grundsätzen zu verfahren, sollte die Bildstelle überall dort, wo ernsthafte Qualitäten im Spiel sind, lieber ein Auge zudrücken, als sich dem Verdacht der Willkür aussetzen. Sie hat ja auch René Clair die künstlerischen Ehrenrechte zurückerstattet, und außerdem ist die Produktion eben so armselig, daß hohe Kunstbegriffe ihr gegenüber kaum angebracht sind.

Der Ungar Paul Fejos hat die Regie geführt. Er, dem wir den stummen Film: *Zwei junge Herzen*[3] verdanken, einer der schönsten, einfachsten und zugleich gefülltesten, die ich überhaupt kenne, beweist mit dieser Leistung, daß er auch die Massenführung beherrscht. Bewundernswert ist, wie er die Gefangenenzüge durch den Hof leitet, sie dann auflöst und wieder zu kleinen Gruppen zusammensetzt – ein graues Gerinsel, das den ganzen Film grundiert und alle Einzelauftritte miteinander verbindet. Aus ihm treten, von der virtuos, aber auch nur virtuos kombinierten Revolte abgesehen, verschiedene Szenen besonders eindrucksvoll hervor. Die Demonstration im Speisesaal vor allem, bei der im Takt gebrüllt wird und zahllose Eßnäpfe durch die Luft wirbeln. Ferner Andacht in der Kirche, die eine vollendete Kontrastwirkung enthält. Während der Geistliche fad über den Frieden redet, wandern unter den Betpulten Revolver aus einer Hand in die andere. Nicht minder gekonnt ist das kleine Zwischenstück in der Dunkelzellen-Abteilung, das zudem einen rein dem Tonfilm vorbehaltenen Effekt erzielt. Man sieht den trüb erleuchteten Gang, an den die Stahltüren grenzen, und hört die verzwei-

3 *Lonesome.*

felten Gespräche der Arrestanten, die man selber nicht sieht. Sie müssen schreien, um sich zu verständigen, und es ist, als riefen sie sich aus weiter Ferne Trostworte und Flüche zu. Andere Partien sind schwächer. So ist das Gefängnisgebäude eine fantastische Filmtrutzburg und Annie, das einzige Mädchen im Stück, eine konventionelle Figur, die ausgezeichnet in das zu ihr gehörige Familienstilleben paßt, in dem sie sich auch nicht bewegt.

Heinrich George: ein dickes, gutmütiges Bündel ungelenkter Triebe, ein dumpfer Fleischkoloß, der nichts von sich oder gar von der Welt weiß; es sei denn, daß er nicht eingesperrt leben mag. Er spielt, was zu spielen ist: die Trauer um den Tod der Mutter, die Raserei, die Dummheit, die Treue, ist aber, ohne daß es ihm an Übergängen gebräche, in jedem Moment um eine Spur zu massiv. Als ob ihn die Gewichtigkeit des Körpers dazu verführe, so betont und unterstreicht er die einzelnen Phasen. Gäbe er weniger, so wäre er mehr. Sein Kumpan Gustav Diessl strahlt einen gewissen, seelisch fundierten Charme aus und erwirkt der von ihm verkörperten Rolle alle Sympathien, die ihr zugedacht sind. Der undankbaren Aufgabe, einen schlecht konturierten jungen Gefangenen darzustellen, der den Spitzel macht, entledigt sich Egon von Jordan verhältnismäßig geschickt. Angenehm fällt Peter Erkelenz als Gefängnisdirektor auf.

(1931)

26. Wichtiges Experiment

Der Regisseur Paul Fejos, dessen Film: *Zwei junge Herzen* einer der schönsten stummen Filme ist, die je gedreht worden sind, hat jetzt ein neues Werk inszeniert, das aus der Reihe der üblichen Tonfilme völlig herausfällt. Es heißt *Marie* und nennt sich selber eine Filmlegende.[1] Diese Schöpfung ist unter allen Umständen ein kühnes und für die Entwicklung der Gat-

1 *Tavaszi Zapor,* auch *Marie, légende hongroise.*

tung wichtiges Experiment. Denn sie versucht nicht nur, den Tonfilm zum Kunstwerk zu verdichten, sondern möchte ihm auch die Internationalität des stummen Films zurückerobern.

Zu Grunde gelegt ist die ungarische Legende vom Dienstmädchen Marie, in der sich das Schicksal der geschundenen Kreatur verkörpert. Marie wird geplagt wie Aschenputtel, verführt und verlassen wie Gretchen und nach Eintritt der Schwangerschaft von der ganzen Dorfgesellschaft verfemt. Nur die Insassen eines Freudenhauses haben Erbarmen mit ihr. Hier kommt sie nieder, hier verhätscheln alle Mädchen ihr Kind. Aber auf eine Denunziation hin greift die Staatsgewalt ein und entreißt der armen Marie das Töchterchen, ohne das sie nicht sein kann. Sie verfällt dem Wahnsinn, irrt verspottet umher und stirbt. Nach ihrem Tod nimmt die sozialkritische Legende vollends märchenhafte Züge an. Erlöst von der Erdenpein, fährt Marie himmelwärts, putzt in der ewigen Seligkeit eine schimmernde Küche und bewahrt als Schutzengel ihre Tochter vor dem eigenen bitteren Los.

Diese ergreifende Fabel gibt Fejos zwei wesentliche Chancen. Die eine: daß der Stoff einer freien filmischen Durchgestaltung auf halbem Wege entgegenkommt. Zum Unterschied von den meisten anderen Vorwürfen gestattet nämlich die Legende, alle Dinge von einer einzigen, inhaltlich erfüllten Perspektive aus zu betrachten. Die Welt muß so erscheinen, wie Marie sie sieht, und der Blick, den sie, die Gequälte, auf ihre Umgebung richtet, ist kein beliebiger Blick, sondern einer, der die Menschen und Zustände entlarvt. Indem nun Fejos diesem Blick bewußt folgt, verfährt er mit der Realität wie ein Dichter. Er nimmt alle Gestalten und Gegenstände gleichsam durch die Augen Maries wahr und hebt so die konfuse Empirie in eine entschiedene Wirklichkeit. Seine verwandelnde Kraft ist oft groß. Der Glockenturm, zu dem Marie aufsieht, wird mit Bedeutung imprägniert, das Standbild der Muttergottes scheint bewegt, und die Gesichter der Dienstherrschaft erhalten jene unpersönliche Härte, die ihrer sozialen Stellung entspricht. Der Verlassenheit Maries antwortet die Öde der Objekte. Die vorsintflutliche Eisenbahn führt aus der Welt heraus, die Häuser wirken wie Feinde. Nur im Bordell eigentlich, einer entsetzlichen Kleinstadt-Oase, tauen die Sachen und Figuren ein wenig auf. Das mechanische Klavier spielt selbsttätig muntere Disharmonien, der kalte Lichterglanz erwärmt, und hinter der erstarrten Physiognomie der Inhaberin regt sich ein Mitgefühl, das sie spürbar verschönt.

Auch von der zweiten Chance macht Fejos einen guten Gebrauch. Sie besteht darin, daß durch die Einfachheit und Sinnfälligkeit der Fabel die Sprache auf ein Minimum beschränkt werden kann. Während René Clair den Dialog nach Möglichkeit als Element des musikalischen Tongefüges verwendet, läßt ihm Fejos, hierin realistischer, den Charakter des Sprechdialogs, drängt ihn aber fast ganz in den Hintergrund. Er bemüht sich, praktisch durchzuführen, was ich an dieser Stelle wieder und wieder aus ästhetischen Gründen fordern zu müssen glaubte. Tatsächlich sind alle Situationen so entwickelt, daß das Wort nahezu entbehrlich wird. Und in jenen Fällen, in denen es doch eintritt, erwächst sein Sinn ohne Schwierigkeit aus dem der Situation. (Um so unbegreiflicher, daß die paar Sätze, die herauskristallisieren, in deutscher Sprache unterlegt worden sind.) Das hier gegebene Beispiel verdient die Nachfolge um so mehr, als Fejos auch auf jede übertriebene oder sachlich unbegründete musikalische Illustration verzichtet. Er nutzt Geräusche und Tierstimmen aus und schaltet die Musik vorwiegend dort ein, wo sie von der Fabel bedingt ist. Man hört die Klänge eines Tanzfestes herüberwehen, das sich später vor aller Augen entfaltet. Überhaupt ist kaum je eine akustische Untermalung angesetzt, die ein bloßes Füllsel wäre und außerhalb des Films gelegene Quellen hätte. Dank dieser sinnvollen Ökonomie aber wird der Film erst richtig zum Film. Das heißt nichts anderes, als daß sein Hauptgewicht auf den stummen Partien ruht. Gesten übernehmen tragende Funktionen, mimische Veränderungen, deren Verständnis an keine Sprachgrenze gebunden ist, bestimmen die der Handlung. In Annabella hat Fejos eine Darstellerin gefunden, die seine Absichten zu realisieren vermag. Sie besitzt eine erstaunliche Fähigkeit zu nuancieren, und wie sie das eine Mal ein Bild auswegloser Trauer ist, so erstrahlt sie das andere Mal in der Glorie des Mutterglücks.

Trotz solcher schwer zu überschätzender Qualitäten bleibt aber der Film weit hinter dem Ziel zurück, das Fejos ersichtlich vorgeschwebt hat. Und zwar darum, weil das Werk schon von Geburt an mit einem Gebrechen behaftet ist. Erstrebt wird in ihm die Verfilmung einer Legende von so rein epischer Beschaffenheit, daß ihre Transponierung in die Filmsprache gar nicht gelingen kann. In der Legende spielt der chronologische Zeitablauf nur eine unwesentliche Rolle im Vergleich mit der legendären Zeit, die sich windschief zur chronologischen verhält. Diese episch wohl zu gestaltende Zeit nun, die über Daten und Räume nach freiem Ermessen verfügt, wird im Film oft bis zur Unerträglichkeit verzerrt. Um sie annähernd widerzuspiegeln, ist Fejos genötigt, fortwährend zwischen langgezogenen Szenen und höchst summarisch verfahrenden Auftritten zu wechseln. Manchmal steht der Uhrzeiger still, manchmal sind Monate oder Jahre ein Nichts. Was in der Legende zur Einheit verwoben sein mag, erscheint eben im Film als abruptes Nacheinander. Diese Sprunghaftigkeit der Tempi, die ein starkes Unbehagen erzeugt, weist aber deutlich darauf hin, daß sich die Legende der Verfilmung widersetzt. Ihre Wahl wird dadurch noch problematischer, daß die legendäre Phantasie häufig der Verbildlichung spottet. Sie ist im Himmel genau so wie auf der Erde zu Hause und kann sich in Reichen ergehen, die nie ein Auge erblickt. Daher muß der Filmregisseur notwendig scheitern, sobald er gewisse Sprachbilder optisch belegen will. Seine Feerien schmecken auch wirklich nach dem Atelier, seine Sterne sind künstlich, und die Erdkugel, auf die Marie niederschaut, ist ein Modell. Solche Illustrationen sind Verfehlungen prinzipieller Art. Sie vernichten die Kraft des erzählten Märchens und kommen der Phatasie nicht zu Hilfe, sondern töten sie nur. Schließlich hat Fejos, vielleicht um einen abendfüllenden Film herzustellen, die Maße im ganzen zu völlig genommen. Der Film erreicht eine Ausdehnung, der seine Inhalte nicht gewachsen sind. In der knappen Legende beheimatet, werden sie sofort obdachlos, wenn man sie über die ihnen zubestimmte absolute Länge hinaus streckt.

Diese Einwände besagen selbstverständlich nichts gegen den außerordentlichen Wert, den der Film als Experiment hat. Die Filmschaffenden könnten viel von ihm lernen.

(1933)

27. Hallelujah

Die Sphäre, in der King Vidors jetzt endlich im Mozartsaal angelaufener Negerfilm: *Hallelujah* spielt, hebt sich an einer Stelle besonders deutlich ab. Gegen das Ende hin wird der Negerheld aus dem Volksleben, das er mit seinen Stammesgenossen geführt hat, in ein Holzsägewerk verschlagen. Solche Holzsägewerke sind vermutlich schon hundertmal veranschaulicht worden. Sie wirken in der Regel als normale Bestandteile des zivilisierten Lebens, über deren Anblick niemandem etwas einfällt; vorausgesetzt, daß sie nicht zu einem Triumph der Technik aufgebauscht werden, der uns erheben soll. Hier ruft das Holzsägewerk andere Empfindungen wach. Es erscheint nicht als normales Zubehör unseres Lebens, sondern als eine Einrichtung von unheimlicher Leere. Und statt die Zuschauer technisch zu begeistern, gähnt es sie an. Die Zivilisation, die sich ihm darstellt, bricht in die Fülle der Negerereignisse nicht überlegen ein; vielmehr: sie unterbricht diese Fülle nur für ein paar Meter und gleicht durchaus einem Nichts. (Ich glaube übrigens, daß sie auch aus einer anderen, uns gemäßeren Perspektive als der des primitiven Volkes einem Nichts gleichen müßte.)

Die Neger treten als Kollektiv auf. King Vidor hat sie nicht unter den Weißen gezeigt, er ist dort hingegangen, wo sie noch bei sich selber sind. In den Baumwollplantagen des Südens leben sie als Stammesgemeinschaft, die zugleich eine religiöse Gemeinde ist. Das Schicksal eines einzelnen dient nur dazu, das der Gesamtheit sichtbar zu machen. Zeke, der so dunkel wie leidenschaftlich ist, erschießt in einer Kneipe versehentlich den leiblichen Bruder. Bei der Trauerfeier daheim widerfährt dann dem Reuigen die »Erweckung«. Er wird ein berühmter Wanderprediger und zieht mit den Seinen durchs Land. Welche Szenen erstehen! Die Massen empfangen ihn, der auf einem Esel Einzug hält; sie lauschen mit allen Sinnen verzückt seiner Predigt; sie nehmen, weißgekleidet, scharenweise im Fluß die Taufe entgegen; sie feiern ein Fest, bei dem sie ekstatisch tanzen, zucken, brüllen und taumeln. Noch nie vielleicht ist ein solcher Rausch der Leiber gekurbelt worden. Mitten aus dem Aufruhr der Wiedertäufer stiehlt sich Zeke mit der Dirne davon, die ihn begehrt, die er immer begehrt hat. Er lebt in der Fremde, er ist unglücklich, er tötet das Mädchen auf der Flucht. Dem düsteren Balladenende klappen, vermutlich der Publikumswirkung wegen, ein paar versöhnliche Bildchen nach, auf denen sich unser Held wieder mit seiner Familie vereint. Man merkt ihnen an, daß sich King Vidor zu dieser ihm abverlangten Fröhlichkeit nur ungern verstanden hat.

Es ist alles andere eher als ein Zufall, daß der Film in Photographie und Montage überraschende Ähnlichkeiten mit den Russenfilmen zeigt. Diese Ähnlichkeiten sind sachlich begründet, denn hier und dort herrscht das Kollektiv, und hier und dort leben die Menschen in Verbundenheit mit der Landschaft. Ein Russe könnte die Baumwollernte gedreht haben, den Zug der schwarzen Landleute durch die Plantage. Die Übereinstimmung folgt von selber aus den Gegenständen, die übereinstimmen, und aus der Hingabe der Regisseure an sie. Auch die Einstellungen sind einander verwandt. Wie ein einzelner, auf dem gerade der Akzent ruht, sich aus der Masse hebt, wie die von der Natur geprägte und in sie eingebettete Physiognomie benutzt wird, wie das vom Standpunkt der Gemeinschaft aus Fremdartige in ungewohnter Perspektive erscheint – die Russen machen das alles genau so. Ich erinnere etwa an den Dowshenko-Film: *Erde*. Der Vergleich mit ihm lehrt allerdings auch den Unterschied zwischen beiden Welten erkennen. Die Menschen Dowshenkos wollen im Einklang mit der Erde leben, Vidors Neger leben aus ihr. In diesem Falle: primitive Selbstverständlichkeit. In jenem: bewußte Konstruktion, ein nahezu pathetisches Bekenntnis zum Land. Es muß gesagt werden, daß das russische Bauernkollektiv bei Dowshenko längst nicht so echt wirkt wie das der Neger. Das Bewußtsein kann den natürlichen Bindungen entwachsen und sie kommandieren; sie neu anknüpfen kann es nicht.

Der Film, an dem zwei Jahre gearbeitet wurde, übertrifft auch als Tonfilm die meisten neueren Erzeugnisse und gewiß alle deutschen. (Bei uns können natürlich auch nicht die Mittel aufgebracht werden, die hier zu Gebote standen.) Das liegt zunächst an der Wahl des Stoffes. Diese Negergemeinde war von vornherein für den Tonfilm prädestiniert. Musik ist bei ihr keine seltene Dreingabe, sondern gehört mitten in den Alltag hinein, und der stumme Film hätte eine solche Wirklichkeit um so weniger bewältigen können, als ihr Lokalkolorit mindestens im selben Maße akustisch wie optisch bestimmt ist. Amerikanische Sätze in Negermündern: das sind Naturlaute, sinnvolle melodiöse Katarakte, die auch dem etwas bedeuten, der das Amerikanische nicht beherrscht. Der Regisseur von *Masse Mensch*[1] und *Die große Parade*[2] hat seine glückliche Hand schon damit bewiesen, daß er gerade dieses vorgeformte Material auswertete. Und er hat ihm niemals Gewalt angetan, seine realistischen Absichten vielmehr auch dem Ton gegenüber durchgesetzt. Es wird gesungen, wo gesungen werden muß. Geräusche und Sprache werden nirgends herbeigezerrt; sie stellen sich ein, sobald die Komposition es verlangt. Man wird, wie ich hoffe, bald zu Tonfilmen kommen, in denen die Töne nicht mit den

1 *The Crowd.*
2 *The Big Parade.*

Bildern übereinstimmen, sondern, scheinbar unabhängig von ihnen, ihre eigenen Kurven beschreiben. Bei Vidor sind sie noch synchronisiert und nicht so frei verwandt wie z. B. in dem neueren René-Clair-Film: *Sous les toits de Paris.* Dafür haben sie aber eine Kraft der Aussage, die mehr als nur illustrativ ist. Ich denke etwa an die Rufe des verlassenen Mädchens, das in der Nacht ihrem Geliebten nacheilt: Klagerufe, die ein selbständiges Leben führen – man weiß nicht, ob sie den Bildeindruck vertiefen helfen, oder ob die Bilder ihnen erst entströmen. Mehr noch: der Ton, so nachdrücklich er eingreift, lähmt kaum je die Beweglichkeit der Kamera. Sie wandert wie im stummen Film ungehindert umher, und auch die Montage läßt sich keine der Möglichkeiten verkümmern, die von der Mehrzahl unserer Regisseure preisgegeben worden sind. Es fehlt nicht an optischen Phantasien, wenn die Situation sie fordert (das Solospiel der Hände während der religiösen Ekstase). Eine außerordentliche Leistung ist die Szenenreihe, in der Zeke seinen Widersacher verfolgt. Durch Wasserläufe und Wälder hindurch jagt er den Mann. Man hört das Plätschern, das Rauschen und Keuchen; man sieht die Undurchdringlichkeit der Laubmassen und der Baumstammheere. Und es ist, als seien Gewalten niedergestiegen, von denen wir als Kinder aus den Sagen wußten.

Soll ich die einzelnen Darsteller aufzählen? Aber das wäre ein Unrecht gegenüber der Leistung des Kollektivs. King Vidor hat sich seine Leute aus allen Ecken und Enden zusammengeklaubt, die wenigsten waren Schauspieler von Beruf. Ich nenne Daniel H. Haynes, der den Zeke spielt und früher wirklich einmal Wanderprediger gewesen ist. Ich nenne vor allem Nina Mae McKinney, die über sämtliche Verführungskünste gebietet, die so verderbt wie unschuldig blicken kann und eine große Meisterin auf dem Gebiet der Groteskkomik ist. Aber auch die anderen sind Stars; obwohl gerade dieses Wort auf niemanden von ihnen angewandt werden dürfte. Woher rührt es, daß sie so spielen können? Weil sie sind, was sie spielen. Sie lieben wirklich und sie glauben wirklich. Sie sind Menschen. Während man bei unseren Darstellern manchmal das Gefühl nicht los wird, daß sie nur spielen, weil sie nicht sind. Die Substanz ist geschwunden, die Haft verloren und übrig geblieben ist die Schauspielerei an sich. Wie oft greift sie nicht daneben, wenn sie Haß, Eifersucht, Schmerz zu vergegenwärtigen hat, übertreibt oder verblaßt zum Schattenbild. Ihr fehlt die Erfahrung, die Verbundenheit mit der menschlichen Existenz. Und jenes Ineinander von Dirnentum und Reinheit, das zuvor gelebt sein muß, um dann den Schein des Lebens zu gewinnen – kaum einer unserer Künstler vermöchte es gefüllt wiederzugeben oder seine Wiedergabe auch nur zu wagen.

Man kann, wenn man will, *Hallelujah* auch als einen Kulturfilm bezeichnen. Sicher ist, daß er uns über einen fremden Zustand besser aufklärt als die meisten Filme, die Kulturfilme heißen. Es ist ein weitverbreitetes Vorurteil, daß Originalaufnahmen das abgebildete Leben mit dokumentarischer Treue spiegelten. Gar nichts spiegeln sie, wenn der Photograph nichts gesehen hat als die Oberfläche, und auch die nicht einmal richtig. Die sogenannten Kulturfilme und Expeditionsfilme sind in der Hauptsache geistlose Arrangements langweiliger Bildberichte von Leuten, die dann allein etwas zu berichten wissen, wenn sie anderswo als zu Hause sind, und einen Elefanten schon darum für eine Sehenswürdigkeit halten, weil er in Indien herumspaziert und nicht bei uns. Aber ein Elefant ist noch lange keine Sehenswürdigkeit. Fremdes Leben ersteht nicht aus einer Summe von Bildern; es erscheint nur in seiner bewußten Gestaltung.

(1930)

28. Amerikanisches Volksstück

Der Champ: ein hinreißender Reißer. Erzählt wird in ihm die Geschichte eines von seiner Frau verlassenen Exboxmeisters, der mit seinem Jungen zusammenlebt. Er säuft und spielt, weil er sich über seinen Abstieg grämt, er ist eine Vagabundennatur, die sich nicht mehr retten kann. Sein einziges Glück ist der kleine Sohn, der ihm Kamerad, Freund und Mutter bedeutet. Tatsächlich begleitet Dick, dieser winzige Kerl, den Champ auf allen Wegen und Abwegen, bringt ihn zu Hause ins Bett und sucht ihn vor jeder Gefahr zu behüten. Obwohl er noch ein Kind ist, hat er durch sein Schicksal doch schon die Erfahrung und Weisheit des Alters erlangt. Ich könnte mich nicht entsinnen, daß schon einmal eine solche Vater-Sohn-Beziehung dargestellt worden wäre. Sie ist merkwürdig und rührend und endet erst mit dem Tod des Champ, der aus Liebe zu Dick wieder einen Boxkampf wagt, in dem er siegt und zusammenbricht.

Ein hinreißender Reißer; bis auf das letzte (leicht zu streichende) Finale, dessen hundertprozentige Sentimentalität die Tränendrüsen allzu schrill, allzu amerikanisch alarmiert. Aber was schadet dieser feuchte Endspurt in einem trockenen Lande? Er vermag die Durchschlagskraft des Films nicht zu beeinträchtigen, sie, die so elementar ist, daß sie sich trotz der leidigen Verdeutschung ungebrochen behauptet. Welch ein Schauspieler ist aber auch Wallace Beery! Man erfährt, daß das Schicksal des Boxers ungefähr sein eigenes gewesen sein soll. Gleichviel, ob dieser Umstand die Echtheit der von ihm geschaffenen Gestalt vertieft hat: der Champ, den er auf die Beine stellt, ist ein völlig dreidimensionales, märchenhaft wirkliches Wesen. Ihm eignet die Gutmütigkeit der Stärke, der nicht zu bändigende Freiheitssinn, die Scham über sein Elend, die große Naivität. Wunderbar glaubwürdig, wie er der Spielleidenschaft verfällt, wie er angibt und renommiert und dann wieder ganz klein wird, wie er aus Verzweiflung mit den Fäusten gegen die Zellenwand hämmert. Das ist nicht eine erfundene, ausgetüftelte Figur, das ist ein leibhaftiger, prächtiger Mensch, dessen ungeteilte Existenz noch in der kleinsten Äußerung steckt. Und Jackie Cooper! War der andere Jackie[1] (in *The Kid* z. B.) ein herziges Kunstbübchen, so ist dieser ein wahres Naturgeschöpf. Woher der Junge das Spielen hat? Als

1 Jackie Coogan.

sei er selber der Dick des Films, so unbefangen und bis auf den Millimeter richtig führt er die Rolle durch. Er ist schnöd, besorgt, lausbubenhaft, kindlich, erwachsen, er beherrscht jede von ihm verlangte Nuance. Seinen Weinkrampf an der Leiche des Vaters wird man nicht mehr vergessen.

Die nie verblassende Ausdrucksgewalt dieses geschundenen und sonderbaren Paares ist nicht zuletzt der unvergleichlichen Regiekunst King Vidors zu danken. Er hat wie kaum ein zweiter ein Auge für die Realität. Mag er Bretterzäune um einen Trainingsplatz aufbauen, Straßenzüge zeigen, Ausschnitte einer Rennbahn vergegenwärtigen oder in abgeschlossene Interieurs entführen: immer ist die Wirklichkeit aufs Haar genau erkannt und widergespiegelt, und zwar nicht eine beliebige, sondern eben jene, die einzig und allein an die betreffende Stelle gehört. Vidor entdeckt gleichsam Wirklichkeiten, die wirklicher sind als die gegebene. Hinzu kommt, daß er mit derselben Virtuosität über Massenszenen und Soloauftritte verfügt. Die Bilder in der Stube des Champ stehen den großartigen Arenabildern nicht nach. Nirgends bildet sich eine Lücke. Das Leben bewahrt durchweg eine vollendete Dichte.

(1932)

29. Old Shatterhand unter Gangstern

Im Gangster-Film der Paramount: *Straßen der Weltstadt*[1] geht es unbeschreiblich toll zu. Eins, zwei, drei, werden Menschen um die Ecke gebracht, der Mordbetrieb flutscht nur so. Ich erinnere mich, einen Detektivroman von Wallace gelesen zu haben, der im Milieu der Alkoholschmuggler spielt; er ist harmlos im Vergleich mit diesem Filmszenarium, dessen kriminelle Orgien bestimmt den Neid des englischen Autors erregt hätten. Man wird sich, nebenbei bemerkt, noch gar nicht des Todes von Wallace bewußt. Denn seit er gestorben ist, sind schon zwei weitere Detektivromane von ihm erschie-

1 *City Streets.*

nen. Offenbar hat er auf Vorrat gearbeitet. Aber nicht nur Wallace wird durch den Film übertrumpft, sondern beinahe auch Karl May. Der Held des Films ist nämlich der reinste Old Shatterhand. Gespielt von Gary Cooper, einem der neuen Mannstypen, mit denen Filmamerika uns beschert, gleicht er dem großen Freund Winnetous an sieghaftem Wesen, selbstbewußtem Auftreten, Kühnheit und Listen. Er führt immer zwei Revolver mit sich, schießt Freunden bei Gelegenheit die Zigarette aus dem Mund und schützt mit ungeheurem Aplomb seine Freundin vor dem Zugriff des teuflischen Chefs. Wunderbar ist vor allem, wie er sich der Bande entledigt. Im Luxuswagen rast er mit ihren Hauptmitgliedern so schnell die Bergstraße hinan, daß ihnen Hören und Sehen vergeht, kocht sie gewissermaßen durchs Übertempo gar und setzt sie dann hoch oben aus. Nicht anders mag Old Shatterhand einst durch die Prärien des wilden Westens galoppiert sein. Und auch darin stimmt sein Ebenbild mit ihm überein, daß er eigentlich nie schießt, um irgendeinen Unhold zu töten. Sein Edelmut ist viel zu gewaltig dazu.

In diesem Film, der eine Ausgeburt grenzenloser Naivität ist, gibt es eine filmisch vollkommene Szene. Sie vergegenwärtigt die Erinnerung einer Gefangenen an ein wichtiges Gespräch. Man hat einen derartigen Vorgang früher gewöhnlich so dargestellt, daß man die Bilder auftauchen ließ, auf die sich die Erinnerungen bezogen. Hier wird das Gespräch selber mit Flüsterstimme rekapituliert, ohne daß Bilder sich zeigten. Die Worte scheinen aus den Steinen zu dringen und wirken so unkörperlich, als seien sie vom Gedächtnis gewebt. (1932)

30. Der Kettensträfling

Der amerikanische Film: *Der Kettensträfling*[1], der jetzt sowohl

---

1 *I Am a Fugitive from a Chain Gang* ist Kracauers erste Filmkritik aus Paris. Bernhard Diebold, Theaterkritiker der FZ, berichtete über den Film, unter gleichem Datum, aus Berlin.

in Berlin wie in Paris gezeigt wird, ist ein erschütternder Tatsachenbericht. Zugrunde liegen ihm die Erlebnisse des Amerikaners Robert Elliot Burns, die dieser bereits in Buchform der Öffentlichkeit unterbreitet hat. Indem der Film seine Schicksale vergegenwärtigt, geißelt er zugleich mit bemerkenswertem Freimut gewisse Zustände, die eines zivilisierten Volkes nicht würdig sind.

Angesichts der Verhältnisse, unter denen heute Filme produziert werden, darf man mit ziemlicher Sicherheit annehmen, daß auch dieser Film nicht nur um der Tendenz willen, sondern ebenso sehr aus Gründen der Sensation hergestellt worden ist. Er läßt im Interesse effektvollerer Wirkungen manche Fragen ungeklärt, enthält den Zuschauern nicht eine Schrekkensszene vor und spekuliert auf dieselben Instinkte in ihnen, gegen die er sie mobil machen möchte. Das alles hindert indessen nicht, daß er eine wesentliche Kritik an der Einrichtung der Zwangsarbeit und verknöcherter Rechtsprechung übt. Gerade der filmische Realismus, der die Sensationen schafft, kommt auch dieser Kritik zugute. Um ganz von Paul Muni, dem großartigen Darsteller des Helden abzusehen, sind tatsächlich die Figuren und Situationen durchweg von einer Wirklichkeitsnähe, die kaum überboten werden kann. Ihr aber, und nicht eigentlich den tendenziösen Zügen selber, ist es in erster Linie zu danken, daß der dokumentarische Bericht in ein Verdikt umschlägt. Denn aus dem Ineinandergreifen der nüchtern beobachteten und sauber kombinierten Details ergibt sich, was sich gefühlsmäßiger Empörung niemals erschlösse: der Zusammenhang zwischen bigottem Richtertum und bestialischer Exekutive, zwischen der Unzulänglichkeit des hier veranschaulichten Strafverfahrens und dem Gesamtzustand des Staates, der sich dieses Verfahrens bedient. Wo solche (außerästhetischen) Erkenntnisse durch einen Film vermittelt werden, rückt die Frage nach seinem Kunstwert von selber in den Hintergrund. Daher sei nur nebenbei erwähnt, daß diese filmische Reportage, die bald Jahre überfliegt, bald lang bei einem Ereignis verweilt, als Komposition keinen Gehalt aufweist. Die Tempi verändern sich rein nach den stofflichen Bedürfnissen, und der Ablauf der Handlung wird einfach von den Fakten diktiert, statt deren Nacheinander zu einer sinnvollen Einheit zu zwingen.

Zurück bleibt die Frage, ob ein Protest wie der im Film erhobene praktische Bedeutung gewinnen kann. Zweifellos erfolgt er zu Recht, und gewiß ließe sich denken, daß er den Anstoß gäbe zu der einen oder andren Reform. Nur sind die Schändlichkeiten, die dieser Film denunziert, so tief in der heutigen Welt und der mit ihr kommunizierenden Menschennatur begründet, daß jede Einzelkritik sich ihrer beschränkten Möglichkeiten von vornherein bewußt sein muß. So nötig die im Film betriebene Aufklärung der Geister über ein großes Unrecht ist: sie ist ohnmächtig gegenüber den dunklen Gewalten, die aus Menschen Kettensträflinge machen.

(1933)

31. Der Charlatan als Präsident

The Phantom President: kommt dieser Film wirklich aus demselben Amerika, dessen Filmindustrie sonst ängstlich darüber wacht, daß in ihren Erzeugnissen die Aufklärung nicht zu weit getrieben wird, der öffentlichen Moral kein Unrecht geschieht und die Küsse nur eine vorgeschriebene Zeit lang dauern? Er kommt von dort (wie so mancher andere überraschend gute Film der letzten Jahre) und ist vielleicht die witzigste politische Satire, die je gedreht worden ist. Glückt es ihm doch, eine sehr gewagte These zu erhärten, die zwar in unseren Tagen kaum auf Gegenliebe stoßen dürfte, aber darum nicht weniger eine gewisse Wahrscheinlichkeit für sich hat. Die These, daß es die Charlatane sind, die in der Politik die größten Erfolge erzielen.

Amerika vor der Präsidentenwahl, in einer Zeit schlimmster Krise. Das maßgebende Komitee stellt einen Kandidaten auf, der zweifellos alle Fähigkeiten besitzt, um die Krise sachkundig zu meistern. Nur fehlt ihm leider etwas Unentbehrliches: eben jenes Etwas, mit dessen Hilfe man die Massen gewinnt. Er blickt düster drein wie ein Diktator, der er noch nicht ist, übt nicht den geringsten sex-appeal aus, verachtet die Volkstümlichkeit – kurzum, so vortrefflich er sich auch auf den Gebrauch der Macht verstehen mag, ihre Eroberung ist ihm gründlich versagt.

Frage: wie müßte einer beschaffen sein, um der höchsten Würde im Staat teilhaftig zu werden? Der Film gibt hierauf eine ebenso betrübliche wie schlagende Antwort. Nachdem die Mängel des Präsidentschaftskandidaten hinreichend illustriert worden sind, erscheint ein Quacksalber; einer der bekannten Typen, die auf den Jahrmärkten mit einem großen Aufwand von Geschwätzigkeit und Geheimnistuerei ihre Tinkturen und Mixturen an den Mann zu bringen versuchen. Dieser Possenreißer nun sieht nicht nur dank einem wunderbaren Zufall dem künftigen Staatslenker täuschend ähnlich, sondern verfügt auch über alle die charismatischen Eigenschaften, an denen es dem andern gebricht. Gewiß kennt er sich nicht so sehr in Krisen als in Kräutern aus; seine Suada jedoch ist unerschöpflich, sein Benehmen scharmiert jedermann und seine Mätzchen sind schlechterdings zündend.

Die Nutzanwendung aus diesen Gaben wird im Film ohne Skrupel gezogen. Das Komitee beschließt, dem Mann seiner Wahl dadurch zum Sieg zu verhelfen, daß es statt seiner den Kräuterdoktor auf die Wahlkampagne schickt. Während der richtige Kandidat hübsch zu Hause bleiben muß, reist sein Double für ihn im Land umher und schlägt alle Schlachten. Und was der echte Anwärter auf den Präsidentenposten niemals zustand gebracht hätte, gelingt dem Falschen im Nu. Denn eine Wahlversammlung ist, dem Film nach zu urteilen, nicht kritischer als ein Jahrmarktspublikum gestimmt, und ob man den Wunderglauben der Massen durch medizinische oder politische Gaukeleien erweckt, bleibt sich ganz gleich. Jedenfalls enthüllt sich der Quacksalber als ein geborener Volkstribun und dieser als vollendeter Charlatan. Er treibt auf dem Rednerpodium denselben Humbug, den er in der Schaubude getrieben hat, preist die Heilkraft seiner politischen Kurpfuscherrezepte nicht anders an als die seiner Kräuter und Pillen und wiederholt mit bewährter Kennerschaft bis zum Überdruß ein paar Phrasen, die als alte Repertoirestücke immer neu wirken »The country needs a Man« – die Menge rast vor Begeisterung. Hinzu kommt noch das bestrikkende Lächeln des Doppelgängers und überhaupt seine Verführungskunst, die zum Beispiel darin besteht, daß er Wählern, die er nicht kennt, so vertraulich zuwinkt, als kenne er sie seit alters her und habe sie zu persönlichen Freunden erwählt. Durch alle diese Mittel befestigt er sich rasch in der allgemeinen Gunst, und der Triumph, den ihm am Schluß das berauschte Volk bereitet, könnte nicht vollständiger sein.

So also ginge es zu in der Politik? Aber der Film ist ja nur eine Satire. Und der Gedanke, daß in Wirklichkeit ein Charlatan je zur Fülle der Macht gelangte, wäre natürlich blasphemisch.

(1933)

32. Der Reporter als Filmheld

Die amerikanischen Filme bemächtigen sich neuerdings mehr und mehr der Figur des Reporters; wobei sie diese Figur nicht nur in den Mittelpunkt der Handlung rücken, sondern auch zugleich standardisieren. So tritt in dem ausgezeichneten Film *Mr. Deeds Goes to Town* eine Reporterin auf, die genau dieselben Eigenschaften wie ihr männlicher Kollege in *Lousoque Cie.*[1] besitzt. Der amerikanische Reporter ist – das bestätigt sich durchweg – zum feststehenden Filmtypus geworden.

Wie erscheint er seinen Landsleuten? Auf der einen Seite als Klette, als Parasit. Wenn immer er sich im Film zeigt, heftet er sich seinen Opfern mit unausstehlicher Zähigkeit an die Fersen, mengt sich ungeniert in ihre intimsten Privatangele-

1 Französischer Verleihtitel für *Love on the Run*.

genheiten ein und schreckt nicht einmal davor zurück, irgendeiner ihn gerade interessierenden Person anderen Geschlechts tiefere Gefühle vorzutäuschen, wenn er nur auf diese Weise den Kontakt mit ihr gewinnen kann, dessen er zu einem Artikel über sie bedarf. Einer, der sich prostituiert, um Zeilen zu schinden. Während sich Mr. Deeds von dem Mädchen, das er liebt, wiedergeliebt glaubt, macht ihn das Mädchen unter einem Pseudonym in ihrer Zeitung lächerlich.

Auf der andern Seite wird dieser Journalist im Film mit einem Wohlwollen behandelt, das der Abneigung gegen ihn mindestens die Waage hält. Sämtliche Filme verklären den Reporter, nachdem sie seine professionellen Untugenden gebührend angeprangert haben. Bald erweist sich der Reporter in der Ausübung seines Berufes als ein ganzer Kerl, der Schwindelmanöver aufdeckt und gemeingefährliche Verbrecher fängt, bald bereut er seine Niedertracht und empfindet wirklich die Liebe, die er vorher um eines Interviews willen zur Schau trug. Er ist widerwärtig, aber er hat das Herz auf dem rechten Fleck; man möchte ihn abschütteln, aber er versteht es, sich unentbehrlich zu machen.

Die beharrliche und gleichförmige Darstellung dieses Typs beweist, daß er die Amerikaner in Unruhe versetzt. Erzeugt wird aber ihre Unruhe zweifellos dadurch, daß sie sich in der Gestalt des Reporters eines der Widersprüche bewußt werden, die das gesellschaftliche Leben durchziehen – des Widerspruchs zwischen der Notwendigkeit, alle möglichen Dinge an die Öffentlichkeit zu bringen, und dem Bedürfnis, über alle möglichen Dinge Schweigen zu breiten. Informiert zu sein, ist nützlich; unbehelligt zu bleiben, ist angenehm. Sind die amerikanischen Zeitungen eine demokratische Institution, so werden im Reporter gewisse Erscheinungsformen der Demokratie zum Problem. Nicht so, als ob die Reporterfilme dieses Problem zu lösen versuchten; sie begnügen sich damit, es zu exponieren und ihrem fragwürdigen Helden gegenüber Gefühle zu entwickeln, deren Widerstreit den der Verhältnisse spiegelt. Aus der Tatsache, daß die Sympathie für den Reporter regelmäßig überwiegt, scheint immerhin zu folgern, daß man in Amerika nicht daran denkt, die demokratische Öffentlichkeit ihrer Auswüchse wegen preiszugeben.

(1937)

33. Ein utopischer Film

Frank Capras Film *Lost Horizon* stellt der sozialen Realität die soziale Utopie gegenüber und gehört insofern in die Reihe jener amerikanischen Filme, die einen Anlauf zur Gesellschaftskritik nehmen. Es gibt deren nicht wenige. Zweifellos übt der reformatorische Geist des New Deal seinen Einfluß auf die Produktion in Hollywood aus...

Hübsch ist die Einkleidung des Films. Ein von Ronald Colman intelligent verkörperter englischer Diplomat, der sich im Innern Chinas aufhält, um den unschuldigen Opfern des Bürgerkrieges Hilfe zu bringen, besteigt, von mehreren Europäern gefolgt, in einer Nacht des Schreckens das letzte der Flugzeuge, die ihm für seine Rettungsaktion zur Verfügung gestellt worden sind. Aber statt sich programmäßig der Küste zuzuwenden, zieht das Flugzeug zum Entsetzen der Passagiere über die asiatische Hochgebirgswelt dahin und landet schließlich in einer Gletscherwüste, von der aus die Reisenden unter kundiger Eingeborenenführung durch eine Schlucht eskortiert werden. Sie trauen ihren Sinnen nicht: eben noch eine Beute der Kälte und des Schneesturms, befinden sie sich plötzlich in einem lieblichen Talkessel, den die Sonne warm beglänzt. Der Garten Eden. Nachträglich erfährt man, daß er seinerzeit von einem Missionar entdeckt worden ist, der den englischen Diplomaten deshalb hat entführen lassen, weil er ihn allein für würdig erachtet, seine Nachfolge anzutreten und dieses Paradies weiterzuregieren, das, eine zweite Arche Noah, alle kostbaren Menschengüter bergen soll, während sich in Gestalt von Kriegen und Revolutionen die Sintflut über die Erde ergießt.

Gut so, ein Märchen mag märchenhaft begründet sein. Fatal ist nur, daß die utopische Oase selber die durch ihre anspruchsvolle Exposition geweckten Erwartungen enttäuscht und auf eine Weise vergegenwärtigt wird, die den Wunsch der meisten hierher verschleppten Reisenden, schleunigst wieder die verderbten Stätten der Zivilisation aufzusuchen, sehr verständlich macht. Um davon zu schweigen, daß dieses Idyll der künstlichen, jeder sozialen Entwicklung spottenden Zurückversetzung der Menschen in archaische Verhältnisse seine Existenz verdankt, es ist auch von starrer Einförmigkeit. Seine Bewohner beschäftigen sich unverdrossen damit, ihre Herden zu hüten, fromme Lieder abzusingen und in feierlicher Prozession einen Gebäudekomplex zu durchwallen, dessen Jugendstilformen die Herkunft aus dem Filmatelier deutlich verraten. Und obwohl ihr Freudendasein auf die Dauer sterbenslangweilig sein muß, sind sie noch dazu mit ewiger Jugend begabt. Die Beimengung dieses mystischen Motivs verleiht aber der Utopie keineswegs eine erhöhte Anziehungskraft, sondern macht nur die Unhaltbarkeit ihrer Konstruktion vollends offenbar.

Wenn Frank Capra einem solchen Drama die Arbeit zweier Jahre gewidmet hat, so ist er sicher von der Möglichkeit bestochen worden, die Wirklichkeit mit dem Ideal, das Grauen mit der Seligkeit zu konfrontieren. Das Ergebnis bleibt jedoch weit hinter dieser Absicht zurück; es besteht darin, daß der realistische Teil ungleich besser gelungen ist als die Chimäre. Die großartige Darstellung der Nacht in China könnte Bürgerkriegen als Vorbild dienen, und die verzweifelte Flucht der Reisenden durchs Hochgebirge ist mit Fanatismus gestaltet. Wie schal wirkt daneben das utopische Getändel! Aber so muß es auch sein. Denn die Sonne des Glücks zerstört alle Konturen, und was unter ihr geschieht, läßt sich nicht mit nach Hause tragen.

(1937)

34. Frank Capra

Der Film *You Can't Take It With You,* der in Paris Entzücken erregte, ist das Werk eines Regisseurs, dessen Entwicklung einen nicht uninteressanten Verlauf genommen hat. Man erinnert sich noch seines anmutigen Lustspiels *New York-Miami*[1], das die Lubitsch-Komödie an Frische der Beobachtung übertrifft. Capras Stärke sind die unscheinbaren, oft heiteren Zwischenfälle, die unser zivilisiertes Leben mit sich bringt. Er verwandelt die nächtliche Fahrt im Autocar in ein unerhört spannendes Ereignis und bestrickt durch die Schilderung der an sich banalen Auftritte, die sich morgens nach dem Erwachen der Passagiere im Camp abspielen. Mit dem Sinn für die Bagatelle, ohne die ein Film kein Film wäre, verbindet Capra die gleiche ursprüngliche Neigung zum Witz, zur Satire. Schon sein Film *Lady for a Day* hat eine stark soziale Note: die arme Apfelfrau Annie wird durch die wunderbare Hilfe eines abergläubischen Gangsters instand gesetzt, für die Dauer des Besuchs ihrer in Europa lebenden Tochter die vornehme Lady zu mimen, als die sie sich in ihren Briefen an das mit einem echten Grafen verlobte Mädchen ausgegeben hat. Ein Märchen im Material der Gesellschaft. Sein Zauber rührt nicht zuletzt daher, daß es die gesellschaftlichen Zustände umspielt, ohne sie in ein falsches Licht zu rücken. Nun folgen Filme, die gewichtiger daher zu kommen suchen. In *Mr. Deeds Goes To Town* begnügt sich Capra nicht mit Aperçus über das Bestehende, sondern ergreift selber Partei, und es trifft sich gut, daß er seinen Helden Gary Cooper eine sympathische Sache vertreten läßt. Wohlgemerkt, der Wert dieses Films beruht nicht so sehr auf seiner sozialen Gesinnung als vielmehr darauf, daß in ihm eine zu bejahende Gesinnung ganz Film geworden ist. Glaubt Capra selber, daß die Fabel als solche einem Film Bedeutung verleihe? Jedenfalls begeht er mit *Lost Horizon* den Mißgriff, sich unter die Regisseure reihen zu wollen, die Ideen verfilmen. Über seinem Verlangen nach gehobenen Stoffen hat Capra eine Zeitlang

1 französischer Verleihtitel für *It Happened One Night.*

vergessen, daß er noch mehr als andere auf Themen angewiesen ist, die ihm die Häufung greifbarer Zwischenfälle ermöglichen. Eine Zeit lang: denn zum Lobe seines letzten Films *You Can't Take It With You* ist zu sagen, daß er sich wieder in dem Milieu entrollt, in dem Capra zu Hause ist. Der Film wimmelt von charmanten Einfällen, belastet, wie es sich für einen guten Film gehört, die kleinen Äußerlichkeiten und ist leitmotivisch glänzend durchgearbeitet. Das hindert nicht, daß er einen bitteren Nachgeschmack hinterläßt. Schuld daran trägt sein Thema. Es ist, als sei Capra durch den Fehlschlag seines Höhenflugs zur Resignation und noch über die Resignation zur Abkehr von seiner früheren, eher fortschrittlichen Haltung getrieben worden.

(1939)

35. Dialog im Film

Im Film stellt das gesprochene Wort nur ein Element neben anderen dar; es darf, soll die Gefahr des verfilmten Theaters vermieden werden, nicht allein das Wort führen, sondern muß die auf der Leinwand sichtbaren Vorgänge kontrapunktieren und stets die Fühlung mit der Musik und den Geräuschen wahren, die eine ebenso wichtige Funktion bekleiden wie die seine. Gegen diese ästhetische Forderung, die sich etwa bei René Clair spürbar durchsetzt, versündigen sich die meisten Publikumsfilme. Statt daß in ihnen das Wort den Bildertext illustrieren hülfe, entwerten sich die Bilder zur Illustration von Dialogen, die in sich zusammenhängen und von jedem Bühnenpodium herab gesprochen werden könnten. Unter ihnen findet sich nur ab und zu einmal einer, der trotz seiner theatralischen Geschlossenheit filmgerecht wirkt, das heißt, so innig mit dem eigentlichen Filmgeschehen verwächst, daß dieses ohne ihn gar nicht zustande käme. Eine solche Ausnahme bildet die große Gesprächsszene in *Unguarded Hour,* dem besten Kriminalfilm, den die Amerikaner je hergestellt haben.

Die Szene entwickelt sich während einer Abendgesellschaft im Haus eines mondänen Staatsanwalts, der gerade in einem Sensationsprozeß einen des Mords bezichtigten Angeklagten zu überführen sucht, dem es nicht gelingt, ein einwandfreies Alibi beizuschaffen. Im Lauf der Soiree bemüht sich der Freund des Staatsanwalts, dessen Selbstsicherheit dadurch zu erschüttern, daß er ihn über seinen eigenen Verbleib am Nachmittag ausfragt. Warum ist der Staatsanwalt nicht pünktlich zur Taufe erschienen, bei der er Pate stehen sollte? Welche Verletzung hat er sich an der verbundenen Hand zugezogen? Die scherzhaften Querfragen folgen sich immer schneller, und bald ist der Staatsanwalt in die unglückselige Situation seines Opfers hineinmanövriert: er kann die spielerisch gegen ihn gehäuften Verdachtsmomente nicht zerstören. Ist die Verdichtung des Geplänkels zum straffen Kreuzverhör schon an sich sehr fesselnd, so wird sie doppelt bedeutungsvoll durch die Dazwischenkunft eines Ereignisses, das den ganzen Dialog in ein neues Licht rückt. Ein Kriminalinspektor tritt ein und meldet dem Oberst eine Mordaffäre, die sich genau zu der für den Staatsanwalt kritischen Zeit zugetragen hat. Sofort nimmt das eben verflossene Gespräch einen völlig veränderten Charakter an. Äußerungen, die harmlos klangen, erhalten rückwirkend einen bedrohlichen Sinn, und pure Fiktionen verwandeln sich nachträglich in einleuchtende Hypothesen. Aus dem Spiel ist Ernst geworden, aus dem Ankläger ein Delinquent. Nach seinem Erlöschen greift also der Dialog, sich in der Erinnerung transfigurierend, ein zweites Mal in die Handlung ein, um sie wieder entscheidend voranzutreiben. Das ist gutes Theater und zugleich – ein seltener Fall – guter Film; um so mehr, als sich Sam Woods Regie spezifisch filmischer Mittel zu bedienen weiß. Eine ungemein bewegliche Kamera sorgt für Bildausschnitte, die das Doppelleben der Worte enthüllen.

(1938)

36. Dodsworth*

Welch ein Vergnügen, den amerikanischen Film: *Dodsworth* zu sehen. Zugrunde liegt ihm der vielgelesene Roman gleichen Titels, in dem Sinclair Lewis die Geschichte des Großindustriellen Dodsworth erzählt, der während einer Europareise den Zerfall seiner Ehe erleben muß. Abgesehen davon, daß dieser Roman amerikanische Naivität sinnfällig mit europäischer Gewitztheit konfrontiert, Städte aus der Perspektive des Luxusreisenden betrachtet und sich überhaupt gern an der Oberfläche der Zivilisation herumtreibt, scheint er auf den ersten Blick hin keineswegs zu einer Verfilmung anzuregen. Er fließt breit dahin und vermeidet jede dramatische Zuspitzung. Dennoch ist der Dodsworth-Film von Anfang bis zu Ende spannend. Womit wieder einmal bewiesen wäre, daß die filmische Spannung nicht wie die theatralische durch dramatische Effekte erzeugt wird, sondern durch die epische Schilderung. Der Film ist dem Roman näher verwandt als dem Theater.

Um fesselnd zu schildern, muß man freilich beobachten können. William Wyler, der aus der Schweiz stammende Regisseur des Films, beobachtet mit einer Genauigkeit, die auch und gerade banalen Vorgängen den Reiz der Sensation verleiht. Es gelingt ihm, die Langeweile im Industriestädtchen Zenith packend darzustellen, oder ein Telephongespräch Wien–Neapel zum Ereignis zu gestalten. Präzisionsarbeit. Sie zeitigt Bildskizzen, die trotz ihrer Knappheit ein ganzes Milieu, eine ganze Stadt heraufbeschwören, und bewährt sich vor allem dort, wo es psychologische Entwicklungen zu veranschaulichen gilt. Nachklingende Walzermusik illustriert abgestufte Empfindungen, unscheinbare Gesten sind gleichbedeutend mit ausführlichen Kommentaren, und die Hotelinterieurs scheinen selber beseelt. Dadurch aber, daß sämtliche Geräusche und Dinge mitschwingen, gewinnen Nuancen, die sonst unbeachtet bleiben, das Leben, das ihnen tatsächlich zukommt. Am reichsten oder doch am wirksamsten orchestriert ist jene Szene am Schluß, in der Dodsworth endlich erkennt, daß er mit seiner Frau nichts mehr gemein hat. Er brauchte diese Erkenntnis gar nicht zu formulieren; daß sie ihn erfüllt, verraten tausend Indizien, zu denen auch das erregte Verhalten des Schiffsraumes gehört, in dem die Aussprache stattfindet.

Die Regie, der nicht zuletzt die Virtuosität nachzurühmen ist, mit der die häufigen Zeit- und Ortswechsel in die epische Kontinuität einschmelzen, wird durch ein ausgezeichnetes Spiel unterstützt. Walter Huston als Dodsworth – eine Art Lindbergh der Industrie, eine jungenhafte, fast zu charmante Erscheinung. Glänzend verkörpert Ruth Chatterton die Verwandlung von Sams Frau: wie diese, im Drang, sich auszuleben, die Konventionen preisgibt, die ihr einen Halt geschenkt haben, sich hilflos dem Vergnügen der Liebe widmet und sich dabei so verschleißt, daß ihre Gewöhnlichkeit immer mehr nach oben und außen dringt. Im Hintergrund ziehen diskret aufgemachte Gigolos vorbei.

(1936)

37. William Wylers neuer Bette Davis-Film

Im Rahmen der Samuel Goldwyn-Produktion ist jetzt unter der Regie William Wylers der neue Bette Davis-Film: *The Little Foxes* herausgekommen, ein hinsichtlich seiner Vorzüge und Mängel wichtiges Werk, das in New York großen Erfolg geerntet hat. Der nach einem Theaterstück gedrehte Film spielt im Süden und ist im wesentlichen eine Charakterstudie der bösen, geldgierigen Regina Giddens, die im Interesse der eigenen Bereicherung ihren Mann, einen totkranken Bankier, für die vagen Finanzprojekte ihrer skrupellosen Brüder gewinnen will, mit denen sie unter einer Decke steckt; da der Mann, das Komplott durchschauend, ihr den Wunsch abschlägt, setzt sie ihm mit harten Worten so lange zu, bis er eine Herzattacke bekommt, und weigert sich dann, ihm aus dem Obergeschoß die Medizin zu holen, deren er bedürfte, um seines Anfalls Herr zu werden. Er versucht sich allein die

Treppe hinaufzutasten und stürzt hin; sein Tod ist kaltblütiger Mord. – Wyler hat bereits in Filmen wie *These Three* und *Dead End* gezeigt, daß er vor dem Bruch mit Usancen und Konventionen nicht zurückschreckt, wenn es psychische Abgründe aufzureißen, problematische Charaktere zu veranschaulichen gilt; hier geht er seinen Weg mit einer Folgerichtigkeit, die angesichts der vorherrschenden Tendenz zur Standardisierung der Filmstoffe doppelt rühmenswert ist.

Die ursächliche Schwäche des Films liegt vor allem darin, daß Wyler – wie in früheren Filmen so auch jetzt – die Mittel des Films zwar immer glänzend benutzt, aber nicht aus den Möglichkeiten heraus schafft, die allein dem Film vorbehalten sind. Er erschwert sich den Zugang zu ihnen von vornherein durch die Übernahme eines Stoffs, der, rein für das Theater konzipiert, eine bühnenmäßige Darstellung nahelegt; doch warum gehorcht er so willfährig den Direktiven dieses Stoffes? Offenbar deshalb, weil ihm die letzte Beziehung zum Medium des Films fehlt, aus der heraus einst Griffith, Stroheim oder René Clair ihre Themen wählten und formten. Zum Unterschied von ihnen, die wohl wußten, daß ein Film nur dann Film ist, wenn in ihm auch die Dinge aktiv in die Handlung eingreifen, versäumt es Wyler, das adaptierte Theaterstück in die Tiefe für den Bedarf des Films umzuwandeln. Damit ist zugleich gesagt, daß der Film wirklich nur in stofflicher Hinsicht ein Wagnis bedeutet; die Durchführung hält sich in konventionellen Grenzen und sabotiert die Wirkung des thematischen Wurfs. – Wenn man die konstitutive Schwäche Wylers einmal erkannt hat, kann man umso uneingeschränkter die hohe Kultur bewundern, mit der er menschliches Geschehen versinnlicht. Unterstützt von der ausgezeichneten Photographie Gregg Tolands, macht er jede seelische Nuance sichtbar. Unnachahmlich wie die Schilderung des Unbehagens, das der Gast aus Chicago und die einzelnen Familienmitglieder während des Klavierspiels im Salon empfinden, ist die Vergegenwärtigung der Katastrophe kurz vor dem Schluß: Regina sitzt hell und starr im Hintergrund, während ihr Mann sich von vorne auf die Treppe zubewegt, dann erscheint die Großaufnahme ihres Gesichtes, über das der Schatten des Wankenden gleitet, und noch etwas später sieht man hinter ihr den Mann wie ein wundes Tier die Stufen hinankriechen. Da Wyler sich weitgehend an die vom Theater gesetzten Bedingungen hält, versteht es sich von selber, daß er zum Zweck der Charakterisierung das Spiel der Darsteller besonders stark belastet. Er weiß aus ihrer Mimik, ihren Gesten das Letzte an Bedeutung herauszuholen. Von ihm geleitet, wird Bette Davis als Regina zur unvergeßlichen Figur. Das Erstaunlichste gibt diese große, so bewußt gestaltende Künstlerin wohl in dem Augenblick, in dem ihre Tochter sie zu verlassen droht; es ist als möchte sie jetzt gegen ihre Natur ankämpfen, aber die Kruste des Bösen ist schon so verhärtet, daß sie ohnmächtig vom Kampf ablassen und bleiben muß, was sie war. Gut sind Mann und Tochter gewählt: Herbert Marshalls vornehme, gütige Art und die charmante Unschuld Teresa Wrights geben dem Spiel der Davis noch mehr Relief. Ein Höhepunkt darstellerischer – und regiemäßiger – Leistung ist auch die Szene, in der Patricia Collinge als Reginas Schwägerin sich betrinkt und im Trunk ihren Haß gegen die Familie ausplaudert. Ihr Sohn ist der sture, vulgäre Leo, dessen komische Tölpelhaftigkeit Dan Duryea filmisch vollendet verkörpert.

(1941)

38. Citizen Kane*

Der kaum 26jährige Orson Welles, der als Radiomann, Schriftsteller, Schauspieler und Theaterdirektor schon viel von sich reden machte, ist durch seinen im Mai am Broadway herausgebrachten Film *Citizen Kane* erneut zum Tagesgespräch geworden. Dieser Film ist in jedem Sinne sein Werk; denn Welles stellt nicht nur den Helden des Stückes dar, sondern er zeichnet auch als Regisseur, Produktionsleiter und Mitverfasser des Manuskripts verantwortlich, abgesehen davon, daß er die Schauspieler seines Mercury-Theaters, lauter neue Namen in Hollywood, herangezogen hat. Aufsehen erregte der Film schon deshalb, weil die Hauptgestalt ein Zeitungsmagnat nach dem Leben modelliert zu sein scheint; man nennt einen wohlbekannten Namen[1] und man hat von Protesten gelesen.

Ungleich wesentlicher sind die Sensationen, die das Werk in konstruktiver und technischer Hinsicht bietet. Statt die Biographie des verstorbenen Charles Foster Kane in fortlaufender Erzählung zu entwickeln, setzt Welles verschiedene Fragmente des Lebenslaufes in einer Weise zusammen, die ziemlich hohe Anforderungen an das Kombinationsvermögen des unvorbereiteten Betrachters stellt. Eine Art Puzzlespiel! Nach dem Tode Kanes wird ein Reporter damit beauftragt, die Bedeutung des Wortes »Rosebud« (Rosenknospe) zu ermitteln, des letzten Wortes, das Kane vor dem Hinschied sprach. Der Reporter fragt einige Vertraute des Verstorbenen aus, und aus ihren Rückblicken formt sich allmählich Kanes Geschichte, das Leben eines Mannes von großartiger Dynamik, der eine phantastische Karriere als Zeitungsverleger macht, der aber so selbstherrlich und eigenwillig ist, daß ihm alles Erträumte fehlschlägt. In Bruchstücken erfährt man, wie er seine Ehe zerstört und wie er als Politiker zu Fall kommt, einer Geliebten wegen, die er trotz ihrer schlechten Stimme zur großen Sängerin machen will; wie er ferner seinen ältesten Freund preisgibt und zuletzt, auch von der Geliebten verlassen, in einem märchenhaften Schloß einsam in seinen Sammlungen seine Tage verbringt. Warum hat er »Rosebud« gesagt? Die schöne Schlußpointe ist die, daß niemand es weiß; nur der Zuschauer sieht ganz am Ende, wenn die Kamera über Kanes Sammlungen hinweggleitet, das Wort auf einem Kinderbett[2] prangen, das mit anderen wertlosen Stücken verbrannt wird.[3]

1 William Randolph Hearst.
2 richtig: Schlitten, in Kracauer, *TF,* S. 257.
3 Kracauers erste Filmkritik aus New York.

Wie der Aufbau der Handlung, so weicht die Methode ihrer Darstellung vom Üblichen ab. Zum Unterschied von vielen in der Routine erstarrten Regisseuren frischt Welles bei der Kameraführung und bei der Montage verschollene Traditionen des Stummfilms auf, mit besonderem Glück dort, wo er den Ablauf der Ehe Kanes auf eine wirksame filmische Formel bringt. Selten wurden im Sprechfilm die Stimmen so fein abschattiert, so genau zu ihrer jeweiligen Umgebung in Beziehung gesetzt wie hier. Ungewöhnlich ist der beharrliche Gebrauch des Breitwinkelobjektivs, das Bilder von großer Tiefe und Weite bei voller Deutlichkeit der Einzelheiten gestattet; die Personen im fernen Hintergrund spielen mit, und die Gesichter sind wie auf alten Gemälden gleich stark ausgeprägt. So entstehen sonderbare Effekte, zu denen auch der unbeabsichtigte Effekt gehört, daß sich bewegende Personen infolge der vom Objekt erzeugten Verzerrungen übertrieben rasch verkleinern oder vergrößern.

So reich der übrigens vorzüglich gespielte Film – Welles selber vollbringt als Kane eine erstaunliche Leistung – an Einfällen jeder Art ist, eine neue Ära führt er gewiß nicht herauf, schon aus dem Grunde nicht, weil die Aufmachung den Gehalt fühlbar überwiegt. Weder wird Kanes Privatleben hinreichend gestaltet, um wirklich zu fesseln, noch vermag das an sich wundervolle Motiv der Suche nach dem Sinn eines Schlüsselwortes das Künstliche der Konstruktion zu rechtfertigen. Die wahllose Häufung heterogener technischer Mittel verrät den Mangel eines aus sachlichem Zwang geborenen Stilwillens; viel eher scheint manchmal, worauf nicht zuletzt die musikalische Bearbeitung hindeutet, der Wunsch nach Originalität vorherrschend gewesen zu sein: nach einer Originalität, die zum Teil rückschrittlich ist. Welles gibt nicht nur durch die Belastung des Dialogs, sondern gerade durch die neuartige Verwendung des Breitwinkelobjektivs eine deutliche Abhängigkeit vom Theater zu erkennen. Indem er dieses Objektiv andauernd benutzt, erschließt er lauter Szenen und Räume in der Totale. Er macht Bilder, die mit der Bühne mehr Gemeinsames haben als mit dem Film, dessen Funktion es doch wäre, eine Fülle materieller Details aus der Totale herauszulösen und in die Handlung eingreifen zu lassen.

Ungeachtet solcher Schwächen ist *Citizen Kane* ein wichtiger, unbedingt sehenswerter Film. Er beschwört zu Unrecht vergessene filmische Möglichkeiten herauf; er gibt nicht wenige interessante Anregungen, und er kann dadurch, daß er mit einem Schlag den Manierismus des heutigen Sprechfilms bewußt macht, vieles zur Auflockerung überlebter Konventionen beitragen.

(1941)

39. Mamoulian, Le Roy, Cukor und Kanin*

Noch produziert Hollywood nicht viele Farbfilme, aber die paar jetzt erschienenen weisen spürbar Fortschritte auf. Der eine: *Blood and Sand,* ein Film der Twentieth Century-Fox, der das Thema eines Valentino-Films[1] aus dem Jahre 1922 wieder aufnimmt, spielt im farbig ergiebigen Spanien und kommt dem Bedürfnis nach Prunk und Massenentfaltung willig entgegen. Nach einem Roman des Spaniers Ibañez gedreht, schildert er unter Einflechtung einer Vamp-Episode das Leben eines Stierkämpfers, nicht ohne zu zeigen, wie unsolid der Ruhm dieser Volkslieblinge ist und wieviel Kläglichkeit sich hinter dem Glanz verbirgt. Die Verbesserungen bestehen vor allem darin, daß die in früheren Farbfilmen so störende Verschwommenheit der Hintergründe beseitigt ist und die Komposition der Farben bewußt gepflegt wird.

Obwohl der M. G. M.-Film: *Blossoms in the Dust* – er erzählt etwas ungeordnet die rührende Geschichte einer amerikanischen Menschenfreundin, die auf manchen Umwegen und unter Verzicht auf persönliches Glück als erste dahin gelangt, gegen die soziale Ächtung der illegitimen Kinder anzukämpfen – nicht die Chance einer farbenprächtigen Umwelt hat,

1 von Fred Niblo.

arbeitet er doch Bilder heraus, in denen die Farbe wirklich etwas sagt. Zu den Hauptfiguren des Films gehört Felix Bressarts älter Landarzt, eine erstaunliche, menschlich packende Gestalt. – Allgemein wäre zum Thema des Farbfilms noch zu bemerken, daß er noch nicht über das Stadium des Experimentierens hinausgekommen ist; schlagende Wirkungen sind die Ausnahme, die Wiedergabe der Gesichter bleibt ein Problem.

Im M.G.M.-Film *A Woman's Face* rächt sich Joan Crawford für die Demütigungen, die sie ihres entstellten Gesichtes wegen erleidet, dadurch, daß sie, im Bund mit einer Verbrecherbande, reiche Leute erpreßt. Ein Chirurg, der Mann eines ihrer Opfer, gibt ihr die Schönheit wieder, und der körperlichen Wandlung folgt die seelische auf dem Fuße. Bei der Verfilmung dieser Magazingeschichte ist kaum ein Spannungsmittel ungenutzt geblieben: Der Zusammenhang enthüllt sich erst allmählich durch Rückblicke während einer Gerichtsverhandlung, die für dramatische Atmosphäre und beklemmende Ritardandos sorgt, und die Antwort auf die bange Frage, ob die Gesichtsoperation geglückt ist, wird so lange wie möglich hinausgeschoben. Kunstgerechte Belichtung unterstreicht solche Effekte. Neben der Crawford, deren Kunst Stil hat, wirken, gut an ihrem Platze, mit: Albert Bassermann, unverkennbar der Alte, und ein äußerlich stark veränderter Conny Veidt.

Einen großen, wirklich verdienten Erfolg hatte hier der neue R.K.O.-Film *Tom, Dick and Harry*, der ein liebenswürdiges Märchen aus dem Alltag mit ausgeprägtem Sinn für filmische Pointen erzählt und so das Publikum in die angenehme Atmosphäre von Wunschträumen versetzt. Dieser Film steht und fällt mit Ginger Rogers, die als kleine, törichte Telefonistin mit drei jungen Männern anbandelt, jedesmal hinterher träumt, wie sich der Betreffende wohl in der Ehe ausnähme, und sich für keinen der drei zu entscheiden weiß. Sie ist schlechterdings entzückend, und die starke Wirkung, die von ihrem holden Geplapper ausgeht, beweist, daß es im

Sprechfilm nicht so sehr auf den Inhalt des gesprochenen Wortes als vielmehr auf die Art ankommt, in der es vorgetragen wird. Hübsche Bildeinfälle entschädigen für die etwas dünne Handlung und die leichte Monotonie der drei Träume, die aus Gingers Kopfkissen aufsteigen und merkwürdigerweise die sonst sehr versüßte Realität krud verzerren. So ist gleich die Eröffnung originell: man sieht den Zuschauerraum eines Kinos von der Stelle aus, an der die Leinwand zu vermuten ist, und hört die unsichtbare Heldin auf der imaginären Leinwand versichern, daß sie weinen müsse vor Glück. Erwähnenswert auch der Gang des melodischen Klingens, das immer ertönt, wenn Ginger den ärmsten der drei Liebhaber küßt.

(1941)

40. Preston Sturges oder Verratenes Lachen

Preston Sturges, den man auf den Unterhalter festgelegt hat, ist zweifellos mehr als das: sein eigenes Credo (dargelegt in *Sullivan's Travels*) sowie seine Eigenheit, seine Handlungsabläufe durch bedeutungsvolle Stories einzurahmen, offenbaren in ihm einen suchenden, nach innen gekehrten Geist. Und was, wenn Sturges tatsächlich bloß ein Unterhalter wäre? Nichts sollte ernster genommen werden als eine Unterhaltung, die sich bei den anonymen Millionen beliebt macht. Stimmungen der Massen, die weitreichende Konsequenzen haben, finden oft ein Ventil in scheinbar unbedeutenden Vergnügen.

Als Preston Sturges in den frühen dreißiger Jahren Drehbücher zu schreiben begann, war ihm nicht immer zum Lachen zumute. Seine Vorstellungskraft konzentrierte sich auf Männer, welche ohne Skrupel um die Macht kämpften, und auf eine Welt, in der Integrität mehr ein Hindernis als ein Vorzug war.

Diese Gedankengänge schlugen sich zum ersten Mal in Sturges' Skript von *The Power and the Glory* nieder, einem Film unter der Regie von William K. Howard (1933). Die

Handlung ist eine Variante des *What Price Glory?*-Themas: einem Streckengänger mit dem Instinkt eines geborenen Bonzen (*tycoon*) gelingt es, Eisenbahnmagnat zu werden, und er begeht Selbstmord, nachdem er von seiner eigenen Familie verraten worden ist. Sturges behandelte dieses abgedroschene Thema aus einem besonderen Blickwinkel: indem er ausführlich die Rücksichtslosigkeit des Bonzen und sein antisoziales Handeln darstellte, machte er beträchtliche Anstrengungen, ihn von aller Schuld reinzuwaschen. Der Film übermittelt eine Moral; Macht, so besagte er, ist mit menschlicher Loyalität unvereinbar, und derjenige, der die Welt erobert, muß notwendig sich selbst verlieren.

Sturges nahm dieses Thema in *The Great McGinty* (1940) wieder auf, dem ersten Film, in dem er selbst Regie führte (gedreht nach einem wiederholt zurückgewiesenen eigenen Skript, das er schon 1933 verfertigt hatte). Der Film stellt die Lebensgeschichte eines ›Self-made man‹ dar. Die Technik ist die der Rückblende, welche hier dazu dient, Drama in Satire zu verwandeln. Dan McGinty, ein ältlicher Barkeeper einer gottverlassenen Spelunke einer »Bananenrepublik«, erzählt von seiner außergewöhnlichen Vergangenheit daheim in den Staaten; und diese Vergangenheit entfaltet sich in leuchtenden Episoden, die zeigen, wie er in der Parteipolitik Karriere macht. Unter den Fittichen seines äußerst verrufenen »Bosses« steigt der Landstreicher, der sich zur Armenspeisung anstellt, zum Gouverneur eines Staates auf, zu Schiebergeschäften und Gangstertum in noch größerem Ausmaß. Sein Höhenflug wäre so grenzenlos wie seine Unverschämtheit, nähme die Story nicht eine scharfsinnige Wende: von der Frau, die er liebt, bedrängt, beschließt Dan, zum Gouverneur vereidigt, aufrichtig zu werden: und eben diese Bekehrung führt seinen Sturz herbei. Er schließt sich im Gefängnis seinem Boss an und flieht dann mit in die düstere Vorhölle der Bananenhafenspelunke, aus der ein halb melancholisches, halb höhnisches Licht auf seine ruhmreiche und abscheuliche Karriere fällt.

Dieser amüsante Angriff auf Freibeuterei in der Politik stützt sich auf so ziemlich die gleiche Haltung wie *The Power and the Glory*. Die beiden Filme stimmen darüber hinaus in ihrem anhaltenden Bemühen um soziale Kritik überein; bis zum Schluß geißelt *The Great McGinty* eine Gesellschaft, in der Ehrlichkeit sich nicht bezahlt macht. Sein unerwarteter Erfolg verdankte sich natürlich nicht nur der Moral dieses Films, sondern auch, und vielleicht vor allem, der filmischen Behandlung der Thematik, die eine Fülle treffender Gags mit einem Schuß Slapstick-Humor aufwies, welche nur allzu willig der Entwicklung eines Handlungsablaufs zugute kamen, der soziale Mißstände anprangerte; und so ist es zu verstehen, daß dem Lachen, das von *The Great McGinty* ausgeht, eine erlösende Kraft zukommt.

Ein anderer allgemeiner Zug von Sturges' Bilderwelt läßt sich auf seine Kameraführung zurückführen. Mit echtem Gespür für das Filmische mobilisiert er die Kamera, wann immer er einen witzigen Einfall herausstellen oder eine komische Situation gestalten will; und bei solchen Gelegenheiten gewinnt seine Kamera eine Unabhängigkeit, die an ihre Rolle in ausgereiften Stummfilmen erinnert.

Der ›Self-made man‹ mit seinem Machthunger (er tauchte leicht verändert wieder in dem Film *The Great Moment*, einer schwachen Tragikomödie von 1939 wieder auf) stand am einen Ende des frühen Sturges-Universums. An seinem anderen Ende tauchte die Gestalt des Unschuldslamms auf, oder wie immer man einen naiven, offenen und in Lebensdingen völlig unerfahrenen jungen Mann nennen mag. Sturges scheint von diesem Gegenstück zu einem rücksichtslosen Bonzen und korrupten Politikern betört gewesen zu sein. In den zwei Komödien, die auf *The Great McGinty* folgten, stellt er solche Unschuldslämmer als Glückspilze dar, die alles bekommen, was sie sich wünschen.

Die erste dieser Komödien war *Christmas in July* (1940). Jimmy, das Unschuldslamm im Film, ist ein einfältiger Angestellter, der seine Hoffnungen in einen von einem Kaffee-Magnaten ausgeschriebenen Slogan-Wettbewerb setzt. Selbstverständlich werden Jimmys Wünsche wahr; aber die Spitzfindigkeit der Handlung ist es, daß er den 25 000 Dollar-Preis bekommt, ohne ihn eigentlich zu gewinnen. Diese vortreffliche Gaunerei wird von einigen groben Witzbolden in Jimmys Büro ins Werk gesetzt, die ihm ein gefälschtes Telegramm zuschicken, das ihm seinen Sieg bestätigt. Überglücklich legt Jimmy dem Kaffee-Magnaten das Telegramm vor, und da dieser sich mit der Wettbewerbsjury überworfen und keinen Kontakt mehr mit ihr hat, nimmt er das Telegramm für bare Münze und unterschreibt den Scheck. Nachdem Jimmys Fähigkeit, Slogans zu prägen, auf diese Weise ein für alle Mal feststeht, wird er von seinem Boß befördert. Er und sein Mädchen leben in großem Reichtum und auch die unvermeidliche Entdeckung des Betrugs kann sie nicht daraus vertreiben.

Mit seinem Drehbuch von 1931 (zu dieser Zeit war die Weltwirtschaftskrise in vollem Gange) erscheint *Christmas in July* wie ein weiterer eskapistischer Film, der bemüht ist, die Angestellten von ihrer heiklen Lage abzulenken. Die satirischen Momente, die der Film aufweist, zielen auf widersinnige Werbeslogans, mechanisierte Möbelstücke und anmaßende Jurys – alles kleinere Mängel der ansonsten von Sturges beschworenen idealen Welt. Die bemerkenswerte Auflösung des Films jedoch ist ein eindrucksvolles Zeugnis für den ihm inhärenten Nonkonformismus: in der letzten Szene entscheidet sich die Jury, Jimmy den Preis zu geben – eine Entscheidung, die den konformistischen Gedanken impliziert, daß Tagträume im wirklichen Leben wahr werden; da wir jedoch wissen, daß Jimmys Karriere nicht von dem Resultat des Wettbewerbs abhängt, sind wir angehalten, diese unterschwellige Anspielung in dem Augenblick, in dem sie aufkommt, auch schon wieder zu verwerfen. Dank dieser plötzlichen Wende läßt Sturges den Graben zwischen seiner Traumwelt und der wirklichen Welt im selben Augenblick bestehen, in dem er ihn zu überbrücken scheint.

Das Unschuldslamm in *The Lady Eve* (1941), der zweiten Komödie nach *The Great McGinty*, ist ein junger Forscher, der nicht in eine Karriere lanciert zu werden braucht, da er der

Sohn eines Bierkönigs ist. Aber Geld ist nicht das wichtigste, wenn man es hat; und Unschuld hört auf, eine Tugend zu sein, wenn sie gleichbedeutend ist mit Unreife. Der in Sachen Gefühl unterentwickelte Charles bekommt von der welterfahrenen und reizenden Jean, Mitglied eines Falschspielertrios, eine Lektion in Liebe. Die Handlung, die die aufeinanderfolgenden Stadien seiner Erziehung darstellt, läuft mit einem Esprit ab, der an die besten französischen Boulevard-Komödien erinnert. Zunächst hatte Charles um Jeans Hand angehalten, doch dann, als er von ihrem fragwürdigen Beruf erfährt, läßt er sie augenblicklich sitzen. Darauf erobert Jean, verkleidet als »Lady Eve«, Charles zurück, der in dieser beispielhaften englischen Aristokratin die Zwillingsschwester des Kartenfälscher-Mädchens zu sehen glaubt. Sie und Charles begeben sich auf ihre nächtliche Hochzeitsreise in einem Pullmancar und Jean-Eve benutzt diese Gelegenheit zur vergnügten Rache, indem sie ihrem Bräutigam eine Reihe von Liebesabenteuern gesteht, welche sie nie gehabt hat. Charles, vom Entsetzen gepackt, verläßt sie in stockfinsterer Nacht, und erst ganz zum Schluß sind die beiden wieder vereint.

Auch in diesem Film sind Wirtschaftsmagnaten wieder als komische Typen dargestellt, und die Macht, die sie ausüben, als unbedeutend; wiederum ist soziale Satire von wesentlichen Mißständen auf harmlose Mängel, wie moralische Prüderie und Ehrfurcht vor englischen Manieren, abgebogen. Und wiederum macht dieses scheinbare Behagen schließlich einem tiefersitzenden Unbehagen Platz.

Kurzum, beide Komödien sind vom Schlage von *The Great McGinty*: indem sie das Publikum zum Lachen bringen, wecken sie seine kritischen Fähigkeiten. Und diese Identität in der Haltung steht für eine Ähnlichkeit in der Technik. In beiden Komödien dominieren bedeutungstragende Gags über solche, die nur um ihrer selbst willen eingeführt sind. Auf der anderen Seite läßt auch hier, wie in *The Great McGinty*, Sturges bildliche Durststrecken, die ausschließlich aus Dialogen bestehen, in eine sonst glänzende Bildlichkeit einfließen.

The Great McGinty und die beiden folgenden Komödien erschienen nach dem Zusammenbruch Frankreichs, zu einem Zeitpunkt, in dem die zivilisierte Menschheit in der Furcht vor dem Untergang lebte. War Gelächter inmitten weltweiter Verzweiflung tragbar? Als ihn seine Rolle als Komödienautor beunruhigte, unternahm es Sturges in dem Film *Sullivan's Travels* (1941) das Lachen zu rechtfertigen, einer Art Tragikomödie, die er unmittelbar nach *The Lady Eve* schrieb und verfilmte. Der Film ist der Wendepunkt in Sturges' Karriere.

Sullivan, ein durch seine Komödien berühmter Hollywood-Regisseur, ist derart von Gewissensbissen gequält, daß er sich entschließt, fortan nur noch solche Filme zu drehen, die die Massen nicht mehr unterhalten, sondern ihnen ein Bild ihrer unerträglichen Misere vorhalten und auf diese Weise die menschliche Würde fördern. Um die Nöte und Mühen zu erfahren, welche er in seinem nächsten Film darstellen will, besucht er, als Landstreicher verkleidet, mehrere Landstreicherlager. Diese Reisen, eine Mischung aus Slapstick und ernsten Begegnungen, enden in einer Katastrophe: Sullivan verliert sein Gedächtnis und wird unter dem Bann des Gedächtnisschwunds zu einer langen Zeit Schwerarbeit verurteilt, weil er den Vorgesetzten Widerstand leistete. In einem Zuchthaus der Südstaaten wird ihm und seinen Mitgefangenen eines Abends erlaubt, einen alten Disneyfilm anzuschauen. Während Mickey Mouse über die Leinwand tanzt, weilt die Kamera auf den lachenden Gesichtern von niedergeschlagenen Verbrechern. Obwohl die Fröhlichkeit der Zuschauer am Ende des Kurzfilms verfliegt, hat er bei Sullivan einen bleibenden Eindruck hinterlassen. Er gewinnt sein Gedächtnis wieder und kehrt nach Hollywood zurück, erfüllt von dem Credo, daß echtes Leiden nur durch Lachen gelindert werden kann. Dies ist die Lehre, die seine Reisen ihm erteilt haben. Und mit einem wahrhaft missionarischen Eifer läßt er sein Projekt eines sozialkritischen Films zugunsten einer Komödie fallen.

Sullivan drückte sein Mitleid mit den Leidenden aus. Doch

hält ihn das nicht davon ab, sich nur für pittoreske Landstreicher und Zuchthäusler zu interessieren, die weit weniger repräsentativ für unsere Gesellschaft sind als z. B. die Angestellten in *Christmas in July*. Es ist, als ob Sullivans Reisen einer bestimmten Sache auswichen; indem sie das Unauffällige vernachlässigen und das Spektakuläre zeigen, ähneln sie Sightseeing-Touren durch die Bowery. Zudem hat Sullivan wenig für die ausgewählten Unglücklichen, denen er unterwegs begegnet, übrig. Ganz von Anfang an schon vermied er es, in unsere graue Alltagswelt verstrickt zu werden. Seine Abneigung gegen ein zu starkes Ergriffenwerden von dem Leiden des Menschen – und hierbei ist es gleichgültig, welche Art von Leiden – geht Hand in Hand mit seiner Überzeugung, daß die Dinge so, wie sie sind, nun einmal sind und daß man daran nichts ändern kann. Wenn er die Gesellschaft einen »ramponierten Reisewagen« nennt, gibt er damit stillschweigend zu, daß seiner Meinung nach diese Unangemessenheit nicht zu ändern ist. Sein Lachen läßt auf eine konformistische Haltung schließen. Im Nachhinein erscheint nun die Rechtfertigung der Magnaten in *The Power and the Glory* und in anderen Filmen viel eher als ein Symptom sozialer Selbstgefälligkeit, als ein Angriff auf moralische Heuchelei. Dan McGintys ursprüngliche Gleichgültigkeit den Armen gegenüber wird jetzt durch die Kaltschnäuzigkeit von Sullivans Butler vervollkommnet, der in etwa den gleichen Worten wie Dan seinem Herrn den Rat gibt, die Armen sich selbst zu überlassen – einen Rat, den Sullivan zu verwerfen scheint, doch in Wirklichkeit sich zu Herzen nimmt. Die Anfänge Sturges' wiesen in mancher Weise Züge von Aristophanes auf, doch mit *Sullivan's Travels* betrog er um das, was an seinem Lachen das Beste war.

Nachdem er Komödien als wahren Segen in diesen Tagen des Zorns gerechtfertigt hatte, setzte Sturges mit beruhigtem Gewissen seine Produktionen fort. Es folge *The Palm Beach Story* (1942). Diese Komödie über die oberen Zehntausend wimmelt von Millionären aller Schattierungen und bringt anstelle des traditionellen Unschuldslamms gleich zwei ins Spiel: den ungeschickten Tom und John, den Sohn eines Super-Magnaten. Toms liebende Frau wird durch ihren Wunsch, diesen stumpfsinnigen Esel nach vorn zu bringen, der Mittelpunkt einer wendigen Intrige, welche das verschwenderische Leben der Reichen in einer Mischung aus aggressivem Slapstick und nachsichtigen Lubitsch-Gags hell ausleuchtet. Am Ende überschüttet Sturges Tom, John und alle sonstigen Personen mit einer Märchenglückseligkeit, die dem Publikum mit genau dem rechten Schuß Ironie genießbar wird.

Die beiden nächsten Sturges-Filme behandelten das Leben in Kleinstädten während des Krieges in einer Art und Weise, die Sturges' wachsende Faszination von alten Slapstick-Komödien enthüllte. Der Held in *The Miracle of Morgan's Creek* (1944), gespielt von Eddie Bracken, stottert, wenn er aufgeregt ist, meist aufgrund des unverantwortlichen Verhaltens seiner angebeteten Trudy. Trudy hatte an einer fröhlichen Abschiedsparty für Soldaten teilgenommen; sie endete damit, so erinnerte sie sich dunkel, daß sie einen GI heiratete, dessen Namen ihr entfallen ist. Leider ist das Ergebnis deutlicher als ihr Gedächtnis. Eddie, eine süße Mischung aus Ritter und Tor, versucht das Unmögliche, um Trudy vor der Schande zu bewahren; aber natürlich wird alles durch seine lächerlichen Versuche nur noch schlimmer. Spott zu überstürzten Kriegsehen, heuchlerische Sexualmoral und administratives Gepfusche erwecken den allgemeinen Eindruck einer Gesellschaft, in der es drunter und drüber geht. Es ist in einer solchen Welt auch logisch, daß ein vierzehnjähriges Mädchen – eine der besten komischen Gestalten von Sturges – sich aufführt und spricht wie ein desillusionierter Erwachsener. Wiederum ist die Story aus Rückblenden erzählt; doch gibt Sturges zum Schluß, da alles unwiederbringlich verworren scheint, die Überraschung preis, auf die er das Publikum seit dem Anfang vorbereitet hat: Trudy schenkt Sechslingen das Leben. Und weil Dan, der Gouverneur des Staates, dieses Wunder als

245

einzigartigen Wert für seine Regierung ansieht, sanktioniert er Trudys Fauxpas, indem er ihr Eddie zum legitimen Ehemann gibt und ihn obendrein zum Obersten der Landesmiliz befördert.

In *Hail the Conquering Hero* (1944) ist Bracken so beschämt über seine Entlassung aus der Armee wegen chronischen Heuschnupfens, daß er es nicht wagt, zu seiner Mutter zurückzukehren, die mit großem Stolz das Andenken an seinen Vater, einen Helden des Ersten Weltkrieges, pflegt. Sechs »Marines« auf Heimaturlaub von Guadalcanar und auf der Suche nach angenehmem Zeitvertreib lesen Bracken in einer Bar auf und schlagen ihm vor, daß er, anstatt seine Mutter zu enttäuschen, sich ihr dankbar erweisen solle, indem er als Heldensohn vor ihr erscheint. Sie besorgen dem zögernden unschuldigen Studikus eine mit Medaillen behängte Uniform, eskortieren ihn nach Hause und nehmen ausgelassen an seinem triumphalen Empfang teil, mit dem sich die Stadt an den angeblichen Heldentaten ihres Sohnes berauscht. Nie war Sturges' Satire aktueller als in diesem ausgelassenen Gemisch, welches mitten im Krieg nicht nur so unbedeutende Leute wie Souvenirjäger und politische Windbeutel aufs Korn nahm, sondern die Heiligkeit unseres offiziellen Mutter- und Held-Kultes angriff. Der Streich der »Marines« spitzt sich zu, als einige Bürger, die sich über den Stand der städtischen Angelegenheiten besorgt zeigen, Woodrow bedrängen, für das Amt des Bürgermeisters zu kandidieren. Noch einmal gibt er nach, doch diesmal besiegt seine angeborene Aufrichtigkeit seine Scheu. Auf der Eröffnungswahlversammlung gesteht er, daß er ein Betrüger ist – ein Beispiel von Zivilcourage, welches die »Marines« allen voran bewundern. Die Wähler empfinden ähnlich, holen Bracken auf dem Bahnhof ein und halten ihn davon ab, den Zug zu besteigen, in dem die sechs schneidigen »Marines« abfahren.

Sturges' Satire ist hier nicht mehr länger das, was sie war, bevor er ihr durch systematischen Rückzug von jeglicher prononcierten Stellungnahme ihre bissige Schärfe nahm. In seinen Anfängen bestand Sturges darauf, daß Ehrlichkeit sich nicht bezahlt macht. Nun möchte er uns glauben machen, daß die Welt sich zur Redlichkeit bekehrt.

Welche satirischen Elemente der Film *The Miracle of Morgan's Creek* auch aufweist, sie werden in einer Handlung erstickt, die in der Tendenz beweist, daß unsere bestehende Welt, dieser »ramponierte Reisewagen«, die beste aller möglichen Welten ist. Der Film unterstellt, daß unsere Welt so konstruiert ist, daß auf die Dauer gesehen jede schlechte Handlung einem guten Zweck dient. Wenn aber menschliche Integrität bestimmt ist, sich am Ende durchzusetzen, weshalb dann versuchen, die Welt zu ändern? Zugegeben, Sturges lehnt die ganze Marionetten-Welt mit einem ironischen Lächeln ab, welches darauf berechnet ist, das Ganze als einen köstlichen Witz auszugeben. Doch ist diese Ironie bei weitem zu oberflächlich, um eine angemessene Entschuldigung für die Harmonie sein zu können, die er zwischen seinen Unschuldslämmern und allen möglichen Mächten etabliert hat.

Sturges' angeborene Vorliebe für die alten Stummfilmkomödien ist unbestreitbar. Neben den vielen einschlägigen Gags in seinen frühen Filmen erweist ihn der Umstand, daß er eine feste Schauspielertruppe aufgebaut hat, die die immer wiederkehrenden komischen Charaktere darstellt, welche seine Vorstellung heimsuchen, als einen späten Nachfahren Mack Sennetts. Sturges hätte die Slapstick-Welt der Vergangenheit wiedererstehen lassen können. Eigenartigerweise greift er auf diese Welt mit Bedacht gerade in dem Moment zurück, als er sich von ihrem Geist entfernt hatte. Was unter solchen Umständen entstehen muß, ist vorhersehbar: seine Wiedererweckung des Slapstick entpuppt sich als bloßer Vorwand. Und sein mangelndes Bemühen um den Geist des Slapstick zeigt sich in der Zunahme bedeutungsloser Gags; in allein drei Komödien finden sich aufdringlich viele unmotivierte Possen.

Kurzum, Sturges wendet sich der klassischen Slapstick-Komödie nicht gerade trotz, sondern wegen seines Konformismus zu. Weit davon entfernt, dies Genre wiederauferstehen zu lassen, beutet er lediglich seine bewährten Techniken aus, um soviel Spaß wie nur möglich, ohne Rücksicht auf ihren ursprünglichen Sinn, zu produzieren. Für den späteren Sturges bedeutet Slapstick nichts weiter als ein Arsenal schon vorgefertigter Gags. Was immer hierfür der innere Grund sein mag, gewiß ist, daß Sturges' Fähigkeit, ulkige Begebenheiten zu erfinden, ihm etwa zu der Zeit von *Sullivan's Travels* abhanden kam. Eher als zuvor haben seine Charaktere jetzt die Tendenz, flach zu werden, oder Flachheit um sich herum zu verbreiten; und feinsinniger Witz tritt seinen Platz an plumpe Farcenproduktion ab. (Selbstgefälligkeit rächt sich an denen, die sich in ihr gefallen: seine letzten Komödien: *Unfaithfully Yours* (1948) und *The Beautiful Blonde from Bashful Bend* (1949) sind wenig witzig und Konserven-Slapstick.)

Und welche besondere Art von Konformismus verschreibt Sturges-Sullivan seinem Publikum? Es ist eine Stromlinien-Variante des naiven und unkritischen Konformismus, der allgemein unter uns herrscht. Sturges zieht zunächst die kritischen Fähigkeiten eines geschmeichelten Publikums heran, indem er ihm einen kurzen Einblick in die fragwürdigen Aspekte unserer Gesellschaft gibt; und dann gibt er dem Publikum zu verstehen, daß diese unsere Welt in der Tat ein Paradies ist, in der das Böse automatisch sich zum Guten wendet. Er verbirgt nichts und vergoldet alles. Er benutzt das Instrumentarium sozialer Kritik einzig, um ihre konstruktive Kraft zu zerschlagen.

Es ist nicht meine Absicht, zu behaupten, daß Lachen ohne soziale Bedeutung von Übel sei. Die blanke Filmfarce, die allein um ihres komischen Effektes willen produziert wird, ist als Unterhaltung wert und willkommen, wie jeder andere Taschenspielertrick. Aber die Farce im Gewand der Satire ist gefährlich. Sie macht die Spitzen der erstklassigen Waffen menschlicher Emanzipation stumpf. Und sie ist zudem in einer Welt gefährlich, in der zusammen mit den Mitteln der Massenkommunikation Methoden der psychologischen Manipulation in einem noch nie zuvor gekannten Ausmaß entwickelt worden sind.

Aus dem Amerikanischen von Barbara Rupp (1950)

41. Filme mit einer Botschaft

1

Filme ergänzen das wirkliche Leben. Sie verleihen öffentlichen Meinungsbefragungen Farbe. Sie schärfen unsere Bewußtheit fürs Ungreifbare und spiegeln den verborgenen Verlauf unserer Erfahrung. Sie stellen Situationen heraus, die direkt oft nur schwer faßbar sind, die uns aber zeigen, was wir unter der Oberfläche über uns selber denken. Dies trifft in besonderer Weise auf solche Leinwandmotive zu, die scheinbar unbeabsichtigt eingeführt worden sind. Die Filmemacher haben ein vitales Interesse an dem Massenpublikum, und so darf angenommen werden, daß solche Motive – vorausgesetzt, sie treten mit einiger Regelmäßigkeit auf – einen Bezug zu den Haltungen, Wünschen und Reaktionen vieler, sehr vieler Menschen haben.

Filme spiegeln unsere Realität. Schauen wir also in diesen Spiegel.

Hollywood scheint zur Zeit, verschreckt von der unerfreulichen Behandlung durch den Congress, entschlossen, sich auf »reine Unterhaltung« zu beschränken, der es eine Prise antikommunistischer Filme beimischt, um so vergangene Indiskretionen wiedergutzumachen. Es wird keine Fortsetzung von *The Farmer's Daughter* und dessen faschistischen Politikern geben. Der »New Yorker« berichtet, daß William Wyler geäußert habe, den Film *The Best Years of Our Lives*, in dem er die Regie geführt hat, würde Hollywood jetzt nicht drehen können. Währenddessen jedoch stehen diese Filme zusammen mit solchen wie *Boomerang!*, *Crossfire*[1] und *Gentleman's Agreement* bei Verleihungen von

---

1 *Boomerang!* und *Crossfire* erhielten keine »academy awards«.

»Oscars« an erster Stelle, werden weiterhin in den Kinos gezeigt und locken die Massen an. Auf diesem Grunde sind sie auch heute noch unserer Aufmerksamkeit wert.

Diese Filme sind Produkte der ersten Nachkriegsjahre und drehen sich bezeichnenderweise um entlassene Soldaten. Der entlassene GI aus dem Film *Boomerang!* ist das leidtragende Opfer von Ungerechtigkeit; der aus dem Dienst entlassene Feldwebel in *The Best Years of Our Lives* versucht, seinen Kameraden, die nun mit ihm das Veteranenschicksal teilen, das Los zu erleichtern. Auf gleiche Weise benutzen die Filme *Gentleman's Agreement* und *Crossfire* Soldaten, um ihre Kampagne gegen den Antisemitismus zu stützen. Zugegebenermaßen verwendet der Film *The Farmer's Daughter* keine GIs, doch haben seine Heldin und ihre Verwandten – schwedische Einwanderer – vieles mit heimkehrenden Soldaten gemeinsam. Veteranen und Fremde müssen sich gleichermaßen einer Umgebung anpassen, die sie im Licht ihrer Visionen interpretieren.

Der Leser erinnert sich wohl noch an diese Visionen – unsere Filme aus der Kriegszeit waren voll von ihnen. Gewöhnlich hielt eine Figur an einem bestimmten Moment, ganz gleich, ob er nun angemessen war oder nicht (oft war er es nicht), eine Rede, die in Zukunftshoffnungen schwelgte. »Ich hoffe... daß wir alle zusammen versuchen werden – aus der Erinnerung an unsere Qual heraus versuchen werden – unsere zerbrochene Welt wieder so fest und gerecht zusammenzufügen, daß ein neuer großer Krieg nie mehr wieder möglich sein kann« *(The Story of GI Joe)*. Oder: »Ich wünsche mir... Friede, in dem Stolz und ein menschenwürdiges Leben herrschen mit allem, was dazu gehört.« *(None But the Lonely Heart.)* Dieses Friedensevangelium war immer verflochten mit einer Lobpreisung unserer demokratischen Ideale und einem Versprechen, nach dem Kriege nach diesen Idealen zu leben. Aus dem Albtraum der Konzentrationslager, der Gestapo-Folterungen, der Schlachtfelder und bombardierten Städte erwuchs der Traum von der amerikanischen Demokratie. Die Worte waren blumenreich; sie waren als Linderung für die Heimwehleidenden gemeint.

Nachdem der Sieg errungen war, kamen wir wieder mit beiden Füßen auf der Erde zu stehen. Erstaunlicherweise nahm Hollywood die Herausforderung des Kontrastes an. Alle hier besprochenen Filme stellten die Hoffnungen der Kriegsjahre der Nachkriegsrealität gegenüber. Alle gingen in der Bestärkung eben dieser Hoffnungen so weit, wie Hollywood es sich leisten konnte. Die Filme weisen eine leichte Militanz auf. Sie schlagen einen Ton an, der in verschwommen liberaler Weise progressiv klingt. Diese eigentümliche Qualität wird deutlich, wenn wir zwei von ihnen vergleichen: William Wylers *The Best Years of Our Lives* und Frank Capras *It's a Wonderful Life*.

2

Die zwei Filme, die zu ungefähr derselben Zeit uraufgeführt wurden, stimmen überein in ihrer Feindseligkeit gegenüber geldgierigen Bankiers und ihrem Mitleid für die sozial Benachteiligten. In Capras Film jedoch wird alles, was zugunsten der Unterprivilegierten getan oder gesagt wird, nur dazu benutzt, die natürliche Großmut seines Helden James Stewart herauszustreichen. Der Film *It's a Wonderful Life* handelt vornehmlich von Individuen: auf der einen Seite der böse, ausdrücklich als schwarzes Schaf herausgestellte Bankier, auf der anderen Seite der arglose und edelmütige Stewart, der, wie seine Vorgänger in früheren Capra-Filmen, in Wirklichkeit ein Märchenprinz in ungenügend moderner Verkleidung ist. Und in echter Märchenart gibt der Film zu verstehen, daß alle sozialen Probleme im Nu gelöst wären, gäbe es nur solche Prinzen. Während jedoch Capra auf diese Weise noch jeden Mißstand hinwegzaubert, der sich etwa der Gutherzigkeit gegenüber hart erweisen könnte, setzt sich Wyler in seinem Film *The Best Years* direkt mit ihnen auseinander.

Wylers Charaktere sind in gleichem Maße Individuen wie die bei Capra; aber im Gegensatz zu Capras Individuen spiegeln sie die Auswirkungen, die die Gesellschaft, der sie angehören, auf ihr Inneres hat. Die Bankiers in diesem Film führen sich wie typische Bankiers auf, nicht besser und nicht schlechter; und Fredric March, ein ehemaliger Feldwebel, selbst kein Vorbild an Tugendhaftigkeit, wirft ihnen weniger zügellose Gemeinheit vor als vielmehr ein stures Beharren auf üblichen Praktiken, welche dazu angetan sind, Veteranen zu schaden. Wyler ist bei der Zeichnung seiner Charaktere mehr an sozialen Mechanismen als an persönlichen Konflikten interessiert. Und niemals macht er, wie Capra, sein Publikum glauben, daß menschliche Anständigkeit allein ausreicht, um den bestehenden Zustand der Dinge zu verändern. Sein Film ist kein Märchen, sondern ein wie immer beschränkter Versuch, sozialen Fortschritt voranzutreiben.

Dasselbe gilt für andere Filme, die ich genannt habe. Sie entlarven Korruption in der Innenpolitik, Selbstgefälligkeit in der Mittelschicht, Rassenvorurteil und faschistische Mentalität mit einer auf der Leinwand bis dahin ungewohnten Direktheit. Die den Filmen innewohnende Tendenz, diese Probleme in Angriff zu nehmen, ist so stark, daß sie selbst die Bedeutung von Handlungssträngen umkehrt, welche versuchen, vor ihnen auszuweichen. *Boomerang!* stellt ausführlich die obskuren Machenschaften kleinstädtischer Politiker in der offensichtlichen Absicht dar, die Integrität seines Protagonisten zu unterstreichen. Wäre diese Geschichte in der traditionellen Hollywoodmanier erzählt worden, wäre keiner versucht, sich näher mit ihrem tieferen Sinn zu beschäftigen. Der dokumentarische Stil jedoch, in welchem der Film tatsächlich gedreht ist, ändert alles. Mit Hilfe von zahlreichen Aufnahmen von Stamford, Connecticut, und mit Hilfe des Einbeziehens von gewöhnlichen Stadtbewohnern in das darstellende Personal vermitteln die Filmemacher den Eindruck, daß ihre Geschichte eine reale zeitgenössische Begebenheit ist. Und wie jeder echte Dokumentarfilm stellt *Boomerang!* der Macht der reinen Erzählung die kräftige Einwirkung der Umwelt zur Seite. Zusammen mit dem Fall wird die gesamte soziale Textur, in der er auftaucht, in den Vordergrund gestellt. So verwandelt sich eine Erzählung, die ursprünglich ein außergewöhnliches Individuum darstellen sollte, vermöge der dokumentarischen Darstellungsweise in einen lebhaften Kommentar zu den Sitten unserer Tage.

All diese »progressiven« Filme weisen jedoch einen eigenartigen inneren Widerspruch auf. Wenn man sie genauer untersucht, kann man nicht umhin festzustellen, daß sie die tiefergreifende Schwäche der Sache an den Tag bringen, für die sie gerade um Sympathie werben. Zweifellos treten sie im Bereich von Handlung und Dialogführung für sozialen Fortschritt ein, in den weniger offensichtlichen Bereichen des Films jedoch bringen sie es zuwege, anzudeuten, daß liberales Denken eher ab- als zunimmt. Dieser Eindruck verdankt sich vornehmlich zwei Charaktertypen, die in den meisten quasiliberalen Filmen Hollywoods gängig sind – diese Charaktere diskreditieren stillschweigend, was die Filme selbst vorgeben mitzuteilen. Statt daß sie die Stärke des Liberalismus aufzeigen, bezeugen sie seine außerordentliche Gebrechlichkeit.

Eine dieser typischen Gestalten ist der müde Standartenträger des Fortschritts. Die Hauptcharaktere von mehreren dieser Filme sind sich auffallend ähnlich darin, daß sie ihre Überzeugungen mit der geringstmöglichen Verve vorbringen. Der Staatsanwalt in *Crossfire*, welcher den Mörder eines Juden aufspürt, ist, weit davon entfernt, ein siegreicher Held zu sein, ein blasierter Lebemann, der die Rolle eines liberal gesinnten Detektiven spielt. Er selbst gibt zu, daß er seiner Arbeit müde ist. Dies mag die adäquate Pose für einen Leinwanddetektiven sein, der bemüht ist, seine Härte zu maskieren; es trifft jedoch nicht genau die Haltung eines Kämpfers gegen Intoleranz. Der Staatsanwalt ist kein Kämpfer. Und selbst wenn er sich der Mühe unterzieht, einen Hinterwäldler aus Tennessee von den Gefahren des Antisemitismus zu überzeugen, so tut er es doch in erster Linie, weil er Hilfe braucht, um den Mörder zu fassen. Es ist höchst unwahrscheinlich, daß dieser überdrüssige Staatsanwalt je versucht wäre, seine Überzeugungen unter die Gleichgültigen, die mit Vorurteil Belasteten oder die Unwissenden zu tragen. Er scheint viel eher von einem Gefühl der Resignation übermannt, als habe er entdeckt, daß der Kampf um Aufklärung eine Sisyphus-Arbeit ist. Daher rührt die beinah melancholische Distanziertheit, mit der er sich darauf beschränkt, die liberale Position zu verteidigen.

Auch der Feldwebel a. D. in *The Best Years of Our Lives* flößt kein größeres Vertrauen ein. Aus seinem feinen Gespür für soziale Verantwortung heraus besteht dieser Bankbeamte darauf, daß Veteranen Darlehen ohne Bürgschaften erhalten sollten, obwohl seine Vorgesetzten sich diesem Gedanken widersetzen. Es ist wahr, daß er in einem in ihrer Gegenwart ausgebrachten Trinkspruch auf ihrer schreckenerregende Rückständigkeit kein Blatt vor den Mund nimmt, doch muß er sich zuvor einen antrinken, um genügend Mut für diese Rede aufzubringen, und er treibt die Dinge nie bis zu dem Punkt, wo sie seine Stellung gefährden könnten. Am Ende muß das Publikum annehmen, daß früher oder später die Flasche ihm dazu dienen wird, seine Frustrationen hinunterzuspülen. Je älter er wird, desto mehr ist die Wahrscheinlichkeit gegeben, daß er sich zu einem Gegenstück des Gefängnisarztes in *Brute Force* entwickelt (ein Film, welcher rüde den Aufstand Gefangener gegen sadistische Gefängniswärter darstellt; die Figur des Arztes ist die einzige Verbindung zwischen diesem Thriller und der Serie der »progressiven« Filme). Der Doktor, ein Verfechter demokratischer Methoden, widersetzt sich den Aufsehern, die das Gefängnis verwalten, und sagt ihnen unverblümt, wie sehr er von ihrer Barbarei angeekelt ist). Dies ist die Konfrontation des eingefleischten Demokraten mit der faschistischen Herrschaft, und doch weiß der Doktor, noch während er die Flut aufzuhalten sucht, daß sie ihn verschlingen wird. Er steht am Rand des Grabes, ein alter kranker, vom Leben zermürbter Säufer, der nun mit kaum verhohlenem Zynismus seine Meinung sagt.

All diese Charaktere deuten an, daß der Liberalismus in der Defensive ist. In anderen Filmen wird dieselbe Aussage mit Hilfe anderer Techniken gemacht. Der Film *The Farmer's Daughter* zeigt, wie aufrechte Demokraten reaktionäre Politiker mit der größten Leichtigkeit besiegen, doch verrät der prononcierte Tagtraumcharakter des Films seinen unbewußten Versuch, der Realität auszuweichen. Ein traumhafter Sieg bestätigt so die tatsächliche Absenz eines solchen Ereignisses im realen Leben. *Body and Soul,* ein Boxer-Film, der die Praxis vorheriger Absprachen geißelt, gibt realitätsgerecht zu, daß diese Mißbräuche fortdauern werden. Obwohl der aufrechte Champion den betrügerischen Plan des New Yorker Managers zunichte macht, fährt dieser in seinen Schiebergeschäften ungerührt fort und nichts hat sich geändert.

Gentleman's Agreement berührt mit seinen redseligen Argumenten gegen Countryclub-Antisemitismus ein Thema, das tabu ist, und läßt es zugleich ungestört. Abgesehen davon, daß die Filmemacher den Kampf gegen Vorurteile der Oberschicht durch eine zuckrige Liebesgeschichte, die immer mehr Gewicht erhält, verdunkeln, unterdrücken sie auch – als ob sie sich vor ihrer eigenen Courage fürchteten – jegliche Handlung, die ihrer Botschaft Ausdruck verschaffte. Uns wird lediglich gesagt, daß die Verlobte des Journalisten am Ende dem ungeschriebenen Gesetz, welches Juden von einer bestimmten eleganten Wohngegend ausschließt, in Frage stellt, und wir können nur raten, wie der Junge, den sie fördert, es schaffen wird, in dieser feindlichen Umgebung voranzukommen. Anstatt dem Geschehen beizuwohnen, werden wir nur mit Gespräch und Hörensagen zurückgelassen. Das liberale Räsonnement in *Gentleman's Agreement* endet nicht so sehr in Reformen als vielmehr in Zeitschriftenartikeln, welche vorgeben, solche Reformen zu initiieren – ein Berg von Geschwätz, der eine Maus gebiert.

Der andere Typus, der sich oft findet, ist der potentielle Empfänger des Evangeliums vom Liberalismus. Es ist immer ein ehemaliger GI, der sich in einem Zustand vollkommener Verwirrung befindet. Nehmen wir zum Beispiel den ehemaligen Piloten in *The Best Years of Our Lives,* die des Mordes Verdächtigen in den beiden Filmen *Crossfire* und *Boomerang!* und Henry Fondas »Joe« in *The Long Night,* einem Film, der nach meiner Meinung locker mit den anderen verbunden ist. Charaktere dieser Art waren zuvor selten auf der Leinwand zu sehen. Ohne Zielvorstellungen, wie Fähnchen im Wind, betäubt selbst noch in ihrem Liebeswerben, treiben sie in einer Dumpfheit umher, die an Stumpfsinn grenzt. Man fühlt sich an jene Unschuldslämmer erinnert, welche Chaplin, Buster Keaton und Harry Langdon in ihren Slapstick-Komödien erschufen, und die es, von wundersamen Glücksfällen begünstigt, stets fertigbrachten, im letzten Moment ihnen feindlich gesinnte Dinge und böse Goliathe zu überlisten. Es ist, als ob diese Unschuldslämmer aus ihrem verzauberten Universum gezerrt worden wären, um der Welt, wie sie tatsächlich ist, ins Auge zu blicken – einer Welt, die nicht im geringsten für ihre redlichen Träume und Hoffnungen empfänglich ist. Die Maske des entlassenen Soldaten bestätigt uns, daß sie nur mittelmäßige Individuen sind, die vom Schock der Wiederanpassung gelähmt sind.

Bezeichnenderweise setzen diese Charaktere wenig Vertrauen in die Vernunft. Sie sind nicht nur für Ideen unempfindlich, sondern weichen auch instinktiv vor ihnen zurück, da sie in ihnen eher eine Quelle des Leides denn ein Mittel zur Erlösung sehen. Diese Haltung ist in Anatole Litvaks *The Long Night* ganz deutlich, einem nach dem französischen Film *Daybreak*[1] bearbeiteten Film. Obwohl der Litvak-Film in vieler Hinsicht Mängel aufweist, setzt er in eindrucksvoller Weise Joe, den einfältigen aus dem Krieg heimgekehrten Arbeiter gegen einen wendigen Nachtklub-Zauberer ab, der zu Joes Mädchen ziemlich intime Beziehungen unterhält. Während

1 *Le jour se lève.*

Joe nicht weiß, wie er sich ausdrücken soll, handhabt der Zauberer die Worte ebenso mühelos wie einen Stoß Spielkarten. Und weil er Sadist vom Scheitel bis zur Sohle ist, bereitet es ihm großes Vergnügen, Joe mit logischen Spitzfindigkeiten zu überwältigen, die ihn in immer tiefere Verwirrung stürzen. Zwar ist des Zauberers Geist böse und korrupt, kann trotz allem jedoch nicht seine fundamentale Identität mit eigentlicher Vernunft leugnen. Daß der zur Artikulation unfähige Joe sprachlich artikulierte Vernunft verabscheut, erweist sich in seinem Verhalten in der Mordszene: er tötet den Zauberer nicht aus Eifersucht, er tötet ihn, weil er sein innerstes Wesen haßt. Am Ende des Films wird diese Abneigung, die Vernunft anzuerkennen, zum Hauptthema. Nachdem die »Lange Nacht« vorüber ist, überredet Joes Mädchen ihn, den Erwartungen seiner wohlmeindenden Freunde nachzukommen und sich der Polizei zu stellen. Als er dann durch eine von seiner Revolte und seiner Unterwerfung gleich betroffene Menge zum Polizeiauto geführt wird, gibt die Aufnahme eines Negers, der ihm die Hand schüttelt, zu verstehen, daß man einfache Leute Toleranz und menschliche Würde nicht zu lehren braucht. Die unterstellte Moral lautet, daß bei dem Bauen an einer besseren Zukunft ein guter Charakter mehr wiegt als gutes Denken. Die Vernunft kann, ohne daß wir es bemerken, entarten, aber das Herz bleibt für immer unverderbt.

Hollywoods »progressive« Filme gäben somit zu verstehen, daß der gemeine Mann aus dem Volk gegenüber dem Denken gleichgültig ist. Sie zeigen ausführlich seine intellektuelle Apathie und spielen gelegentlich seine großmütigen Regungen hoch, die, so lassen sie durchblicken, seinen Mangel an Aufgeschlossenheit mehr als genug ausgleichen. Hollywood zeigte die Leute nicht immer in diesem Licht. Als Charles Laughton in den Gasthaus-Episoden von *Ruggles of Red Gap* (1935) Lincolns Gettysburger Ansprache rezitierte, erhoben sich die Stadtbewohner einer nach dem anderen von ihren Sitzen und scharten sich um ihn wie Motten, die von der Flamme unwiederstehlich angezogen werden. Zwischen ihnen herrschte eine geistige Kommunikation, und in der Seele eines jeden von ihnen verband sich Vernunft mit Gefühl. Nichts dergleichen geschieht in unseren Nachkriegsfilmen. Verglichen mit den Filmen der mitdreißiger Jahre deuten sie eine Abnahme der geistigen Substanz an.

Aber bekämpfen nicht die »Progressiven« in diesen Filmen Vorurteil und Ignoranz? Zweifellos. Und doch scheinen ihre Bemühungen ohne Wirkung. Zusätzlich zu der Schwäche, die ich schon beschrieben habe, entkräftet sie etwas: All diese Streiter für die Demokratie sind viel eher Redner denn handelnde Menschen. Sie erinnern an jene Kommentatoren der dokumentarischen Kriegsfilme, welche sich in blumenreichen Erklärungen über die gute neue Welt, die da kommen sollte, ergingen, und die nicht anders konnten, als sehr deutlich ihre Glaubensbekenntnisse zu sprechen – in der Tat ausführlicher, als es die Umstände erlaubten. So sehr der sonst verschwiegene Staatsanwalt in *Crossfire* es vermeidet, die Geschichte, die er von seinem Großvater erzählt, aufzubauschen, berührt es uns dennoch als Propaganda, weil sie über den unmittelbaren Zweck hinausreicht. Selbst die treffenden Argumente machen, weil sie weder von Bildern noch von Handlungen unterstützt sind, den Eindruck, ein wenig zu wortreich zu sein. Es gibt ein Übermaß an Beredsamkeit in diesen Filmen. Und da dieser Wortreichtum mit dem Nachdruck auf apathischen Veteranen Hand in Hand geht, besagen die Filme um so mehr über den Abgrund, der sich auftut zwischen letzteren und den Leuten, die sich zu ihren Wortführern machen. Was diese so geschwätzig erscheinen läßt, ist die Vergeblichkeit ihrer Bemühungen.

Alles in allem stellen unsere Nachkriegsfilme den Durchschnittmenschen dar als einen, der sich wehrt, die Stimme der Vernunft zu vernehmen, und den liberalen Wortführer als einen, der unfähig ist, die emotionale Blockade um ihn herum zu durchbrechen. Ich bin mir natürlich bewußt, daß dies nicht beabsichtigt ist. Doch ist es trotzdem der Fall.

3

Es ist, das versteht sich von selbst, nicht möglich, zu »beweisen«, was diese Filme implizieren. Aber im Licht ihres Zeugnisses gewinnen verstreute Tagesgeschehen an Bedeutung, und ich bin versucht, eine der Möglichkeiten, die sie andeuten, zu verfolgen: daß nämlich diese Apathie in der letzten Zeit zugenommen hat. Die beteuernden Lobpreisungen, die derzeit überall bezüglich unseres »way of life« gemacht werden, scheinen gerade aufgrund ihrer Häufigkeit anzudeuten, daß sie ihren Grund in der Trägheit haben. Die stereotypen Filmcharaktere weisen in dieselbe Richtung; wenn aus Überzeugungen Slogans werden, glaubt man nicht mehr richtig an sie. Wir beweisen in unseren Anstrengungen, ein Gegengewicht zu der russischen Propaganda zu bilden, einen deutlichen Mangel an Erfindungskraft, und das Ergebnis ist, daß man im Ausland unseren »imperialistischen« Motiven Mißtrauen entgegenbringt. Auf der innenpolitischen Szene bedroht kalte Berechnung die öffentliche Anteilnahme an Fragen, die über die rein praktische Notwendigkeit hinausgehen. Das gesamte Klima ist dem suchenden Geist nicht förderlich, und so läßt die Suche nach.

Diese Apathie besteht. An der Oberfläche ähnelt sie in gewisser Weise der Art von Gleichgültigkeit, die in Roberto Rossellinis neuem Film *Paisà* vorherrscht. Dieses italienische Leinwandepos, einer der großartigsten Filme, die je gedreht wurden, besteht aus sechs voneinander unabhängigen Episoden aus dem »wirklichen Leben«, die sich während des Feldzuges der Alliierten in Italien zugetragen haben und die dessen Auswirkungen auf verschiedene Gruppen und Individuen aufdeckt. Alle Begebenheiten zeigen, wie wahrhaft menschliches Streben entweder durch den Krieg oder durch die bestehende Ordnung der Dinge vereitelt wird. *Paisà* hätte kaum besser erfunden werden können, um zu zeigen, was unsere amerikanischen Filme nicht sind.

Mir ist kein Film bekannt, der in seinem Verständnis des wesentlich Menschlichen diesem gleichkäme. *Paisà* gibt die zerbrechlichen Manifestationen menschlicher Würde mit einer Einfachheit und Direktheit wieder, die sie als ebenso wirklich wie die harten Tatsachen des Krieges erscheinen lassen. Menschliche Würde ist hier keine vage Sehnsucht, sondern eine deutlich artikulierte Erfahrung, die häufig bestätigt wird – von einer römischen Prostituierten, von einem amerikanischen Neger, von einem neapolitanischen Knirps. Jedoch ist dieses Beharren auf Menschlichkeit gekoppelt mit einem gründlichen Mißtrauen gegenüber den »Botschaften«, welche in unseren eigenen Kriegs- und Nachkriegsfilmen verbreitet werden. Für den mißtrauischen Sizilianer sehen die amerikanischen Befreier den deutschen Eroberern gar nicht so unähnlich, und obwohl die italienischen Partisanen die Nazis hassen, hassen sie sie doch nicht aufgrund eines Glaubens an Demokratie oder sozialen Fortschritt.

In allen sechs Episoden findet sich kein einziges forsches Gespräch, nicht das leiseste verbale Anzeichen eines Versprechens oder einer Hoffnung. Der Film, der sich ernstlich um die tatsächlich existierende Menschlichkeit bemüht, erwähnt nicht einmal die »Sache« der Humanität. Anstatt die gute Sache zu verteidigen, deutet *Paisà* an, daß all diese Versuche dazu neigen, so lobenswert sie auch sein mögen, zu ersticken, was unverdorben und genuin zivilisiert ist. Dies ist die Weisheit eines alten und sanften – vielleicht zu sanften – Volkes, das Ideen kommen und gehen sah, Ideen, die unweigerlich Krieg und Not nach sich zogen, und das auf sehr großer Hut vor ihnen ist und das Leben, so wie es ist, einem Leben unter solchem Druck vorzieht.

Die Apathie, an der wir leiden, hat mit der italienischen Haltung nichts gemein. In ihrem Fall ist das Menschliche nicht eine Abstraktion, sondern eine selbstgenügsame Wirklichkeit, welche reich ist an Bedeutung. Wir sind von solch betörter Liebe zur Humanität so weit entfernt wie von der Ernüchterung, welche nach dem Ersten Weltkrieg um sich griff. Während die desillusionierten Menschen dieser Zeit sich genötigt fühlten, zu entlarven, was sie für Illusionen ansahen, scheinen wir heute von einer Lähmung unserer Energien erfaßt zu sein. Wir sind passiv, während die anderen wenigstens »engagiert« waren – um den Lieblingsausdruck des Existenzialismus zu gebrauchen. Wir sind nicht desillusioniert; wir sind gefühllos gegen alles Ideologische und sogar gegen das Wort selbst. Die Apathie dieses Landes heute könnte man als ideologische Ermüdung bezeichnen, eine Ermüdung, die zum Teil die augenblickliche Welle der Psychiatrie, deren Betonung eher auf psychologischen Beziehungen als auf den sozialen Bedeutungen liegt, erklärt.[1]

Wenn wir nicht so abgeneigt wären, diesen sozialen Bedeutungen ins Auge zu blicken, übten die persönlichen Probleme nicht eine solche Faszination aus, wie sie es derzeit tun. Man könnte sogar sagen, daß unser plötzliches Interesse an den kleineren der in unseren Nachkriegsfilmen behandelten Problemen von unserem Widerwillen herrührt, uns mit den größeren zu konfrontieren. Die Filmemacher haben sich untereinander für ihren Mut beglückwünscht, das Judenproblem diskutiert zu haben, aber sie haben keinerlei größeres Interesse für das Negerproblem gezeigt.

Der Rückzug in die Apathie kann sehr wohl ein Akt der Selbstverteidigung sein. Das Durchschnittsindividuum kommt unter dem Bann der Atombombe zu der Auffassung, daß die Vernunft letztendlich doch eine zweifelhafte Richtschnur ist. Der Aufstieg dieses Landes zur Weltmacht setzt es dem vollen Aufprall von Einflüssen aus, die seine traditionellen Werte bedrohen. Und so sehr es sich wünschte, gegen den russischen Kommunismus und den europäischen Sozialismus immun zu sein, so beunruhigt doch ihre bloße Existenz es umso mehr, je mehr ihr Druck im eigenen Lande spürbar wird. Die Welt ist in der Tat eine einzige Welt geworden. In ihr fühlt sich das Durchschnittsindividuum völlig ratlos. Situationen, die vor dem Krieg kontrollierbar erschienen, erscheinen heute verwirrend aufgrund von Entwicklungen, die jenseits seines Ak-

1 Vgl. Kracauer, Psychiatry for Everything and Everybody. *Commentary,* March 1948 (vol. V, no. 3), pp. 222–228.

tionsraums liegen. Weil es unfähig ist, sich zu orientieren, schließt es instinktiv die Augen wie ein Mensch, der am Rande eines Abgrunds vom Schwindelgefühl erfaßt wird. Was nützt es denn überhaupt, wenn man versucht, das Undurchdringliche durchdringbar zu machen? Apathie dient ihm als schützender Unterschlupf.

In Anbetracht der Möglichkeit einer neuen Rezession ist ideologische Ermüdung in massenhaftem Umfang sehr gefährlich. Sie prädestiniert jedes Individuum dazu, daß es von jedem manipuliert werden kann, der in einem kritischen Moment seinen angestauten Emotionen verbalen Ausdruck verschafft und sie ablenkend auf einen Sündenbock richtet. Und was ist mit unseren Progressiven, die uns helfen könnten, unser prekäres Gleichgewicht aufrecht zu erhalten? Sie denunzieren eindeutig die Verdummung und widersetzen sich sozialen Mißständen mit allen ihnen zur Verfügung stehenden intellektuellen Waffen, doch scheint dieser Intellekt, der die Waffen schmiedet, blutarm zu sein. Was augenblicklich unter der Flagge der Aufklärung segelt, wird immer noch getragen vom Wind des im 19. Jahrhundert vorherrschenden Optimismus, mit seinem naiven Glauben an die Anziehungskraft der Vernunft und der eigentlichen Nicht-Existenz all dessen, was sich ihr entgegenstellt.

Dennoch existiert das Böse und kann nicht in hellen Visionen ertränkt werden. Selbst das wirkungsvollste Hoffnungsgeprange ist heute durch und durch unwirksam – Augenwischerei mehr noch denn weiße Magie. Ein reiches orchestriertes Räsonnement wird benötigt, um die überwinternden Geister aufzurütteln, ein Räsonnement, das sich direkt mit den dunklen Mächten auseinandersetzt, die ungeduldig darauf warten, uns einzukreisen. Anstatt sie leichtfertig zu übergehen, sollten wir ihre Existenz anerkennen und sozusagen in intimem Verkehr mit ihnen stehen. Pure Opposition gegen das Böse ist sinnlos. Es ergibt sich nur in der Umarmung, einer Veränderung in der Substanz dessen, was nicht auf andere Weise erobert werden kann.

In der Zwischenzeit zeigen uns die »progressiven« Filme, wo wir stehen. Es ist natürlich ein statisches Bild und soll nicht die Möglichkeit kaum wahrnehmbarer Veränderungen ausschließen, die schon statthaben. Sollte Hollywood entgegen seinem jetzigen Eskapismus damit beginnen, Filme zur Aufführung zu bringen, in denen die Apathie der Einsicht und die Rhetorik dem Handeln weicht, dann besteht nicht zu Unrecht die Hoffnung, daß die Vernunft an Tiefe gewinnt.[2]

Aus dem Amerikanischen von Barbara Rupp   (1948)

---

2 Vgl. Kracauer, *TF*, S. 371–378.

Nachwort

1

Dieser Band versammelt Siegfried Kracauers weit verstreute Glossen, Essays und Studien zum Film, denen neben seinen großen Schriften zur psychologischen Geschichte des deutschen Films *(Von Caligari zu Hitler)* wie der *Theorie des Films* ein durchaus eigenständiger Rang zukommt, um so mehr, als in ihnen zentral ein Gesichtspunkt zutage tritt, dessen Mangel Adorno an der *Theorie des Films* beklagen mußte, als er in seinem Nachruf Kracauers Errungenschaften definierte: »Er [hat] die Filmkritik in Deutschland überhaupt erst aufs Niveau gebracht, indem er den Film als Chiffre gesellschaftlicher Tendenzen, von Gedankenkontrolle und ideologischer Beherrschung las. [...] Seine Art, den Film zu betrachten, ist längst anonym geworden, die gleichsam selbstverständliche Voraussetzung aller Reflexion über das Medium.«[1]

Um den Standort von Kracauers kritischer Medienanalyse zu bestimmen, ist es erforderlich, sich kurz die Phasen der Theoriebildung zu einer Ästhetik des Films zurückzurufen. Am Anfang (1895–1909) stand die Theorie der kinematographischen Projektionen, der chemisch-physikalischen Bedingtheit »lebender« Bilder und der physiologischen Grundlagen ihrer Wahrnehmung. Das Kino der Schaubuden und Jahrmärkte kennt Kritik nur in der Form sensationeller, sinnlicher Werbung durch Ausrufer und Plakate. Die Fachblätter bieten höchstens eine kinotechnische Umschau. Die Tageszeitungen erwähnen zögernd den Film – im Theaterressort. In der zweiten Phase seiner Geschichte (1909–1929) wird das Kino und sein Publikum von den empirischen Soziologen entdeckt, wie auch von der konservativen Kino-Reformbewegung, aus Furcht vor der massenmobilisierenden Kraft, verworfen. Die Fachblätter entwickeln sich zu illustrierten Magazinen. Kulturzeitschriften geben Schriftstellern Raum, das Medium enthusiastisch zu entdecken. In den Feuilletons der großen liberalen

Blätter tauchen Filmbesprechungen auf, die man zuvor nur im Lokalteil einrückte. Mit dem Artikel *Quo vadis – Kino?* von Kurt Pinthus, 1913, datiert gewöhnlich der Anspruch der Filmkritik, sich aus der Branchenwerbung zu einem genuinen Genre gesellschaftlichen Einspruchs zu entfalten.[2] Dieser Ansatz blieb isoliert, weil die Filmkritik im Rahmen der Publizistik weiterhin von der geschmäcklerischen Urteilskraft einflußreicher Theaterkritiker (Kerr, Polgar, Ihering) gepflegt wurde. Ihering mußte noch 1923 konstatieren: »Daß die Fragen der Filmkritik in der letzten Zeit fast mehr diskutiert wurden als die Fragen des Films selbst, ist ein Zeichen dafür, daß es eine Filmkritik noch nicht gibt. [...] Nur weil die Filmkritik im allgemeinen den Film noch nicht als kritisches Erlebnis kennt, sondern Betrachtungen über ihn, Bemerkungen zu ihm schreibt, werden die ›Richtlinien‹ nicht verstanden«.[3] In diese Phase, präziser: zu Beginn der dreißiger Jahre, dem Einsetzen des Tonfilms, fällt der erste Schub der Theoriebildung zur Filmkritik. Die Arbeiten von Ilja Ehrenburg, *Die Traumfabrik,* und René Fülöp-Miller, *Die Phantasiemaschine* (beide von 1931) arbeiten, im Stil der Reportage, einer materialistischen Analyse vor. Und zwar jener seriellen Produktion in Hollywoods Kinoimperium, der die Qualität von Traum und Phantasie, angesichts der massiven ökonomischen Krise, lediglich als evasive Tagträumerei standardisiert. Béla Bálazs entwirft in seiner Schrift *Der sichtbare Mensch* (1924) die Prinzipien einer visuellen Kultur und deckt im *Geist des Films* (1931) die Kleinbürgerideologie auf als eine Basis der Filmproduktion. Zur gleichen Zeit entwickelt Rudolf Arnheim, Filmkritiker der *Weltbühne,* auf der Grundlage der Gestaltlehre eine Wahrnehmungspsychologie des Films, deren Methode der Formenanalyse die Verwissenschaftlichung der Filmkritik einleitet (*Film als Kunst,* 1932). In diesen Fundus ideologiekritischer und materialästhetischer Ansätze bringt Siegfried Kracauer nun seine Errungenschaft: die sozialpsychologische Filmkritik ein. Zur Zeit der dritten Phase (1930–1946), in der die Filmkritik und Filmtheorie in

Deutschland durch die Gleichschaltung der Presse auf den Stand apologetischer Werbung, d. h. auf die Akklamation großdeutscher Ufa-Filme zurückfällt, gelingt es nur der exilierten, wenngleich um so radikaleren Kritik, Widerstand gegen den Kunstanspruch der Industrie zu mobilisieren und ihre Position zu einer Produktionskritik voranzutreiben. Erst in der letzten Phase der Filmgeschichte (1946–1970) kann eine kritische Theorie der Medien die Erziehung zum spezifischen Medienbewußtsein einleiten.

2

Es ist nicht ohne Ironie, daß ausgerechnet die Vereinigung der hessischen Lichtspieltheater-Besitzer, die angesichts der Einführung des Tonfilms noch mit der Schließung ihrer Kinos drohte[4], 1932 den avanciertesten Kritiker einlud, öffentlich die Funktion einer unabhängigen Filmkritik zu reflektieren. Siegfried Kracauer eröffnet seine Überlegungen mit der lapidaren Feststellung, deren Validität er gegen den Kunstanspruch der Zerstreuungsindustrie als erster einmal behaupten mußte: »Der Film ist innerhalb der kapitalistischen Wirtschaft eine Ware wie andere Waren auch.« Diese Erkenntnis, deren Wirkung Adorno als gleichsam anonym geworden kennzeichnete, beruhte auf Durchdringung der strukturellen Mechanismen einer Filmproduktion, die »nicht im Interesse der Kunst oder der Aufklärung der Massen, sondern um des Nutzens willen« arbeitet.[5] Gegen die herrschende Praxis der Geschmackskritik setzt Kracauer das Konzept einer Produktionskritik, die den Film als fortgeschrittensten Bereich dessen analysiert, was heute üblicherweise Bewußtseinsindustrie benannt ist. Emphatisch bezieht Kracauer die Position des Gesellschaftskritikers, dessen Mission es sei, die in den Durchschnittsfilmen versteckten sozialen Vorstellungen und Ideologien zu enthüllen. Man wird in den Exempeln seiner Tageskritik vereinzelt Ansätze einer theoretisch noch nicht ausdefinierten Inhaltsanalyse finden, deren Anspruch allerdings, schon die Enthüllung der Ideologeme vermöchte den

Einfluß der Ideologie selbst zu brechen, anfechtbar geworden ist. Um Kracauers Verfahren an einem Beispiel zu erläutern, empfiehlt es sich, einen Film zu wählen, der erstens hinreichend bekannt, wenn nicht populär ist, von dem zweitens zum Vergleich Zeugnisse der Rezeption aus der Zeit der Weimarer Republik vorliegen. Das Beispiel ist Charlie Chaplins »Komödien-Romanze« *City Lights* von 1931, deutscher Verleihtitel *Lichter der Großstadt.* Die Kritiken stammen von

1. Kurt Pinthus in: *8 Uhr Abendblatt,* Nr. 73 vom 27.3.1931.[6]
2. Rudolf Arnheim in: *Die Weltbühne,* Jg. 27, Nr. 13, vom 31.3.1931.
3. Herbert Ihering in: *Berliner Börsen-Courier,* vom 27.8.1931.[7]
4. Siegfried Kracauer in: *Frankfurter Zeitung,* Jg. 75, Nr. 235, vom 28.3.1931.[8]

Pinthus setzt ein mit einer knappen Bemerkung zur Präsentationsform des Films (geschlossene Festvorstellung für den Verein Berliner Presse im Ufa-Palast am Zoo, mit einer Ouvertüre von Richard Strauß etc.), um dann mögliche Einwände gegen die »unfilmische« Form des Films vorwegzunehmen: neutrale Kulissenstadt anstelle realer Großstadt, das Atmosphärische sei filmisch vorsintflutlich, die Photographie »grau, fahl, unplastisch; sie ist, wie die Bildtechnik, ohne Tricks und Finessen«. Diese Einwände sind rein rhetorisch gemünzt. In Wirklichkeit setzt Pinthus Chaplins Kunstgriff technischer Kunstlosigkeit in Bezug zu Charlies menschlicher Natürlichkeit. Die Polarität, wie sie der Figur selbst einbeschrieben ist, faßt Charlie, den Vagabunden zum einen als »Symbol der Erniedrigten und Beleidigten [...] wie zugleich als Symbol für den ewigen Don Quichotte im Menschen«. Dies genügt als Hinweis auf die vielschichtige Rezeption, die den Tramp als Abbild des proletarischen Wanderarbeiters wie als Symbol einer literarischen Kunstfigur ansieht. Kommt Pinthus auf die Handlung zu sprechen, muß er, der Literat, deren Motive aus der Weltliteratur ableiten und steuert noch Parallelen zu d'Alberts Oper *Tote Augen* bei. Lakonisch wird der Inhalt abgetan. Chaplins Originalmusik – »wahrscheinlich Kitsch« – wird nicht in ihrer Trivialfunktion geschätzt, sondern mit ihrem Kunstanspruch, dem der des Kritikers zugrunde liegt, entschuldigt. In den komischen Einfällen der Groteskszenen sieht Pinthus, in kühner Analogie, einen Kunstgriff walten, der sich von der deutschen Romantik unvermittelt auf den Filmkomiker hin entwickelt habe. »Ganz in Chaplins Sinn hat bereits vor über hundert Jahren die deutsche Literatur solch plötzliche Zerstörung entrückten Gefühls oder Geistes: ›romantische Ironie‹ genannt.« Es scheint, als habe Pinthus die Maximen romantischer Kunstpraxis, die das offene Kunstwerk schuf, außer acht gelassen, wenn er seine ästhetische Kritik an Chaplin formuliert: »Der Film ist ein Potpourri aus eigentlich alten Chapliniaden. [...] Dieser Film hat nicht die großartige Einheitlichkeit des ›Goldrausch‹.« Schließlich wird, trotz Einwänden gegen die altmodische Form, der Film wegen seines scheinbar philanthropischen Plädoyers fürs Ewig-Menschliche, als »herrliches Ereignis« gefeiert.

Wo Pinthus einen ästhetischen Bruch im Filmwerk sieht, hält Arnheim fest an dessen Kontinuität. Seine Kritik ist überschrieben: »Chaplin nach wie vor.« Er schätzt die Machart der *City Lights* als »Kombination ineinandergeflochtener Einakter, die nur durch Personalunion verbunden sind: ›Chaplin und der Millionär‹, ›Chaplin als Boxer‹, ›Chaplin und das blinde Blumenmädchen‹.« Arnheim, der wie gesagt als erster Theoretiker formale Strukturen filmischer Wahrnehmung ausarbeiten wird, denunziert nicht Chaplins Reduktion des Filmstils: seinen Verzicht auf avancierte Bildtechnik, Montage und Mitspiel der Beleuchtung, als Anachronismus, sondern erkennt in der »fast unaufdringlichen Einfachheit der Mittel« die Intention seines Stils, »immer wieder ganz neu die Beziehungen und Bedeutungen unsres Lebens« aufzudecken. Offen bleibt allerdings, inwieweit denn die Momente der Handlung tatsächlich Momente der Interaktion widerspiegeln, inwieweit der Zuschauer Einlaß findet in die Fiktion. Arnheim betont die Kontinuität von Chaplin, selbst im Paradoxen: »Chaplins Thema hat sich nicht geändert. Mit den Galoschen des Unglücks angetan, hoppelt er die Treppe zum Glück empor. Immer wenn das Ziel erreicht scheint, fällt ein prasselndes Dementi vom Himmel, ein diabolus ex machina.« In Chaplins parodistischen Szenen (Ansprache bei der Denkmalsenthüllung, die Pfeifszene) sieht Arnheim eine Kampfansage des Stummfilms und schon dessen Sieg über den aufkommenden Tonfilm. In Wirklichkeit ist sein Ausblick so zu lesen, daß er in *City Lights* ein Exempel fand, das sich mit seinen theoretischen Bedenken gegen die Ästhetik des Tonfilms verbünden soll.[9])

Bei Iherings Besprechung irritiert der syntaktisch knappe und verbal effektvolle Stil, der doch mehr von der Diktion eines Kerr verrät, als dessen Antipoden recht sein kann. Als Beispiel deskriptiver Aufreihung, die den szenischen Stil nachahmen will, ein Zitat zur Denkmalsenthüllung: »Die Polizei will ihn verhaften. Da ertönt die Nationalhymne. Alles erstarrt. Alles präsentiert. Alles grüßt. [...] Mimische Demonstration, in jeder Sekunde filmisch. Indirekte Wirkung, übertragende Wirkung, hinreißende Wirkung.« Iherings Wertungen: »ein zauberhafter Film«, »mit genialem Instinkt«, »hinreißender Chaplin«, »im ganzen ein Riesenerfolg, eine Erholung bei dem Tiefstand der Filmproduktion« bezeugen, daß diese saloppe Plauderei, durchsetzt von Reizen aufdringlicher Rhetorik, in der mißlungenen Übersetzung filmischer Effekte nur deren blinde Apologetik fördert. War *City Lights* für den Literaten Pinthus noch ein Ausläufer romantischer Ironie, mutet den Theaterkritiker nun diese Filmromanze an »wie ein Volksstück von Raimund, gemischt aus wehmütigen und lustigen Bildern«. Kein Einspruch wird gemessen an Chaplins vorliegendem Filmwerk. Vage Analogien zur Bühnengeschichte verdecken die Unkenntnis der Filmgeschichte. Kritik verlautet nicht.

Um die soziologisch intendierte Kritik Kracauers von der literaturhistorisch orientierten (Pinthus), der formanalytisch geprägten (Arnheim) wie der schlicht feuilletonistisch verfaßten Besprechung (Ihering) abzuheben, bedürfte es der simultanen Gegenüberstellung aller Argumente. Es genügt aber, sich auf jene Punkte kritisch einzulassen, die nur bei Kracauer erwähnt sind, um schließlich zu vergleichen, in welcher Form seine Kritik vorab besprochene Szenen wiedergibt. Kracauer setzt ein mit Chaplins mimetischen Erfindungen, deren Funktionswert über die handlungsgebundene Situation hinaus darin besteht, massenhaft und international verständlich zu sein. Mit wenigen Bemerkungen zur Gebärdensprache ist das Spezifische an chaplinesker Komik erfaßt. Die Erfindung paradoxer Situationen wird erst durch den Interpreten, durch die eigens kodierte Körpersprache ihres Mediums übersetzt. – Eine anthropologisch ausgerichtete Kritik könnte in Chaplins Gebärdensprache ein hervorragendes Beispiel zum Behaviorismus studieren. In seinen Filmen ist u. a. ein komplettes Inventar zum physischen Verhalten unter wechselnden Umweltbedingungen registriert. Genauer gesagt ließe sich modellhaft ein unterschichtsspezifisches Verhalten ableiten, das Umweltkonflikte nicht verbal, d. h. mittelschichtsspezifisch löst, sondern mittels eines mimisch-gestischen Vokabulars, dessen Code Chaplin nun höchst kunstvoll elaborierte. Dieser Code wurde deshalb so massenhaft verstanden, weil er den Massen instruktiv seine Erlernbarkeit, die Nützlichkeit seiner Nachahmung einübte. Stößt der Tramp auf einen Angreifer, lacht er dem Aggressor ins Gesicht. Sein Signal entwaffnet. Reflexartig nimmt der Aggressor das mimische Zeichen ab, imitiert es an sich selbst und bequemt sich zum Einlenken. Charlie signalisiert Harmlosigkeit als zweite Natur. Um seine Überlebenschance zu erbetteln, krümmt er gern das Rückgrat. Nur wird selten eindeutig, ob die Strategie mimischer Angleichung an die Gewalt, ihr paradoxes Übertrumpfen durch extreme Gestik sich nicht steuert aus einer List der Anpassung, die keinen Schimmer von Vernunft hat. Das ist die Folie zur Schlußeinstellung von *City Lights*. Brecht nannte es Chaplins »hündischen Blick«. Allerdings verteidigt er, in taktischer Abstimmung mit der Chaplin zugesprochenen revolutionären Rolle, jenes skrupellose Mimikry.[10] – Die Besonderheit des chaplinesken Ausdrucks setzt Kracauer in Relation zur Allgemeinheit von dessen Wirkung. Seine Kritik des Kunstwerks bedenkt die Rezeptionssubjekte, wie zugleich den Produktionszusammenhang, in dem beide stehen. War für Pinthus Charlie das »Symbol der Erniedrigten und Beleidigten«, so ist er für Kracauer »ein Freund der Schwächeren, der Schlechtweggekommenen«. Abgesehen von der Nuance wird Chaplin, »der unsere gesellschaftliche Wildnis durchmißt«, einem sozialen Kontext einbeschrieben, der sich bei der übrigen Kritik rein auf den Raum der Künste erstreckte. So wird z. B. betont, daß der Millionär im Suff nicht nur eine Fiktion zur Entlarvung kapitalistischer Großmut ist, sondern auch als Parodie auf das amerikanische Prohibitionsgesetz zu lesen ist. Was man, in der bisherigen Kritik, als heitere Kunst abtat, wird hier betroffen als kritische Widerspiegelung eines Umfeldes erkannt, in der die Zivilisation als »Wildnis«, d. h. in Wahrheit undomestizierte Organisation unserer gesellschaftlichen Verfassung erscheinen muß. Jede der noch so speziellen Kunstübungen Chaplins wird wirksam nur als Reflex sie bedingender Verhältnisse: »Die einzelne Pantomime stellt nichts weiter dar als eine Begegnung zwischen ihm und der unrichtigen Welt.« Keine metaphysische Verklärung der Kunst erfolgt, sondern die dialektisch gewonnene Erkenntnis ihrer Zielsetzung, wie sie der Film in sich vermittelt. Die Pionierrolle wird Chaplin nicht zugeschrieben, weil er etwa »Wildnis« zivilisiere, sondern weil er die Begegnung als Konflikt der Selbstbehauptung inmitten der unrichtigen, d. h. inhumanen Welt physisch erfahrbar macht. In den korrigierenden Wendungen »stellt nichts weiter dar als« und »unrichtige Welt« klingt noch die Rhetorik einer Moralistik an, deren Impetus stets die Aufklärung des falschen Scheins wie der Entwurf des richtigen Lebens war. Und von hier führt ein Weg zum Mittelpunkt von Kracauers filmkritischem Anspruch, der daran festhielt, seine ästhetischen Analysen sozial zu durchdringen. Filme, die er kritisierte, waren für ihn nicht zuletzt Schulfälle von Gesellschaftsbildern, die er »moralischer Kasuistik« unterwarf.[11]

Erst nach dieser Einleitung kommt Kracauer auf die Eröffnung von *City Lights*: die Enthüllung des Denkmals für den »Frieden und Wohlstand des Volkes« zu sprechen. »Wenn Gelächter zu töten vermag, so wird das durch diese Episode entfesselte noch ganze Denkmalsdynastien dahinraffen.« Pinthus begnügte sich mit der Feststellung, Chaplin parodiere den Tonfilm. Arnheim äußerte den witzigen Vorschlag, so könne Chaplins eigenes Denkmal einst aussehen. Auch Ihering betont das parodistische Moment: »Niemals ist wichtigtuerisches Bonzentum und offizielle Gespreiztheit drolliger entlarvt worden.« Wiederum formuliert Kracauer nuancierter, weil er genauer hinsieht und das Beschriebene konsequent auf den Begriff bringt: »Eine komischere Travestie auf die konventionelle Heuchelei ist kaum je ersonnen worden.« Sodann widmet sich die Kritik der bedeutsamen Szene mit dem Zigarrenstummel, die durch die zynische Lehre, die sie erteilt, den Genuß an der Komik vergällt. Zum Schein schließt sich Kracauer dieser Haltung an, wenn er kommentiert, so käme die Welt doch wieder in Ordnung. Weitere Episoden des Films werden im zusammenfassenden Urteil auf ihr konstitutives Moment zurückgeführt, nämlich »das Mißverhältnis zwischen dem Vagabunden, der ein Mensch ist, und der Welt, die oft unmenschlich ist«. Daß diese Diskrepanz, die weder durch Chaplins ästhetische Produktion noch durch die ästhetische Erfahrung seines Publikums, sondern einzig durch eine Korrektur der gesellschaftlichen Verhältnisse aufhebbar sei, war die schon eingangs behauptete Position des Kritikers. Sein Einspruch allerdings gilt nur sekundär der Form der Widerspiegelung. Als Schwächen werden schließlich »taube und sentimentale« Stellen der Handlung, redundante Musik gewertet. Im Gegensatz zum früheren Werk *(Goldrush, Circus)* habe Chaplin sich in *City Lights* »tiefer mit den

Schwierigkeiten und der Trübsal unserer menschlichen Gesellschaft« eingelassen. Pinthus' Fazit war, daß der Film vor Entzücken schreien mache. Für Arnheim hat er die Schlacht gegen den Tonfilm gewonnen. Ihering fühlte sich durch Lachstürme erholt. Alles gewiß legitime Reaktionen von Filmkritikern, die jedoch in keiner Form sich dem Dilemma stellen, das ihrer Arbeit erkenntnistheoretisch zugrunde liegt. Dies Dilemma – wie vom Sehen sprechen? – ist, übertragen auf den Filmkritiker, mit Kracauers Kritik an seinem philosophischen Lehrer zu formulieren: »Er zeichnet stets Gesehenes nach, sein ganzes Denken ist im Grunde nur ein Erfassen der Objekte durch das Hinblicken auf sie.«[12] Kracauer selbst trieb seine Filmkritik, deren phänomenale Anschauung er quasi sinnlich theoretisierte, über die Nachzeichnung der wahrgenommenen Objekte voran zum Entwurf ihrer idealen Ordnung untereinander. Genau hierin liegt das utopische Quantum seiner kritischen Praxis, die als idealistisch zu denunzieren, nach Lektüre dieser Sammlung, das Privileg einer verstockten Lager-Ideologie bleiben mag. Filmkritik ist, in der von Kracauer entfalteten Form und Konsequenz, Produktionskritik am Werk (sei es Ware oder Kunst, sei es die Prätention auf beides) und zwar an dessen Standort, den es historisch in den ästhetischen Produktionsverhältnissen einnimmt. Was diesen Kritiker vor anderen auszeichnet, die so objektverhaftet schreiben, daß sie willkürlich dem Standpunkt ihrer Objekte anheimfallen, ist sein Verfahren, jene Produktionskritik aus exakter Kenntnis ästhetischer Techniken und ihrer ideologischen Ausformung zu bestimmen. Die Ortszuweisung des erkannten Objekts erfolgt durch die Vermittlung des erkennenden Subjekts, das seine Kritik als Instruktion und Zeugnis einer ästhetischen Erfahrung mitteilt.

3

1920 trat Siegfried Kracauer in den Redaktionsverband der Frankfurter Zeitung ein. Von 1921 datiert seine erste Notiz zum Film *Der Film als Erzieher,* ähnlich wie der Hinweis *Film und Jugend* (1924) eine lapidare Erwähnung zum Gebrauch von Unterrichtsfilmen in Schulen. Die erste Filmkritik gilt den *Nibelungen* von Fritz Lang, *Der Mythos im Groß-film* (1924). Bis 1926 tritt Kracauer hauptsächlich mit Auf-sätzen, Glossen und Polemiken auf dem Gebiet der Philo-sophie und Soziologie hervor. Das Technische Blatt bringt gelegentlich Kritiken zur Architektur, Reisefeuilletons finden sich im Bäderblatt. Ab 1926 fällt Kracauers Blick, der ephemeren Phänomenen zentrale Einsichten abluchst, auf das Kino. Neben *Potemkin* und *Kult der Zerstreuung* stehen die Städtebilder aus Berlin und Paris. Die Straße wird als Erfahrungsfeld entdeckt, den Plätzen, Häusern, Reklamen, Massenveranstaltungen im Sportpalast gilt neben den Filmen sein Augenmerk. Aufsehen erregt 1927 die Serie *Die kleinen Ladenmädchen gehen ins Kino,* in der sich Spuren eines ideologiekritischen Realismusbegriffs finden, die in der späten *Theorie des Films* nur spärlich verzeichnet sind. 1930 über-nimmt Kracauer das kulturpolitische Ressort der FZ in Ber-lin. Angesichts der akuten Krise wendet er sich verstärkt materialistischem Denken zu. Niederschlag seiner verschärf-ten Haltung ist u. a. die Produktionskritik an der Ufa und die Sozialreportage *Über Arbeitsnachweise,* die zugleich eine analytische Durchdringung jener Krise ist. Kracauers Kriti-ken des sowjetischen Films dienen als dessen Wegbereiter. Seine Vermittlerrolle wird bezeugt von Asja Lacis, die in Berlin als Filmreferentin der sowjetischen Mission wirkte.

> Siegfried Kracauer lernte ich bei Benjamin kennen. [...] Kracauer war eine Autorität der Filmkritik. [...] Benjamin riet mir, Filme von Wertow und von Schub dem Kracauer zu zeigen. Wenn sie ihm gefallen, dann sind Wer-tow und Schub für Deutschland Stars. Ich lud Kracauer ein. [...] Ich beobachtete ihn, er sah den Film zuerst mit Aufmerksamkeit, dann mit Begeisterung. Einige Tage später veröffent-lichte die ›Frankfurter Zeitung‹ den Aufsatz Kracauers über das sowjetische Kinooko – eine

Lobeshymne. [...] Der Erfolg in Deutschland befestigte die Position der Dokumentaristen in der sowjetischen Kunst.[13]

Unter den Veröffentlichungen zum Film von 1931 stehen im Zentrum jene über G. W. Pabst, Ch. Chaplin und J. von Sternberg. 1932 greift Kracauer in die politische Zensur-Debatte zu *Kuhle Wampe* ein, kritisiert den *Dreigroschenprozeß* und legt prinzipielle Überlegungen zur Aufgabe des Filmkritikers nieder. Nach dem Reichstagsbrand 1933 geht Kracauer nach Paris ins Exil, von wo er nur noch wenige Aufsätze, zumeist pseudonym, wenn nicht anonym, beiträgt. Bis 1930 signiert Kracauer mit *raca* (dem Namen entnommenes Kürzel) oder *Ginster* (seine Romanfigur). Ab 1933 signiert er mit *Stergin* (Anagramm aus Ginster), oder daraus abgeleitet mit dem Kürzel *St.*

Den nicht sonderlich radikalen Artikel in Leopold Schwarzschilds Exilzeitschrift *Das Neue Tage-Buch*[14] nahm die FZ, zum Vorwand, Kracauer zu entlassen. Es war vielmehr Schwarzschilds politische Richtung, durch die sich die FZ, korrumpiert genug, die Zeitung unterm Nationalsozialismus bis 1943 fortzusetzen, desavouiert glaubte. Kracauer übernahm nun aus Paris die Berichterstattung für das Filmressort der Neuen Zürcher Zeitung und der Basler National-Zeitung. Nach 1945 sandte er aus New York, dem zweiten erzwungenen Exil, gelegentlich deutsche Fassungen seiner für amerikanische Fachzeitschriften verfaßten Aufsätze.

4

Die Edition sammelt die Texte zu einem allgemeinen theoretischen Teil (Kapitel I), dem sich die Exempel (Kapitel II–IV) anschließen. Die Anordnung der Kritiken versucht, der Systematik der Filmgeschichtsschreibung zu entsprechen. Die Chronologie richtet sich nach den Produktionsdaten, oder wenn nicht ermittelbar, den Release-Daten der einzelnen Filme. In einigen Fällen ist von dieser Regel abgewichen. So, wenn das Datum der Rezeption von Belang ist, z. B. bei

Chaplin, dessen *Pilgrim* in Deutschland erst nach *The Circus* anlief, obwohl er fünf Jahre zuvor gedreht wurde.[15] Die Filme der einzelnen Länder sind um ihre Regisseure gruppiert. Sind Versionen von einem Film in einem Land produziert, sind sie ihrem Regisseur (z. B. Feyder oder Fejos) zugeordnet – schwierig ist die Zuordnung bei Koproduktionen, die einmal (z. B. Ozep) der Sowjetunion, einmal (Gliese) Frankreich zugeordnet wurden. Zweifellos ist die *Jagd nach dem Glück* eine deutsche Produktion. Aufgrund der Rolle Renoirs jedoch ist die Rezension seinen Filmen vorangestellt. Damit ist keiner »politique des auteurs« das Wort geredet, damit wird der *Lebende Leichnam* auch nicht zum Pudowkin-Film.

Als Druckvorlagen dienten prinzipiell nur publizierte Texte. Zu einigen Veröffentlichungen aus dem Pariser Exil sind im Nachlaß Typoskripte überliefert, die erweisen, daß die Texte in den Zeitungsredaktionen gelegentlich geringfügig gekürzt wurden. Die Originaltitel der Artikel wurden beibehalten. Abweichungen sind mit* als Titel des Herausgebers gekennzeichnet, deren Originaltitel (wie z. B. »Neue Filme«) sich im Quellennachweis findet. Die Sperrungen im Text, die dem flüchtigen Zeitungsleser als Augenfänger dienen sollten, sind willkürlich von der Setzerei der FZ verfügt. Einzig Filmtitel, bei Gelegenheit Buchtitel, erscheinen hier *kursiv*.

Bei Sammelrezensionen, die von der Aktualität diktiert, über einen deutschen, amerikanischen und französischen Film berichten, ist die Überleitung in wenigen, belegten Fällen gestrichen. Beispiel: »Außer dem vorzüglichen amerikanischen Expeditionsfilm *Mit Byrd zum Südpol* (Marmorhaus) läuft zur Zeit im neu eröffneten Tauentzien-Palast der Harold Lloyd-Film...«[16] Orts- und Zeitangaben im Untertitel wie »Berlin, im Februar« oder »Frankfurt, Ende Dezember« fielen fort. Das exakte Datum der Veröffentlichungen wurde, so möglich, anhand der originalen Zeitungen verifiziert. Getilgt ist die Redaktionsnotiz zu vielen Rezensionen wie »zur Aufführung des Films in den Alemannia-Lichtspielen«, die selbst für eine lokale Kinogeschichte belanglos wäre. Zwei Bemer-

277

kungen Kracauers zur Präsentationsform von Filmen seien hier nachgetragen. Zum *Abstrakten Film*[17] hieß es: »Die Matinee war von dem Frankfurter Rundfunk veranstaltet worden, dessen Leiter Dr. Flesch einige Begrüßungsworte sprach. Es sprach auch ein Herr von der Gesellschaft Neuer Film, der glaubte, das Vorhaben der Gesellschaft philosophisch begründen zu sollen. Das Publikum, das den Darbietungen mit Anteilnahme folgte, beklatschte in einer schönen Aufwallung ungewohnten Temperaments die Entfernung des Rednerpults.« Zum Film *Oktober* ist wichtig zu wissen, wer ihn präsentierte: »Der Film – die scheußlichen Musikgeräusche Meisels begleiteten ihn – wurde von der Frankfurter Ortsgruppe des Volksverbandes für Filmkunst im Gloria-Palast vorgeführt. Alfons Paquet sprach die schönen einleitenden Worte.«[18] Bei Gelegenheit von Vidors *Hallelujah* wird parenthetisch auf Dowshenkos *Erde* verwiesen: »Bei Gelegenheit der geschlossenen Berliner Aufführung des Dowshenko-Films habe ich seine ideologische Haltung zu enthüllen versucht. Vgl. den Artikel: ›Die Filmprüfstelle gegen einen Russenfilm‹.«[19]

Zu den Texten finden sich Erläuterungen, bei deutschen oder französischen Verleihtiteln der originale Filmtitel, Hinweise und Berichtigungen zu den Stablisten, zu Details der Filmbesprechung. Insbesondere wird verwiesen auf Kracauers *Theorie des Films*. Alle Anmerkungen stammen vom Herausgeber. Nicht in diese Sammlung aufgenommen wurden

1. zu allgemeine Sammelrezensionen, die dem einzelnen Film nur wenig belangvolle Zeilen widmen, wie z. B. in Kracauers ständiger Kolumne in der NZ *Pariser Filmbrief* –

2. die Rezensionen zur Film-Literatur, -Theorie und -Geschichte (der Ausgabe der *Schriften* vorbehalten) –

3. die schon durch den Band *Das Ornament der Masse,* Frankfurt 1963, von Kracauer selbst wieder bekannt gemachten Essays zur Filmkritik wie *Kalikowelt, Film 1928* u. a. –

4. die inhaltsanalytische Studie *The National Type As Hollywood Presents Them* (in: *Public Opinion Quarterly,* 1959)

die im Verein mit verwandten soziologischen Schriften in den Bänden 5 bzw. 6 der Aufsätze erscheinen wird –

5. die Kritiken zum deutschen Film der Weimarer Republik, die gesammelt als Anhang zu Kracauers Filmgeschichte *Von Caligari zu Hitler* vorliegen werden.

Das Firmenregister schließt Produktions- und Verleihfirmen, wie Spielstellen und Zensurbehörden ein. Das Filmregister notiert grundsätzlich Originaltitel und, wo möglich, Verweise vom Verleihtitel. Angegeben sind der Regisseur und das Jahr der ersten öffentlichen Aufführung des Films. Um den Text von Anmerkungen zu entlasten, erfolgt das Datum der Filme nur einmal: im Filmregister. Das Produktionsland ist unschwer zu erschließen. Das Personenregister erfaßt die Regisseure, auch wenn sie im Text nicht namentlich genannt sind, unter ihren Filmen. Im Nachwort erwähnte Filme und Autoren sind nicht noch einmal in den Registern erfaßt.

Der Quellennachweis beschränkt sich auf die Bibliographie der Erstdrucke. Auf Nachdrucke, zweisprachige Versionen eines Textes weisen die Anmerkungen hin. Wenige Texte, die sich als undatierte Zeitungsausschnitte im Nachlaß fanden, wurden aufgrund der deutschen Erstaufführungs- oder Zensurdaten der Filme datiert. So z. B. bei *Seven Chances* und *The Dragnet.*[20] Zeittafel und Bibliographie von Siegfried Kracauer sind, im Vergleich zu früheren Fassungen in suhrkamp taschenbuch 13, *Die Angestellten,* und suhrkamp taschenbuch wissenschaft 11, *Geschichte,* auf den neuesten Stand gebracht.

Zum Schluß habe ich jenen zu danken, deren Hilfe die Editionsarbeit wesentlich gefördert hat. Hans Georg Puttnies hat alle Texte aus der FZ photographiert, Barbara Rupp hat die Übersetzungen aus dem Amerikanischen besorgt, Wolfram Tichy erschloß einige amerikanische Filme, Thomas Lange wies mich auf den Text von Arnheim. Die Archive der Basler National-Zeitung wie der Neuen Zürcher Zeitung, das Institut für Zeitungsforschung der Stadt Dortmund, die Bibliothek der Industrie- und Handelskammer, Frankfurt/M., und das

Deutsche Literaturarchiv in Marbach/Neckar halfen bei der Textbeschaffung. Insbesondere habe ich dem Mitarbeiter des Deutschen Instituts für Filmkunde, Wiesbaden, Peter Spiegel (Wien) für seinen unermüdlichen Rat in schwierigsten Erschließungen zu danken.

Karsten Witte

Anmerkungen

1 Th. W. Adorno, *Siegfried Kracauer tot.* In: *FAZ*, 1.12.1966.

2 Nachdruck in Kurt Pinthus, *Der Zeitgenosse,* Marbach 1971, S. 175–178.

3 Herbert Ihering, *Filme und Filmkritik.* In: H. I., *Von Reinhardt bis Brecht,* Berlin 1958, Bd. I, S. 445–446.

4 Vgl. Madlen Lorei und Richard Kirn, *Frankfurt und die Goldenen zwanziger Jahre,* Frankfurt/M. 1966, S. 273.

5 Vg. Kracauer, *hier,* S. 9.

6 Nachdruck in K. P., *Der Zeitgenosse,* a. a. O., S. 193–195.

7 Nachdruck in H. I., *Von Reinhardt bis Brecht,* a. a. O., Bd. III, S. 353–355.

8 Nachdruck, *hier,* S. 173–176.

9 Sein grundlegender Aufsatz zur Filmästhetik *A New Laocoön: Artistic Composites and The Talking Film* (1938) in: Rudolf Arnheim, *Film As Art,* London 1969, pp. 164–189, zementiert diese Bedenken.

10 B. Brecht, *Der Dreigroschenprozeß* (1931) in: *Bertolt Brechts Dreigroschenbuch.* suhrkamp taschenbuch 87, 2 Bde., Frankfurt a. M. 1973, S. 142.

11 Vgl. Kracauer, *Film und Gesellschaft* (Schluß der Serie *Die kleinen Ladenmädchen gehen ins Kino*), FZ Jg. 71, Nr. 207, 19.3.1927. In *Das Ornament der Masse,* a. a. O., S. 282, ist die zitierte Bemerkung getilgt.

12 Kracauer, *Georg Simmel* (1920) in: *Das Ornament der Masse,* S. 247.

13 Asja Lacis, *Revolutionär im Beruf.* Hrsg. von H. Brenner, München 1971, S. 62f. Kracauers Aufsatz über Wertow (1929), *hier,* S. 88–92.

14 Kracauer, *Der Charlatan als Präsident, hier,* S. 221–223.

15 Dies als ein Beleg, in welchem Maß Filmgeschichte von den Ver-

leihfirmen diktiert wird. 1971 gab Chaplin 11 seiner wichtigsten Filme zur Wiederaufführung frei. Die deutsche Tobis setzt sie, Jahr um Jahr, in willkürlicher Reihenfolge: *Modern Times* (1936), *City Lights* (1931) und *The Great Dictator* (1940) ein.

16 *Welcome Danger,* vgl. *hier,* S. 187–188.

17 Vgl. *hier,* S. 45–48.

18 Vgl. *hier,* S. 76–79.

19 Vgl. *hier,* S. 92–95.

20 Vgl. *hier,* S. 180 und 194–195.

Verzeichnis der Abkürzungen

FZ   Frankfurter Zeitung

NZ   National-Zeitung Basel

NZZ Neue Zürcher Zeitung

N   Nachlaß Kracauer

TF   Kracauer, Theorie des Films, Frankfurt 1964 und Frankfurt 1973 (= Schriften, Band 3)

Quellennachweis

I. Filmkritik und Filmgenres

1. *Über die Aufgabe des Film-kritikers.* FZ 23. 5. 1932 (Jg. 76, Nr. 378).

2. *Die Filmwochenschau.* Die Neue Rundschau 1931 (Jg. 42, Bd. II), S. 573–575.

3. *Wochenschau-Theater*.* Aus *Mischmasch. Bemerkungen zu einigen Filmen.* FZ 22. 9. 1931 (Jg. 76, Nr. 704–705).

4. *Stummfilmkomödie.* Übersetzung von *Silent Film Comedy.* Sight and Sound, August-September 1951 (vol. 21, no. 1), pp. 31–32.

5. *Der Vamp-Film.* (Un-numeriert aus der Serie »Wiedersehen mit alten Filmen«.) NZ 25. 7. 1939.

6. *Das Grauen im Film.* NZ 25. 4. 1940.

7. *Hollywoods Greuelfilme.* NZZ 1. 12. 1946. Über-setzung des Autors von *Hollywood's Terror Films.* Commentary, August 1946 (vol. II., no. 2), pp. 132–136.

8. *Mauritz Stiller und der Schwedenfilm.* (Nr. III der Serie »Wiedersehen mit alten Filmen«.) NZ 6. 12. 1938.

9. *Greta Garbo. Eine Studie.* FZ 25. 2. 1933 (Jg. 77, Nr. 150–151).

10. *Der historische Film.* NZ 9. 5. 1940.

11. *Abstrakter Film.* FZ 13. 3. 1928 (Jg. 72, Nr. 195).

12. *Zur Ästhetik des Farbenfilms.* Das Werk, September 1937, (Jg. 24, Heft 9), S. 287–288.

13. *Film und Malerei.* NZZ 15. 5. 1938.

14. *Dumbo. Der neue Walt Disney-Film.* NZZ 12. 12. 1941.

15. *Kunst und Film. Zu Hans Richter: Träume für Geld.* NZZ 25. 1. 1948.

16. *Die filmische Gestaltung des Unterbewußten.* Übersetzung von *Filming the Subconscious.* Theatre Arts, February 1948 (vol. XXXII, no. 22), pp. 37–40.

II. Sowjetischer Film

1. *Die Jupiterlampen brennen weiter.* FZ 16. 5. 1926 (Jg. 70, Nr. 360).

2. *Oktober*.* Original *Der Eisenstein-Film.* FZ 5. 6. 1928 (Jg. 72, Nr. 413).

3. *Das Ende von St. Petersburg*.* Original *Anmerkungen zum Film: Das Ende von St. Petersburg.* FZ 30. 3. 1928 (Jg. 72, Nr. 244).

4. *Sturm über Asien.* FZ 14. 1. 1929 (Jg. 73, Nr. 36).

5. *Pudowkin.* (Nr. I der Serie »Wiedersehen mit alten Filmen«.) NZ 13.9.1938.

6. *Der Mann mit dem Kinoapparat.* FZ 19.5.1929 (Jg. 73, Nr. 369).

7. *Die Filmprüfstelle gegen einen Russenfilm.* FZ 23.7.1930 (Jg. 74, Nr. 542).

8. *Der lebende Leichnam.* FZ 28.2.1929 (Jg. 73, Nr. 159).

9. *Menschen-Arsenal.* FZ 8.11.1929 (Jg. 73, Nr. 836).

10. *Rebellion im Kino.* FZ 22.10.1930 (Jg. 74, Nr. 789).

11. *Der Weg ins Leben**. 1. Teil von *Hilfe für die Jugend. Ein russisches und ein deutsches Beispiel.* FZ 26.9.1931 (Jg. 75, Nr. 716–717).

12. *Arbeiter, lernt arbeiten!* FZ 28.10.1932 (Jg. 76, Nr. 806–808).

III. Französischer Film

1. *Max Linder.* (Nr. II der Serie »Wiedersehen mit alten Filmen«.) NZ 18.10.1939.

2. *Abel Gance: Zu seinem Film La Roue.* (Nr. IV der Serie »Wiedersehen mit alten Filmen«.) NZ 28.2.1939.

3. *Kostspieliger Weltfrieden.* 3. Teil von *Neue Filme.*

FZ 18.5.1931 (Jg. 75, Nr. 364).

4. *Jean Vigo.* (Nr. VI der Serie »Wiedersehen mit alten Filmen«.) NZ 1.2.1940.

5. *Französische Avantgarde.* 2. Teil von *Film-Notizen.* FZ 10.6.1930 (Jg. 74, Nr. 425).

6. *Unter den Dächern von Paris.* 1. Teil von *Neue Tonfilme. Einige grundsätzliche Bemerkungen.* FZ 16.8.1930 (Jg. 74, Nr. 608).

7. *Montmartre-Singspiel.* 1. Teil von *Neue Filme.* FZ 18.5.1931 (Jg. 75, Nr. 364).

8. *Rationalisierung.* 1. Teil von *Rationalisierung und Unterwelt. Ein Filmbericht.* FZ 27.1.1932 (Jg. 76, Nr. 69–70).

9. *Das tanzende Paris.* 1. Teil von *Idyll, Volkserhebung, Charakter.* FZ 24.1.1933 (Jg. 77, Nr. 62–63).

10. *Thérèse Raquin.* Stadtblatt der FZ, 1928. (Zeitungsausschnitt aus N, genaues Erscheinungsdatum vorläufig nicht zu ermitteln.)

11. Schlechte Politik im guten Film. FZ 21.1.1930 (Jg. 74, Nr. 55).

12. *Neue Filmware.* 3. Teil von *Neue Filmware.* FZ 13.4.1931 (Jg. 75, Nr. 272).

13. *Eine französische Satire.*
    1. Teil von *Ausländische*
    Filme. FZ 9.8.1932
    (Jg. 76, Nr. 588–589).

14. *Ein französischer Avant-*
    garde-Film. NZ 20.12.1938.

15. *La tendre ennemie*.*
    Original *Ein französischer*
    Film. NZZ 22.11.1936.

16. *Werther*.* 3. Teil von
    Französische Filme.
    NZZ 9.1.1939.

17. *Carnés Filmexperiment*.*
    Original *Ein franzö-*
    sisches Filmexperiment.
    NZZ 8.12.1937.

18. *Pariser Alltag – und das*
    Leben geht weiter.
    1. Teil von *Französische*
    Spitzenfilme. NZ 14.2.1939.

19. *Die Jagd nach dem Glück.*
    FZ 30.5.1930 (Jg. 74,
    Nr. 399).

20. *Realistische Lösung.*
    FZ 16.9.1932 (Jg. 76,
    Nr. 692–693).

21. *Ein französischer*
    Kriegsfilm. NZZ 27.7.1937.

22. *La Marseillaise.*
    NZZ 25.4.1937.

23. *Eine düstere Geschichte und*
    ein großer Regisseur.
    2. Teil von *Französische*
    Spitzenfilme. NZ 14.2.1939.

IV. Amerikanischer Film

1. *Ben Hur.* FZ 23.10.1926
   (Jg. 71, Nr. 792).

2. *The Gold Rush*.* Original
   Chaplin. FZ 6.11.1926
   (Jg. 71, Nr. 830).

3. *Chaplin. Zu seinem Film*
   Zirkus. FZ 15.2.1928
   (Jg. 72, Nr. 122).

4. *Chaplin als Prediger.*
   FZ 23.12.1929 (Jg. 73,
   Nr. 955).

5. *Lichter der Großstadt.*
   FZ 28.3.1931 (Jg. 75,
   Nr. 235).

6. *Chaplins Triumph.* Die
   Neue Rundschau 1931
   (Jg. 42, Bd. I), S. 573–575.

7. *Seven Chances*.* Original
   Buster Keaton. Stadtblatt der
   FZ, 1926. (Zeitungsaus-
   schnitt aus N, genaues
   Erscheinungsdatum vor-
   läufig nicht zu ermitteln.)

8. *Buster Keaton im Krieg.*
   FZ 5.5.1927 (Jg. 71,
   Nr. 331).

9. *Steamboat Bill Jr.*.*
   Original *Buster Keaton.*
   FZ 27.11.1928 (Jg. 73,
   Nr. 888).

10. *Free and Easy*.* 1. Teil
    von *Mischmasch. Bemer-*
    kungen zu einigen Filmen.
    FZ 22.9.1931 (Jg. 76,
    Nr. 704–705).

11. *The Kid Brother*.*
    Original *Harold Lloyd.*
    FZ 5.1.1929 (Jg. 73, Nr. 13).

12. *Welcome Danger*.* 4. Teil
    von *Berliner Film-*
    chronik. FZ 20.1.1931
    (Jg. 75, Nr. 52).

13. *Feet First**. 1. Teil von
    Zwei Jongleure.
    FZ 17.6.1931 (Jg. 75,
    Nr. 444).
14. *Movie Crazy**. 1. Teil von
    Auf der Leinwand:.
    FZ 29.11.1929 (Jg. 73,
    Nr. 890–891).
15. *The Smiling Lieutenant**.
    2. Teil von *Misch-*
    masch. Bemerkungen zu
    einigen Filmen.
    FZ 22.9.1931 (Jg. 76,
    Nr. 704–705).
16. *Amerikanische Komödie:*
    One Hour With You.
    2. Teil von *Ausländische*
    Filme. FZ 9.8.1932
    (Jg. 76, Nr. 588–589).
17. *The Man I Killed**.
    4. Teil von *Auf der Lein-*
    wand:. FZ 29.11.1932
    (Jg. 76, Nr. 890–891).
18. *The Dragnet**. Original
    Polizei. FZ, 1929.
    (Zeitungsausschnitt aus N,
    genaues Erscheinungsdatum
    vorläufig nicht zu ermitteln.)
19. *Die Docks von New York.*
    FZ 14.12.1929 (Jg. 73,
    Nr. 932).
20. *Morocco**. Anhang zu
    Berlin-Alexanderplatz als
    Film. FZ 13.10.1931
    (Jg. 76, Nr. 761–762).
21. *Mona Lilly.* 1. Teil von
    Zwei Filme. FZ 20.4.1932
    (Jg. 76, Nr. 292–293).
22. *Blonde Venus**. 3. Teil

von *Auf der Leinwand:.*
    FZ 29.11.1932 (Jg. 76,
    Nr. 890–891).
23. *Der große Gabbo.*
    FZ 21.5.1930 (Jg. 74,
    Nr. 376).
24. *Lonesome.* FZ 9.4.1929
    (Jg. 73, Nr. 262).
25. *Menschen hinter Gittern.*
    FZ 27.6.1931 (Jg. 75,
    Nr. 469).
26. *Wichtiges Experiment.*
    1. Teil von *Duldertum*
    und Heroismus. Zu zwei
    Filmen. FZ 7.2.1933
    (Jg. 77, Nr. 100–101).
27. *Hallelujah.* FZ 4.10.1930
    (Jg. 74, Nr. 741).
28. *Amerikanisches Volksstück.*
    1. Teil von *Neue Filme.*
    FZ 21.10.1932 (Jg. 76,
    Nr. 787–789).
29. *Old Shatterhand unter*
    Gangstern. 2. Teil von
    Film-Notizen. FZ 1.5.1932
    (Jg. 76, Nr. 323–324).
30. *Der Kettensträfling.*
    FZ 24.3.1933 (Jg. 77,
    Nr. 223–224).
31. *Der Charlatan als Präsident.*
    Das Neue Tage-Buch,
    1.7.1933 (Jg. 1, Nr. 1),
    S. 24.
32. *Der Reporter als Filmheld.*
    NZZ 6.6.1937.
33. *Ein utopischer Film.*
    NZZ 11.7.1937.
34. *Frank Capra.*
    NZZ 11.6.1939.

35. *Dialog im Film.*
    NZZ 9.8.1938.
36. *Dodsworth**. Original
    Ein amerikanischer Film.
    NZZ 29.12.1936.
37. *William Wylers neuer Bette
    Davis-Film.*
    NZZ 14.12.1941.
38. *Citizen Kane**. Original
    *Ein amerikanisches Experi-
    ment.* NZZ 15.7.1941.
39. *Mamoulian, LeRoy, Cukor
    und Kanin**. Original
    Ein paar amerikanische
    Filme. NZZ 7.12.1941.
40. *Preston Sturges oder
    Verratenes Lachen.*
    Übersetzung von
    *Sturges or Laughter
    Betrayed.* Films in
    Review, February 1950
    (vol. I, no. 1), pp. 11–13,
    43–47.
41. *Filme mit einer Botschaft.*
    Übersetzung von *Those
    Movies With A Message.*
    Harper's Monthly Magazine,
    June 1948, pp. 567–572.

Personenregister

Filmregister

Firmenregister

Zeittafel

1889 Am 8. Februar geboren in Frankfurt am Main als Sohn des Kaufmanns Adolf K. und seiner Frau Rosette, geb. Oppenheim. Onkel: Isidor K., Professor am Philanthropin und Historiograph der Frankfurter Juden. Schwierige Kindheit; hemmender Sprachfehler. Studium der Architektur, Philosophie und Soziologie in Darmstadt, Berlin und München.

1911 Diplom-Ingenieur-Examen in München.

1915 Promotion zum Dr.-Ing. an der Technischen Hochschule Berlin-Charlottenburg. Pläne, sich für Philosophie zu habilitieren, zerschlugen sich. Als Architekt in Hannover, Osnabrück, Frankfurt und München.

1921 Eintritt in die Feuilleton-Redaktion der »Frankfurter Zeitung«. Beziehungen zu Benjamin, Bloch, Adorno und Horkheimer. Arbeiten zum Film, zur Soziologie und Philosophie.

1922 *Soziologie als Wissenschaft. Eine erkenntnistheoretische Untersuchung.*

1928 *Ginster. Von ihm selbst geschrieben* (Anonym).

1930 Übernahme der Feuilleton-Redaktion der FZ in Berlin. *Die Angestellten. Aus dem neuesten Deutschland.*

1933 Emigration nach Paris. Aus politischen Gründen von der FZ entlassen. Publikationen in französischen und Schweizer Zeitschriften. Arbeit an der Offenbach-Biographie. Emigration via Marseille, Lissabon in die USA. Verlust zahlreicher Manuskripte.

1937 *Jacques Offenbach und das Paris seiner Zeit.*

1941 New York. Wissenschaftlicher Mitarbeiter der Film-Library des Museum of Modern Art. Stipendiat der Rockefeller- und Guggenheim-Stiftungen zur Vorbereitung des Caligari-Buches.

1942 *Propaganda and the Nazi War Film.*

1943 *The Conquest of Europe on the Screen. The Nazi Newsreel 1939–1940.*

1947 *From Caligari to Hitler. A. Psychological History of the German Film.*

1950–1952 Forschungsarbeit und Analysen für die Voice of America.

1956 *Satellite Mentality. Political Attitudes and Propaganda Susceptibilities of Non-Communists in Hungary, Poland and Czechoslovakia* mit P. L. Berkman.

1952–1958 Research Director am Bureau of Applied Social Research der Columbia University. Stipendiat der Chapelbrook- und Bollingen-Stiftungen zur Vorbereitung der Filmtheorie. Seit 1962 Arbeit an der Geschichtsphilosophie.

1960 *Theory of Film. The Redemption of Physical Reality*.

1963 *Das Ornament der Masse. Essays* (1920–1931).

1964 Teilnahme am Kolloquium Poetik und Hermeneutik in Köln. *Straßen in Berlin und anderswo* (Essays aus der FZ von 1925 bis 1933).

1965 Associate Member des Seminars für Hermeneutik der Columbia University.

1966 Teilnahme am Kolloquium Poetik und Hermeneutik in Lindau. 26. November in New York einer Lungenentzündung erlegen.

1971 Siegfried Kracauer *Schriften 1 (Soziologie als Wissenschaft, Der Detektiv-Roman, Die Angestellten)*.
Schriften 4 (Geschichte. Vor den letzten Dingen).

1972 *Über die Freundschaft*.

1973 *Schriften 3 (Theorie des Films)*.
Schriften 7 (Ginster. Georg).

1974 *Kino. Essays, Studien, Glossen zum Film*.

Bibliographie

I. Einzelausgaben:

Die Entwicklung der Schmiedekunst in Berlin, Potsdam und einigen Städten der Mark vom 17. Jahrhundert bis zum Beginn des 19. Jahrhunderts. Worms: Wormser Verlags- und Druckerei GmbH 1915.

Soziologie als Wissenschaft. Eine erkenntnistheoretische Untersuchung. Dresden: Sibyllen-Verlag 1922. 2. Aufl. in S. K., *Schriften I,* Frankfurt am Main, Suhrkamp 1971.

(Anonym) *Ginster. Von ihm selbst geschrieben.* Berlin: S. Fischer 1928. (Übersetzt ins Französische.) 2. Aufl. *Ginster* (ohne das Schlußkapitel), 1963, Bibliothek Suhrkamp 107.

Die Angestellten. Aus dem neuesten Deutschland. 1. und 2. Aufl. Ffm.: Societäts-Verlag 1930. (Übersetzt ins Tschechische.) 3. Aufl. Allensbach und Bonn: Verlag für Demoskopie 1959; 4. Aufl. Berlin: 1970 (Raubdruck, ohne Vorwort des Verf.); 5. Aufl. in S. K., *Schriften I,* Frankfurt am Main, Suhrkamp 1971.

Jacques Offenbach und das Paris seiner Zeit. Amsterdam: Allert de Lange 1937. (Übersetzt ins Französische, Englische und Schwedische.) 2. Auflage als *Pariser Leben. Jacques Offenbach und seine Zeit. Eine Gesellschaftsbiographie,* München: List 1962; 3. Aufl. Berlin: Deutsche Buchgemeinschaft 1964.

Propaganda and the Nazi War Film. New York: Museum of Modern Art Film Library 1942.

The Conquest of Europe on the Screen. The Nazi Newsreel 1939–1940. Washington, D. C.: The Library of Congress 1943.

From Caligari to Hitler. A Psychological History of the German Film. Princeton, N. J.: Princeton University Press 1947. (Übersetzt ins Italienische, Polnische, Spanische, Französische.) Deutsche Fassung (stark gekürzt): *Von Caligari bis Hitler. Ein Beitrag zur Geschichte des deutschen Films,* Hamburg: Rowohlt 1958, r. d. e. 63.

mit P. L. Berkman: *Satellite Mentality. Political Attitudes and Propaganda Susceptibilities of Non-Communists in Hungary, Poland and Czechoslovakia.* New York: Praeger 1956.

Theory of Film. The Redemption of Physical Reality. New York: Oxford University Press 1960. (Übersetzt ins Italienische.) Deutsche, vom Verf. revidierte Übersetzung: *Theorie des Films. Die Errettung der äußeren Wirklichkeit.* Frankfurt am Main, Suhrkamp 1964.

Das Ornament der Masse. Essays. (1920–1931).
Frankfurt am Main, Suhrkamp 1963.

Straßen in Berlin und anderswo. (Essays aus der FZ von 1925–1933). 1964, edition suhrkamp 72.

History. The Last Things Before the Last. New York: Oxford University Press 1969. Übersetzung: *Geschichte. Vor den letzten Dingen.* Frankfurt am Main, Suhrkamp 1971 als Band 4 der *Schriften.*

Der Detektiv-Roman. Ein philosophischer Traktat. (1922–1925) Erstdruck in S. K., *Schriften 1,* Frankfurt am Main, Suhrkamp 1971.

Ginster (vollständige Fassung). *Georg* (Erstdruck). *Schriften,* Band 7, Frankfurt am Main, Suhrkamp 1973.

II. Zahlreiche Abhandlungen in den Zeitschriften:

Logos, Neue Rundschau, Preußische Jahrbücher, Frankfurter Zeitung, Neue Zürcher Zeitung, Mercure de France, Figaro, Revue Internationale de Filmologie, The Penguin Film Review, Magazine of Art, Social Research, Partisan Review, Commentary, The New Republic, Sight and Sound, Public Opinion Quarterly, Political Science Quarterly, Saturday Review, Kenyon Review, New York Times Book Review, Theatre Arts, Filmkritik.

**Siegfried Kracauer
im Suhrkamp Verlag**

Schriften. Herausgegeben von Karsten Witte.

Band 1
Soziologie als Wissenschaft.
Der Detektiv-Roman.
Die Angestellten.
1971, 304 S.

Band 3
Theorie des Films. Die Errettung der äußeren Wirklichkeit.
Vom Verfasser revidierte Übersetzung.
von Dr. Friedrich Walter und Ruth Zellschan.
1973, 465 S. und 61 Abbildungen.

Band 4
Geschichte – Vor den letzten Dingen.
Aus dem Amerikanischen von Karsten Witte.
1971, 259 S.

Band 7
Ginster.
Georg.
1973, 506 S.

Die Angestellten.
suhrkamp taschenbuch 13.
1971, 129 S.

Über die Freundschaft.
Bibliothek Suhrkamp 302.
1972, 105 S.

Ginster.
Bibliothek Suhrkamp 107.
1972, 272 S.

Geschichte – Vor den letzten Dingen.
suhrkamp taschenbuch wissenschaft 11.
1973, 317 S.

Inhalt

IV. Amerikanischer Film

Die Frage »Wer ist das eigentlich – Gott?« stammt von
Kurt Tucholsky. Nicht ironisch oder polemisch wird sie
heute formuliert, sondern neugierig und interessiert. Die
Beiträge dieses Buches wollen von verschiedenen Ge-
sichtspunkten aus und unter Beteiligung zahlreicher nam-
hafter Autoren eine Antwort geben.

Artmann – ein Name als Programm. Artistisches und
Artifizielles sind Merkmale seines Werkes. H. C. Artmann ist Sprachfex und Lustspieler, Jargon-Jongleur und
Reim-Rastelli, ein Tausendsassa der Literatur. Er kann
Worte verwandeln – und sich selbst. »Fast jedes Wort,
jede Wendung tritt wie eine geballte Ladung auf, deren
Donner auf die Dauer taub machen würde, wenn nicht
eben das Interesse an der Handlung die Lektüre weiter-
treiben würde.«   *Wolfgang Maier*

Das Brüsseler Institut der Europäischen Gemeinschaft für

Hochschulstudien versucht, mit diesem Band einen Überblick über die wichtigsten außenpolitischen Probleme zu
geben, denen sich die jetzt neun Mitglieder der Europäischen Gemeinschaft gegenübersehen.

st 138 Paul Goma, Ostinato. Roman
Aus dem Rumänischen von Marie Thérèse Kersch-
baumer
496 Seiten
»Weltliterarisches Lebenszeichen aus Rumänien: Ein Roman aus Rumänien, der zu Hause nicht erscheinen darf.
Ein rumänischer Solschenizyn, jedoch auch eine Literatur, die über die realistischen Schilderungen des Nobel-
preisträgers hinausgeht und die Erfahrungen jener Zeit
zum geistigen Vehikel macht, um die seelische Katastrophe der fünfziger Jahre genauer zu bestimmen. Zen-
tralere Bewußtseinsdaten individueller und kollektiver
Erfahrung sind beim Rumänen nachzulesen. Das nationale Trauma der Stalin-Jahre verwandelt sich nun zum
erstenmal literarisch befreit zur besten inneren Darstellung jener Epoche.«   *Dieter Schlesak*

st 139 Hannes Alfvén, Atome, Mensch und Universum
Aus dem Amerikanischen von Jens Peter Kaufmann
128 Seiten
Der Leser, gerade jener Leser mit wenigen oder gar
keinen Kenntnissen in den Naturwissenschaften, findet
hier eine ausgezeichnete und fundierte erste Einführung
in Entwicklung, Probleme und Argumentation natur-
wissenschaftlichen Denkens.

st 140 Françoise Dolto, Der Fall Dominique. Bericht
einer Kinderanalyse
Aus dem Französischen von Eva Moldenhauer
288 Seiten
Wir haben es hier mit dem ganz seltenen Glücksfall
des lückenlosen Berichts einer gelungenen Kinderanalyse
zu tun. Dieser Bericht der berühmten Kinderanalytikerin
läßt uns den erregenden Behandlungsprozeß miterleben,
in dem ein vierzehnjähriger Junge, der wie ein Schlaf-
wandler in einer völlig irrealen Welt lebt, allmählich
die Realität zu akzeptieren lernt und ein wirklichkeitsge-
mäßes Verhältnis zu seiner Umwelt findet.

st 141 Frederic Ewen, Bertolt Brecht. Sein Leben, sein Werk, seine Zeit
Deutsch von Hans-Peter Baum und Klaus-Dietrich Petersen
528 Seiten
Vor dem zeitgeschichtlichen Hintergrund von zwei Weltkriegen, der Revolution in Rußland und China und dem Aufstieg und Fall des Nationalsozialismus werden Brechts bedeutendere Werke interpretiert. Die umfassende Darstellung basiert auf Quellen des Bertolt Brecht-Archivs in Ost-Berlin und beruht zum nicht geringen Maß auf Gesprächen mit Freunden und Mitarbeitern sowie auf persönlichen Studien des *Berliner Ensembles* bei den Proben und Aufführungen.

st 142 Magda Szabó, I. Moses 22. Roman
Aus dem Ungarischen von Henriette Schade und Géza Engl
224 Seiten
Magda Szabó hat dem Verhältnis zwischen den Generationen in ihrem Buch die Unmittelbarkeit der gelebten Wirklichkeit gegeben: in Ungarn, im Budapest des Jahres 1966. Die Gáls, Apothekenbesitzer, nach dem Krieg enteignet, gehören jetzt zu den »Gezeichneten«. Die Bartos, ehemals biedere Handwerker, haben jetzt ein Dienstauto, sie sind Stützen der Gesellschaft geworden. Für die Kinder beider macht das keinen Unterschied. Über die Köpfe der Eltern hinweg sind sie Freunde geworden; sie haben dasselbe Problem: gegängelt und doch sich selbst überlassen neben den Eltern zu leben. Die Welt der Eltern ist ihnen gleichgültig geworden, eine Scheinwelt, die sie nicht mehr betrifft, ja, mit der auseinanderzusetzen sich kaum lohnt.

st 143 Hermann Hesse
Eine Werkgeschichte von Siegfried Unseld
320 Seiten
Der Band enthält den Vortrag *Hermann Hesse heute,* in dem Siegfried Unseld versucht, die heutige Wirkung Hesses bei jungen Menschen zu erklären und den Standort der Werke Hesses neu zu bestimmen. Die *Werkgeschichte* ist eine überarbeitete, auf den neuesten Stand gebrachte Biobibliographie des Lebens und Werkes von Hermann Hesse. Eine knappe Bibliographie verzeichnet die wichtigsten älteren und neueren Schriften über Hesse.

st 144 Ernst Bloch, Atheismus im Christentum
Zur Religion des Exodus und des Reichs
320 Seiten

Atheisten, nicht an Gott und Kaiser Glaubende, wurden erstmals die Urchristen Roms von Nero genannt, und das gibt dem Atheismus auch heute eine andere Dimension: eine so kräftig unzufriedene, offene, bei aller Negation so wenig nihilistische oder gar banale Dimension, daß, wie Bloch sagt, endlich unser bester Teil, nämlich moralischer Lebensmut, Transzendieren ohne Tanszendenz, als Menscheneinsatz in ein früher nur geglaubtes Jenseits Platz hat. Ein ungeahntes Licht entspringt hier aus Bibelkritik, aus unterdrücktem oder verfälschtem Religionstext: Das Beste an der Religion ist, daß sie Ketzer schafft.

st 145 Der Friede und die Unruhestifter.
Herausforderungen deutschsprachiger Schriftsteller
im 20. Jahrhundert
Herausgegeben von Hans Jürgen Schultz
368 Seiten

Dargestellt werden die Friedensvorstellungen der Klassiker der deutschen Literatur dieses Jahrhunderts: Brecht, Broch, Hesse, Kafka, Thomas Mann, Heinrich Mann, wie auch jene heutiger Schriftsteller: Böll, Dürrenmatt, Frisch, Grass, Peter Huchel und Peter Weiss.

st 146 Peter Handke, Wunschloses Unglück
112 Seiten

»Kein Urteil, kein literarisches Denkmal für eine Mutter, kein abgeschlossenes Bild, nach dessen Beendigung der Autor und mit ihm der Leser befreit aufatmen könnte, sondern die Beschreibung einer grausigen offenen Wunde.«   Helmut Scheffel

st 147 Uwe Johnson, Mutmassungen über Jakob. Roman
320 Seiten

»Gleich mit seinem ersten Roman *Mutmassungen über Jakob* ist Johnson zum Dichter der beiden Deutschland geworden.«   Günter Blöcker

st 148 Helmuth Plessner, Diesseits der Utopie. Ausgewählte Beiträge zur Kultursoziologie
256 Seiten

»Die hier gesammelten Arbeiten haben bei aller Verschiedenheit im Anlaß eine gemeinsame Thematik, die mit dem Wort Kultursoziologie am besten gefaßt wird. Wenn ihr Titel zum Ausdruck bringt, daß sie keiner Utopie verpflichtet sind, keiner Eschatologie und keinem sozialen Leitbild, so heißt das, daß sie sich die Freiheit des Blickes bewahren wollen und nicht ein interesseloses Wohlgefallen an jedem beliebigen sozialen Unding.«

Helmuth Plessner

st 149 Ernst Wendt, Moderne Dramaturgie. Fünf Doppelporträts. Bond-Genet. Beckett-Heiner Müller. Ionesco-Handke. Pinter-Kroetz. Weiss-Gatti
176 Seiten
Ernst Wendt hat in fünf Doppelporträts jeweils zwei moderne Dramatiker mit ihren Schlüsselfiguren und Hauptmotiven einander gegenübergestellt. Also keine Einordnung der Autoren in die geläufigen Kategorien »absurdes Theater«, »dokumentarisches Theater«, »episches Theater«, sondern eine Dramaturgie der Kontraste und Gegensätze. Das Buch ist eine ausgezeichnete Lese- und Interpretationshilfe für Schüler, Lehrer, Theaterbesucher und alle, die sich Zugang zum modernen Theater und damit zu einem tieferen Verständnis ihrer Zeit verschaffen wollen.

st 150 Zur Aktualität Walter Benjamins
Aus Anlaß des 80. Geburtstags von Walter Benjamin herausgegeben von Siegfried Unseld
288 Seiten
Der vorliegende Band »Zur Aktualität Walter Benjamins« nimmt wichtige, hier erstmals publizierte Abhandlungen auf, die aus diesem Anlaß geschrieben worden sind, und Texte von Walter Benjamin, seine »Lehre vom Ähnlichen«, eine umfangreiche Variante der Arbeit »Über das mimetische Vermögen«, den autobiographisch bedeutenden Text »Agesilaus Santander«, den Briefwechsel mit Bertolt Brecht und drei Lebensläufe, deren letzter kurz vor seinem Tod geschrieben wurde.

st 151 Hermann Broch
Barbara und andere Novellen
384 Seiten
Dieser Band legt eine Sammlung von 13 Novellen vor, die besten aus Brochs Gesamtwerk. Die früheste, *Eine methodologische Novelle,* wurde 1917 geschrieben, die

späteste, *Die Erzählung der Magd Zerline*, 1949. Die Besonderheit dieser Sammlung besteht in der erstmaligen Präsentation aller vorhandenen Tierkreisnovellen in ihrer Ursprungsfassung.

st 152 Peter Jakir, Kindheit in Gefangenschaft. Herausgegeben und aus dem Russischen übersetzt von Heddy Pross-Weerth
208 Seiten
»Eine nüchterne, beinahe gefühllos wirkende Beschreibung von ›unerhörten Begebenheiten‹, die in der ansehnlichen Literatur über die Stalinschen ›Säuberungen‹ und über sibirische Lager ihresgleichen sucht, ein irrsinnig anmutendes Karussell von Verhören, Folterungen, Fluchtversuchen, Hungerstreiks, Krankheiten, Entbehrungen, von Bosheiten und Perversitäten.«   Karl-Heinz Janßen

st 168 Peter Handke, Die Unvernünftigen sterben aus
112 Seiten
Peter Handkes neues Stück ist eine Studie über Unternehmer. Über die Automatismen ihrer Sprache und ihrer Gesten, über ihre Macht und ein Stück über die Funktionsmechanismen der Marktwirtschaft und das nahezu perfekte Rollenspiel derer, die sie steuern. Ein Stück über die Fremdbestimmtheit auch der Herrschenden.

st 169 Uwe Johnson, Das dritte Buch über Achim. Roman
304 Seiten
Der Journalist Karsch fährt durch die DDR, um den Lebenslauf des gefeierten Radsportlers Achim T. zu beschreiben. Was die Beschreibung des wahren Lebensbildes des Rennfahrers Achim T. unmöglich macht, ist nichts anderes als die Grenze selbst, die Ost und West trennt. »Herr Johnson, dessen Prosa Schlagworte, Umgangssprache, Schlageridiom und Jargon aller Arten frei ausbeutet, hat einen großen ironischen Roman über ein eigentlich tragisches Thema geschrieben.«
The Times Literary Supplement

st 201 Bertolt Brecht, Frühe Stücke
224 Seiten.
Baal. Trommeln in der Nacht. Im Dickicht der Städte.
Brechts Entwicklung zur großen epischen Dramatik, zum »wissenschaftlichen Theater« ist erst aus der Kenntnis

seiner Jugendwerke, in denen schon wesentliche Themen seiner Welt vorgezeichnet sind, richtig zu verstehen. Alle Stücke »zeigen ohne Bedauern, wie die große Sintflut über die bürgerliche Welt hereinbricht . . .«

Bertolt Brecht

st 203 Hans Werner Riedel, Die Kontrolle des Luftverkehrs. Flugsicherung und Fluglotsen
Mit zahlreichen Abbildungen
208 Seiten

Die Kontrolle des Luftverkehrs, die Flugsicherung, ist ein Detail in der Welt der Technologie. Was sich dort wirklich abspielt, welche Mittel und Leistungen eingesetzt werden, welchen Schwierigkeiten der Fluglotse in einem Mensch-Maschine-System ausgesetzt ist, darauf versucht dieses Taschenbuch eine Antwort zu geben.

Alphabetisches Gesamtverzeichnis der suhrkamp taschenbücher